高等职业教育优质校建设轨道交通通信信号技术专业群系列教材

U0872944

行车调度自动控制

主　编　李珊珊　穆中华
副主编　王秀玄　卢　伟
主　审　李福建

西南交通大学出版社
·成　都·

图书在版编目（CIP）数据

行车调度自动控制 / 李珊珊，穆中华主编. —成都：西南交通大学出版社，2019.8（2025.7 重印）
高等职业教育优质校建设轨道交通通信信号技术专业群系列教材
ISBN 978-7-5643-7099-2

Ⅰ. ①行… Ⅱ. ①李… ②穆… Ⅲ. ①列车调度－自动控制－高等职业教育－教材 Ⅳ. ①U284.59

中国版本图书馆 CIP 数据核字（2019）第 188480 号

高等职业教育优质校建设轨道交通通信信号技术专业群系列教材

Xingche Diaodu Zidong Kongzhi
行车调度自动控制

主　编／李珊珊　穆中华
责任编辑／周　杨
助理编辑／宋浩田
封面设计／吴　兵

西南交通大学出版社出版发行
（四川省成都市金牛区二环路北一段 111 号西南交通大学创新大厦 21 楼　610031）
发行部电话：028-87600564　　028-87600533
网址：https://www.xnjdcbs.com
印刷：成都中永印务有限责任公司

成品尺寸　185 mm×260 mm
印张　12.25　　字数　291 千
版次　2019 年 8 月第 1 版　　印次　2025 年 7 月第 6 次

书号　ISBN 978-7-5643-7099-2
定价　35.00 元

课件咨询电话：028-87600533
图书如有印装质量问题　本社负责退换

前 言

本书针对企业岗位任务来设置具体内容，根据岗位能力需求设定学习目标，按工作任务确定教学单元，按现场工作任务进行教学设计。

本书课程内容主要讲授行车调度自动控制系统的基本原理、网络组成、设备组成、基本操作和日常维护内容及方法，分为概述、通信及计算机基础知识、TDCS 系统设备维护、CTC 系统设备维护五章，关注学生的理论知识认知和操作及故障处理能力。

本课程在教学中突出教、学、做一体化，结合实验设备和多媒体教学资源，以素质、知识与能力为“三位一体”课程教学目标，统筹安排课程教学内容、组织实施和教学评价。整个教学过程应以学生为主，教师负责原理和实做方法的讲授，并对学生的学习和操作练习及时进行指导和考核，共同讨论解决学习和实操过程中遇到的问题，并进行总结和分析，达到理论指导实践、实践验证和深化理论学习的目的。

本书配有相关的教学课件和立体化的教学资源，不仅可用于学校教学工作，也适用于企业职工的培训和自我提升。本书还同步配备相关的测试习题库，可用于理论知识的考核。

本书由郑州铁路职业技术学院李珊珊、穆中华担任主编，负责课程的整体设计和全书统稿，编写分工为：郑州铁路职业技术学院穆中华编写了第一章，卢伟编写了第二章，李珊珊编写第三章和第五章，王秀玄编写第四章。全书由河南辉煌科技股份有限公司产品中心项目经理李福建担任主审。

本书在编写的过程中，参考了大量专家和学者的研究成果，郑州局电务处王民湘副处长、河南辉煌科技股份有限公司程建兵项目经理、郑州电务段闫晓莉科长等行业技术骨干提供了重要技术支持，为内容设置提供了现场岗位需求上的宝贵建议，在此一并表示最诚挚的谢意。

由于编者水平有限，书中难免存在疏漏和不足之处，请读者批评指正。

编 者

2019 年 3 月

前　言

编者

目　录

第一章　行车调度指挥控制系统概述

铁路是国家重要的基础设施，对国民经济的发展和社会生活的稳定起着非常重要的作用。根据国家统计局发布的中华人民共和国成立70周年经济社会发展成就报告显示，这70年来，我国交通基础设施加速成网，综合运输保障能力大幅提升。2018年年末，我国高铁营业总里程、高速公路总里程均居世界第一位。

报告显示，2018年年末，全国铁路营业总里程达到13.2万千米，与1949年的数据相比，增长5倍。经过近十年的快速建设，“四纵四横”高铁网建成运营，我国成为世界上唯一高铁成网运行的国家。2018年年末，高铁营业总里程达3万千米，是2008年的44.5倍，高铁营业里程超过世界高铁总里程的三分之二，居世界第一位。

中欧班列共开行6 300列，同比增长72%，“复兴号”试验列车以350 km时速飞驰，试验中启动了自动驾驶系统，实现在车站和线路区间自动停靠、启动、运行，2018年，全国铁路完成旅客发送量共计33.7亿人次，运量接近全球人口的一半。

我国铁路路网自从中华人民共和国成立以来都是统一规划建设和统一运用的。全国铁路运输企业执行统一的运行图、统一的车流径路、统一的货物列车编组计划，各级管理部门和各工种合理分工、统一动作。在铁路总公司全路运输调度机构的统一指挥下，客货并重，对干线通过能力精密计划、合理分配、均衡使用；对货车运力统一调整、共同运用；均衡地组织全路客货运输，合理地协调和平衡运输能力与运输需求的尖锐矛盾。

第一节　铁路行车调度的组织管理

铁路运输具有高度集中、各个工作环节紧密联系的特点。铁路运输调度是铁路运输组织的指挥中枢，分别代表各级领导指挥组织日常运输工作，担负着组织客货运输、确保运输安全、提高客货运输服务质量、保证国家重点建设的重要责任，对完成铁路运输生产经营任务，提高铁路运输企业效益起着重要作用。铁路运输有关的各部门、各工种在运输调度的统一组织指挥下，进行日常生产活动。

一、铁路运输调度组织机构和职责范围

铁路总公司设调度处，铁路局设调度所（下设技术教育室、调度分析室、统计室、综合室），技术站设调度室。铁路总公司、铁路局、技术站调度分别代表铁路总公司总经理、铁路局局长、车站站长，根据分级管理、统一指挥的原则，分别掌管全国铁路、铁路局和

车站的日常运输组织指挥工作。

铁路总公司设值班处长、调度员；铁路局设值班主任、主任调度员、调度员；技术站设值班站长、车站调度员（设调度室的编组站应设室主任、副主任）。铁路总公司值班处长、铁路局值班主任、车站值班站长分别领导一班工作。在组织日常运输工作的过程中，下级调度必须服从上级调度的指挥。

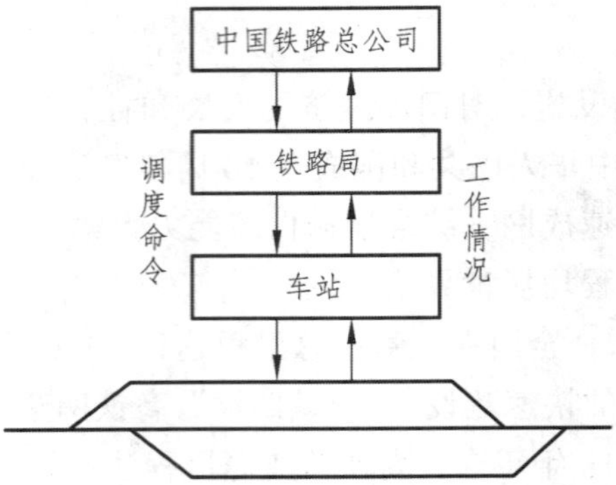

图 1-1-1　调度组织机构

（一）铁路总公司调度主要职责范围

（1）负责全路日常客运、货运和车流组织工作。组织各铁路局有计划、及时地输送旅客，平衡各铁路局货车保有量，经济合理地使用机车车辆，充分利用通过能力及运输设备，挖掘运输潜力，提高运输效率。

图 1-1-2　铁路总公司调度中心

（2）编制全路调度日（班）计划，并组织各铁路局完成。制定、下达各铁路局货运、列车工作轮廓计划和日（班）计划，督促、检查各铁路局按日（班）计划均衡地完成装卸车任务。

（3）监督检查各铁路局按列车编组计划编车、按列车运行图行车、按运输方案组织运输，督促、组织各铁路局按铁路总公司批准的计划均衡地完成局间分界站列车、车辆交接任务，及时处理铁路局间分界站出现的问题，实现全路局间分界口的畅通。

（4）掌握全国重点用户、港口和车站的装卸车，搞好与路外单位的协作。

（5）掌握旅客、军运及重点列车的始发运行情况；处理影响铁路局间分界口列车运行的施工封锁；处理跨铁路局旅客列车的加开、停运、变更径路、客车甩挂，根据任务需要临时调拨客车。

（6）按阶段收取各铁路局调度工作报告，检查日常运输工作完成情况。

（7）掌握铁路总公司备用货车的情况，批准部备用货车的备用、解除，检查各铁路局对备用货车的管理情况。

（8）负责全路专用货车的统一调整，军运备品和集装箱的回送，篷布的运用和备用、解除。

（9）检查、通报安全正点情况，及时收取铁路行车、交通肇事、自然灾害等突发事故、事件情况。当发生事故、灾害中断行车时，应按《铁路行车事故处理规则》的规定，向上级领导及有关部门报告，及时变更有关列车的运行经路和机车运用办法，根据铁路局的请求，调动跨局的救援列车，组织救援复旧。

（10）维护调度纪律，检查各铁路局调度执行铁路总公司调度命令和规章制度的情况，对违令、违章造成不良后果的单位和人员进行通报批评并提出处理意见。

（11）负责全路日常运输工作完成情况和全路调度安全情况的分析工作，抓好典型，及时总结、推广调度工作先进经验。

（12）负责指导全路调度技术教育、培训和技术基础工作，积极采用、推广先进设备和技术，促进调度指挥工作现代化，不断提高调度人员的运输组织指挥水平。

（二）铁路局调度主要职责范围

（1）负责铁路局管内货流、车流组织和车流调整，按阶段均衡地完成铁路总公司下达的车流调整计划，经济合理地使用机车车辆，充分利用通过能力和运输设备，挖掘运输潜力，提高运输效率。

（2）组织车站按列车编组计划、列车运行图和运输方案编发列车，保证列车按运行图正点运行，组织各站段落实日（班）计划和施工方案，处理区间内装卸车，办理区间和线路临时封锁或开通。

（3）按铁路总公司批准的计划组织列车在分界站均衡交接，保证机车与列车的紧密衔接，经常保持与邻局的密切联系，及时协商、解决发生的问题，保证分界站畅通。

（4）及时、准确地掌握现在车数及其分布情况，编制铁路局调度日（班）计划，并组织站段完成。按铁路总公司批准的日计划装车去向别和限制口的装车要求，审批各站段日装卸车计划，组织各站段按日计划完成装卸车任务。

（5）掌握铁路局管内各站和主要用户、港口装卸车等的情况，搞好与路外单位的协作。

（6）负责组织管内旅客、军运、行邮、行包、“五定”班列、重载、挂有装载危险货物、超限超重货物车辆的列车和其他重点列车运行，掌握直达列车、成组装车和排空列车的开行及管内重点货物、集装箱、自备车运输情况。

（7）及时收取、上报调度工作报告，并向邻局作出正确的列车预报。

（8）认真执行铁路总公司备用货车的管理制度，严格掌握铁路局管内铁路总公司备用货车及港口、国境站备用货车的备用、解除。

（9）掌握铁路局管内客车配属、客流变化、旅客列车开行情况，重点掌握特快旅客列车、国际旅客列车及跨铁路局重点旅客列车的运行情况；组织站段按计划、及时地输送旅客，负责组织铁路局管内旅客列车的临时加开、停运、迂回运输、编组和实施票额调整及客车甩挂。

（10）负责铁路局管内专用货车的调整，军运备品和集装箱的回送，篷布的运用和备用、解除。

（11）检查、通报各站段安全正点情况，及时收取、上报铁路行车、交通肇事、自然灾害等突发事故、事件情况，对中断行车事故，应按《铁路行车事故处理规则》规定，向铁路总公司调度、上级领导及各有关部门报告，并采取积极措施迅速恢复行车，必要时，调动救援列车或向铁路总公司调度请求调动跨铁路局的救援列车，组织救援复旧。

（12）维护调度纪律，严格执行上级调度命令。检查各站段执行调度命令和规章制度的情况；对违令、违章造成不良后果的单位和人员进行通报批评并提出处理意见。

（13）负责铁路局日常运输工作完成情况及调度安全工作情况分析，抓好典型，及时总结、推广运输生产先进经验。

（14）负责铁路局调度技术教育、培训和安全基础管理工作，积极采用和推广先进设备和技术，促进调度指挥工作现代化，不断提高调度人员的运输组织指挥水平。

（三）车站调度主要职责范围

（1）掌握货源、货流、车流情况，根据铁路局下达的日（班）计划，正确编制和组织实现车站的班计划和阶段计划，保证按列车编组计划和列车运行图编发列车，不间断地接发列车，按计划完成班计划和阶段计划规定的任务。

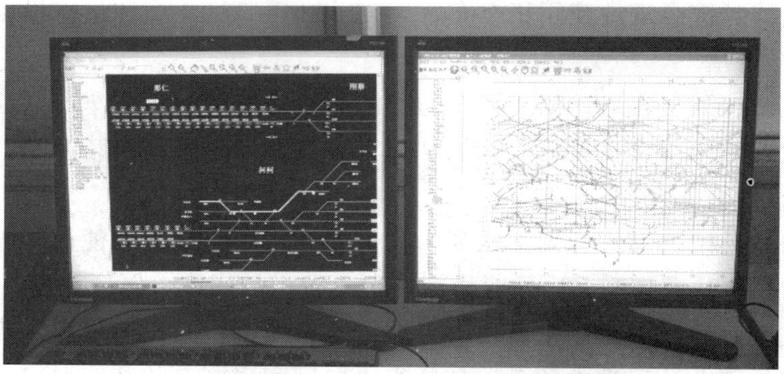

图 1-1-3　车站调度室

（2）经济合理地运用车站技术设备和能力，掌握调车机运用，组织有关部门、单位密切配合，协同动作，按作业计划、技术作业过程和时间标准，完成编组和解体列车的任务，提高调车作业效率，加速机车车辆周转。

（3）及时收集到达列车预、确报，掌握车流变化，正确推算现车和指标，按阶段向铁路局调度汇报车流和车站作业情况。

（4）组织旅客、军运、行邮列车、行包列车、“五定”班列、重载和重点货物列车的开行。

（5）主动与厂矿企业联系，及时预报重车到达情况和取送车作业计划，掌握货位、装卸劳力情况，按计划均衡地完成装车和卸车任务。组织新送（厂修）客车、货物作业车、检修车（修竣车）和专用车的及时取送，缩短待取、待送时间。

（6）保证安全生产，当车站发生影响行车的事故时，应及时报告铁路局列车调度员和车站站长，并积极组织救援，减小事故对行车的影响。

（7）维护调度纪律，认真执行调度命令、上级指示和规章制度，努力提高运输效率。

（8）正确、及时填画技术作业图表，并运用计算机等设备组织指挥运输生产。

（9）认真分析考核车站日常作业计划的兑现情况和日常运输生产完成情况，及时向分局和车站领导报告。

二、行车调度指挥

由于铁路运输系统是一个多专业协作运转的大型联动系统，因此行车工作必须严格执行单一指挥的原则，而行车调度就是整个系统的指挥中枢。列车调度员是一个调度区段行车的统一指挥者，他们必须熟悉行车人员和机车、车辆、线路、通信信号、桥隧等设备情况，掌握天气变化对行车的影响，最终目的是保证列车按列车运行图正点运行。

我国铁路行车调度组织的依据是列车运行图。

铁路总公司组织编制运输计划，形成运行图以及编制全路调度日（班）计划；各铁路局按图指挥行车，编制局调度日（班）计划并组织站段完成；车站值班员按调度命令排列进路、开放信号、进行有关调车作业。

调度日（班）计划，包括了货运工作计划、列车工作计划和机务工作计划，三者紧密衔接，共同保证均衡地完成月度运输生产经营计划，实现列车编组计划、列车运行图及运输方案。

日计划是当日 18:00 至次日 18:00 一日内的日间运输工作计划。日计划分为两个班计划：当日 18:00 至次日 6:00 为第一班计划，次日 6:00 至 18:00 为第二班计划。铁路局可根据第一班计划的执行情况和日计划任务，对第二班计划内容进行部分调整。

日计划中的列车工作计划，包括以下内容：

（1）列车到、发及运行计划，包括列车车次、发站、到站、发到时分、编组内容、始发列车车辆来源、小运转列车运行计划，机车交路及机车型号。

（2）分界站列车交接计划，包括列车车次、到开时分、各列车中去向别重车数（到邻局的重车分到站）和车种别空车数。

（3）管内工作车输送计划、各站配空挂运计划和摘挂列车的装卸、甩挂作业计划。

班计划是车站完成一个班运输生产任务的作业组织计划。内容主要包括：

（1）列车到达计划；

（2）列车出发计划；

（3）卸车计划；

（4）装车计划等。

为保证班计划的实现，需要编制阶段计划。内容主要包括各方向到、发列车车次、时分、机车型号、进入场别、占用线别、编组内容、解体顺序和起止时分。

阶段计划由车站调度员根据班计划和《铁路运输调度规则》有关规定，按列车编组计划、机车牵引定数、列车计长以及《铁路技术管理规程》《行车组织规则》规定的编挂限制、《车站行车工作细则》规定的列车占线程序、各项技术作业的时间标准和调车区的划分、调车机的作业分工，利用车站技术作业图表进行编制。

第二节　铁路行车调度控制系统发展

铁路行车调度控制系统是行车调度人员完成其工作职能使用的行车设备的统称，形式上主要有调度监督、调度集中、调度信息管理系统、行车调度自动化等。不论以什么形式存在，总的来说不外乎完成以下几项功能：远程监督、远程控制、信息共享、计算机辅助调度等。

一、早期的铁路行车调度控制系统

1959 年我国第一次在北京—天津段实际安装运用了从苏联引进的调度监督设备，系统采用继电器逻辑电路。1962 年在宝成线宝鸡—凤城段首次安装了调度集中设备，采用的是继电式极性频率制。从目前来看，当时的这两个系统都存在着容量小、速度慢的缺点。

20 世纪 70 年代我国自行研制了由晶体管分立元件或集成电路组成的调度监督设备，分别为 DJ1 型和 DJ2 型。这一阶段的调度控制系统的特点是采用了较机械电子部件更为先进的电子元器件，但是由于设备尚不完善，也未能大面积推广。这一阶段的调度控制系统在某些调度区段，如陇海线郑州—商丘段，曾发挥过应有的效能，对于提高运输效率以及推迟复线改造起到过重要作用。但终因复线改造、区间无空闲检查设备、相关设备不配套、系统本身不够稳定等原因，这些设备相继于 20 世纪 70 年代末停止使用。

在这一期间，我国铁路调度集中发展缓慢，原因是多方面的，主要是由于我国铁路小站摘挂、列车作业较多，致使调度控制权经常下放；其次是单线区段列车成对运行，难以收到理想的效果；另外还有设备所用器件可靠性不高、调度人员素质有待提高且未进行系统培训等原因，使得设备效能不能充分发挥。

二、第二次发展

进入 20 世纪 80 年代后，微型计算机和单片机、单板机技术在工业控制领域取得越来越广泛的应用，我国铁路科技工作者在调度集中、调度监督的微机化及相关性能的研究上也取得了突破性的进展，并在应用上取得一定成果。微机化调度集中和调度监督的特点是：设备由分立元件向大规模集成电路转化，由布线逻辑向计算机系统转化；由零散设计向标准化、模块化、积木式、高可靠及无维修化转化；由单一功能向多功能扩展；表示设备由盘面式向屏幕式发展；调度集中由单线向双线扩展，调度监督由区段向枢纽、分界口等多方面发展。这一阶段的调度控制系统比早期的继电逻辑系统性能更加稳定，维修更加方便，控制容量大大提高。

宝成线（宝鸡—凤州段）于 1991 年开通并使用了 D4 型单线调度集中，是我国第一段正式开通的微机化调度集中。大秦线安装了 D5 型双线调度集中，在兰新线哈密—柳园段安装的是引进的 CTC4000 型调度集中，广深准高速铁路中运用了全微机的调度集中，京广线郑州—武昌段安装了具有计算机辅助调度功能的4000型全微机调度集中。

1994年10月建成的我国第一条准高速铁路——广深线，采用了全微机调度集中系统。系统分为计算机辅助调度和调度集中基本级两大部分。车站接发车可由控制中心计算机自动控制、程序控制、调度集中控制、调度员储存控制和车站控制等多种方式实施。实现了列车运行图的管理，包括基本运行图的存储、显示和更新，班计划运行图的编制、修改和显示；三小时计划运行图的编制、变更和显示；实迹运行图的描绘及数据统计。实现了对列车运行的调整，对在线列车运行进行监视，不断与三小时计划运行图比较，实时地提出运行调整方案。

京广线郑州—武昌段的4000型全微机调度集中系统具有计算机辅助调度功能。在京广线保定—石家庄段的调度监督系统，进行了三小时计划运行图自动生成试验。

这一阶段我国铁路自行研制的调度监督设备有DJ4型和TY-DJ型,引进的设备有DSS3000型。

在这个阶段，调度部门逐渐装备了配套的运行图自动扫描、自动报点和车次号自动传递等设备，我国调度集中，尤其是调度监督有了较快的发展。到1998年底，我国铁路有调度集中1 200多千米，区段调度监督9 100多千米，枢纽和分界口调度监督55处，已占营业里程的16%以上。但是与国外铁路相比仍有巨大差距，即使是印度、韩国等国家也有70%～80%的铁路实现了调度集中控制。

三、当前铁路调度控制系统状况

1996年开始实施DMIS工程。DMIS工程是铁路现代化的重要标志工程，是增强各级运输调度指挥手段、提高运输效率和效益的重要技术改造项目，也是提高铁路信号整体水平，向网络信号发展的龙头工程。

DMIS工程入网的调度监督均预留调度集中的条件，待时机成熟和运输需要时，即可改为调度集中控制。以后的调度集中也不再是传统意义的调度集中，仅仅为人工集中控制，而要引入更多的功能，如自动选路、计算机辅助调度、列车运行自动调整，即逐步实现行车调度自动化。随着DMIS工程的实施，四大干线原有调度集中进行了改造，并新建了相当数量的调度监督。

2000年，在沪宁线确立了DMIS建设的南京模式。DMIS建设进入快速发展期，至2004年，DMIS一期工程全面开通。

2005年，DMIS改名为TDCS，系统的侧重点从管理信息系统转变为调度指挥系统。

调度集中系统也引入了先进的分散自律控制理念，实现了调车进路远程控制，增加了列车进路智能控制，完善了车次号传输、生成、无线传输，运行图自动生成、调整等功能。

CTC在国内铁路的应用经历了传统CTC和分散自律CTC两个阶段。20世纪60年代，我国开始使用传统CTC，20世纪70年代，传统CTC在陇海线有过较长时间的应用，后停用。2003年10月开通的秦沈客运专线继续采用传统CTC。青藏线和胶济线使用的则是分散自律CTC。

胶济线连接济南、青岛两大城市，沿线范围内人口稠密、经济发达。全长384.2 km，为双线电气化铁路，其中即墨—高密、临淄—淄博为四线。全线旅客列车最高设计行车速度为每小时 200 km，货物列车最高设计行车速度为每小时 120 km。2006 年 9 月，在 TDCS 基础上建设的 CTC 系统投入使用，同时装备了 GSM-R、无线列调系统等先进设备。后期建设的动车组与高铁的调度系统一直沿用的是分散自律调度集中系统（Fz-CTC）。

第三节　铁路行车调度控制系统概述

铁路传统的运输调度指挥方式是比较落后的“老四样”，即：一部电话、一支笔、一把尺、一张图。形象地描述出了调度人员的工作环境、紧张状态。在这种指挥方式下，各级调度人员所获得的信息量少，信息实时性、可靠性差，而且调度人员处于繁忙、紧张、疲劳情况下的被动指挥时，对非常事件的处理、应变能力不足，其后果必然是影响铁路运输能力的正常发挥。这不但与铁路运输的发展极其不适应，同时，也落后于国民经济的飞速发展。

随着科技水平的发展和社会的进步，铁路运输运能、运量、营业里程不断提高，行车密度也在提高。不断发展的新形式对各级行车调度人员的工作效率提出了更高的要求，仅仅依靠“老四样”和发挥、挖掘人的潜力远远满足不了要求，需要在新的技术平台上开发有效的运输调度行车指挥设备，用设备产生更大的生产力，科学合理地进行运输组织和列车运行调度，提高管理水平和调度指挥能力，最大限度地发挥现有路网的运输能力，提高运输效率，改善服务质量。调度系统的发展过程如图 1-3-1 所示。

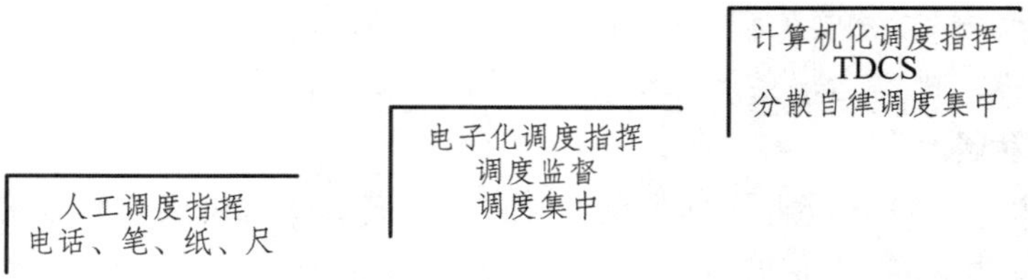

图 1-3-1　调度系统的发展过程

行车调度控制系统大致经历了继电逻辑、电子逻辑、计算机逻辑三个阶段（见本章第二节），其中计算机逻辑阶段又可以分为探索阶段和成熟阶段，我国现阶段比较成熟的行车调度控制系统有 TDCS、分散自律型 CTC，行车调度自动化设备也取得了较大发展。本书第四、五章将详细介绍目前广泛使用的 TDCS 系统和分散自律 CTC 系统。

一、TDCS 系统

TDCS 是英文 Train Operation Dispatching Command System 的缩写，即列车调度指挥系统，它是覆盖全路的现代化的铁路调度行车指挥管理和控制网络系统。TDCS 系统覆盖全国铁路调度信息点，为二级三层体系结构。它以行车调度指挥为核心，服务于铁路运输生产各部门，是铁路运输指挥信息化、自动化的基础。

目前 TDCS 系统已覆盖全路 5 006 个车站和 50 000 余千米线路，建成以行调为核心的现代化铁路运输调度指挥管理信息系统，实现全路运输调度的集中管理、透明指挥、实时监视、自动调整。可以说，TDCS系统是铁路跨越式发展的必然需要，它的重要性会更加突出。

以路局为中心的TDCS系统通过广域网实现对各车站的行车信息监测、行车计划和调度命令下达。在路局调度所进行信息的综合处理，提供现场的作业状态、列车信息，并实现与TMIS交换信息及TDCS联网，将有关信息送往铁路总公司，从而彻底减轻行调人员的劳动强度，实现行车调度决策的科学化、现代化。系统由调度所子系统及车站子系统两大部分组成。调度所子系统设备主要由行调员台、计划员台、调度长台组成的计算机辅助行车调度系统设备及TDCS主机房的通信服务器、网络系统维护台、系统维护/培训台、网络柜各设备（路由器、交换机）、前置机柜各设备（远程通信）、电源柜各设备（UPS、配电盘）等组成的信息处理及通信网络设备构成。车站子系统设备主要由信号机械室的TDCS三机柜等设备组成的通信及数据采集系统，及运转室的站机组成的调度管理及行车信息显示系统构成。

二、分散自律调度集中

分散自律调度集中是以计算机技术、网络技术、通信技术和自动控制技术为基础，采用智能化分散自律原则设计，以列车运行调整计划为中心，兼顾列车和调车的自动化调度指挥系统。分散自律调度集中系统采用计算机分布式网络控制技术、信息采集与处理技术，将列车运行调整计划下传到各个车站自律机中自主、自动执行；在列车运行调整计划的基础上，解决列车作业与调车作业在时间上与空间上的冲突，实现列车和调车作业的统一控制。

分散自律调度集中在传统调度集中的基础上，结合我国的实际情况，在系统的工作方式、硬件配置水平、系统开发的标准化规范化程度等方面进行了全面提高。主要解决了原有调度集中系统的以下问题。

（1）解决了智能化程度不高的问题。

（2）解决了交放权过于频繁的问题。

（3）提高了车次号跟踪子系统的可用性。

（4）提高了整个系统可靠性。

（5）提高了无线通信能力。

由于分散自律调度集中系统采用了分布式计算机控制技术，它最突出的特点是整个系统的目标和任务事先按一定的方式分配给子系统，然后由子系统间通过数据通信进行信息交换和相互协调，独立完成目标或任务。这样做有以下优点：

（1）分布式系统可以有效降低整个系统的风险，在对子系统设备要求不高时，可以降低整个系统的造价。

（2）分布式系统的子系统比较容易实现通用化与系列化，系统的扩充也很方便，还可以对系统进行重构，实时地动态分配与管理系统，以适应不同的环境和用户的要求。

（3）分布式系统的实时性能很好，响应速度快，这主要得益于子系统只处理本系统的信息，通常不受传输延迟的影响。

采用分散控制策略带来的负面影响是系统总体的调度、协调和优化极为复杂，增加了整个系统的复杂程度，处理不好有可能降低整个系统的可靠性；其次，分布式系统数据通信量非常大，对通信设备的可靠性和安全性有很高要求，子系统间通道或子系统本身的故障会严重影响其他子系统的工作。

分散自律调度集中系统的控制中心一般设在铁路局调度所，调度指挥系统如图 1-3-2 所示。

图 1-3-2　调度指挥系统

三、行车指挥自动化

行车调度自动化系统，是在调度监督和调度集中技术的基础上，增加或增强了编制运输计划、自动排列进路、自动调整运输计划、编制车辆运用计划、传递列车晚点信息及各种统计工作等功能，整个系统的智能化程度显著提高。

行车调度自动化系统的基本任务归纳起来有以下几项：

（1）自动进行列车运行调整。

（2）自动控制列车进路。

（3）自动显示区段内列车位置、车次、车站股道情况和信号设备情况。

（4）自动监督列车运行情况，不正常时自动报警。

（5）自动记录实际运行图。

（6）自动进行与列车有关的统计。

（7）自动预告和显示接近列车车次及正、晚点情况。

行车调度自动化是铁路信号技术发展的关键技术，随着微电子技术、现代通信技术、计算机技术的发展而发展起来，无论是在信息交换、实时控制及调度决策，还是在控制范围方面，越来越显示其优越性。它代表了铁路行车信息与控制技术的发展趋势。随着现代科学技术的不断发展，调度集中、调度监督技术已趋成熟，达到了实用化程度。

行车调度自动化系统是在 CTC（调度集中）的基础上，实现行车指挥自动化的控制系统。在繁忙区段安装调度集中设备，虽然实现了一定范围的集中控制，但调度员的业务量仍很大，一切操作、判断、统计都要有人参与才能完成，特别是运行图被打乱时，调度员既要办理调度业务，又要整理行车秩序，设法恢复正点运行或将紊乱的情况控制在最小范围内，因此调度员劳动强度很大。

在调度集中的基础上引入实时管理计算机，用它来承担调度人员的一部分或大部分工作。利用计算机编制列车运行图，并在显示器上用图形和文字表示出来，调度员可随时了解整个区段或指定区域的列车运行情况；利用计算机调整打乱了的运行图。有了这些手段，可使调度员从繁忙的事务性工作中解放出来，从而把精力主要放在判断和调整运行计划上。

实现行车调度自动化是铁路现代化的重要内容之一。它虽然不是解决运能和运量矛盾的主要手段，但能为铁路运输提供安全和效率的保证，既提高劳动生产率，又改善了劳动条件。

上面介绍的三大类铁路调度远程控制系统，都是为了提高行车调度人员工作效率、准确地完成行车调度工作，从而在保证铁路运输安全生产的同时减轻他们的劳动强度、改善工作环境。下一章开始本书将从远程控制系统原理和通信基本知识入手，介绍目前成熟的 TDCS 和分散自律 CTC 系统。

第二章　远程控制基础知识

远程控制技术是调度控制系统的基础，本章主要介绍远程控制系统的基本概念。

第一节　远程控制的基本概念

一、远程控制技术与远程控制系统

远程控制系统，就是以远程控制技术为基础构成的系统，也叫远动系统。远程控制技术，是遥信、遥测、遥控技术的总称。

人们在实践活动中，常常要对所研究和使用的对象进行各种控制。有些控制任务可以在被控对象处直接完成，如工人操作机床、飞行员驾驶飞机等，这就是一般所说的“控制”的概念。但是，当控制人员远离被控对象（如火箭、导弹和卫星等）或不宜接触被控对象（如高压设备和放射性物体）时，就不能采用直接的控制方法，而只能采用间接的控制方法。这种远离被控对象的间接控制，习惯上就称为遥控。遥控是一般控制或操作的延伸。

这里所说的“远距离”是相对的，它可以是只有几米远的变电站的高压开关遥控；也可以是几十到几百千米远的导弹遥控；还可以是几十万千米外的深空探测器的遥控。被控对象可以是固定不动的，也可以是活动的。固定不动的对象又分集中型的（如工厂和电站等）和分散型的（如输油管道、油田和铁道等）两类。活动对象有舰艇、飞机、导弹、卫星和宇宙飞船等。

（一）遥控

遥控就是对被控对象进行远距离控制。完成遥控任务的所有设备的总和称为遥控系统。一般把控制命令产生的地点称为控制端，而把被控制对象所放置的地方称为被控端。控制命令是指调度人员或计算机对被控对象发出的控制意图。这种意图由控制端传送到执行端。该命令是由可以传输的电量来表示的，是由控制端传送到执行端。连接控制端和执行端的通道称为信道。控制端、执行端、信道是遥控系统的 3 个基本组成部分，如图 2-1-1 所示。

图 2-1-1　遥控系统组成

远动系统的核心问题是远距离信息传输，它直接影响着系统工作的可靠度。控制端与执行端相距较远，必须采用现代数据传输方式，把控制意图转变为可以传输的电信号，这不仅要把非电量转化成电量，而且要形成有规律的、符合双方约定含义的数据信号，因此就需要进行编码。执行端接收到数据以后，必须按照原约定的内容，恢复成一个控制信号去操纵某个执行设备，这个过程就是译码。因此，遥控系统的结构可进一步用图 2-1-2 来描述。

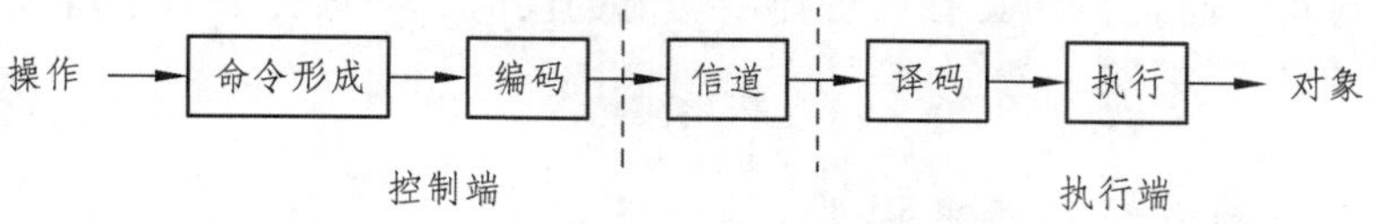

图 2-1-2　遥控系统框图

（二）遥测

像遥控一样，人们在实践活动中，常常需要对所研究和使用的对象进行各种物理量（或参数）的测量。有些测量任务可以在被测点附近直接使用仪表来完成，如使用万用表测量电压、电流和电阻；使用温度计和压力计测量温度和压力等。这时人们通过视觉直接读取这些参数，从而完成所需要的测量任务。这就是通常说的“测量”的概念。有些被测对象，如运载火箭和具有放射性的物体等，人们不可能在它们所处的位置附近直接进行有关参数的测量，只能在远离它们的地方进行间接测量，这种远离被测对象的间接测量，习惯上就被称作遥测。因此遥测是一般测量的延伸。这里所说的远距离也是一个相对的概念，它可以近到几米，如对高速旋转体内静应变参数的遥测；也可以远到几十万千米，如卫星和深空探测中的遥测。

有时人们为了实际工作的需要，把只能确定某种工作状态是否发生的远距离测量叫作遥信，如机器的启动与停止、闸门的开启与关闭、工作电压的越限与正常等状态的测定。而把能够确定被测参数（如流量、温度、压力和转速等）大小的远距离测量，才称作遥测。从科学的观点来看，遥信也是遥测，而且是一种最简单的遥测。

遥信是对远距离被控对象的工作极限状态进行远距离的测定、调度监督是用表示灯或表示设备监视被控对象的极限状态。遥信系统要反映被控对象的状态，所以它的信息源是在执行端，而接收信息的场所是在控制端。信息的传输方向是由执行端到控制端。遥信系统的基本结构如图 2-1-3 所示。

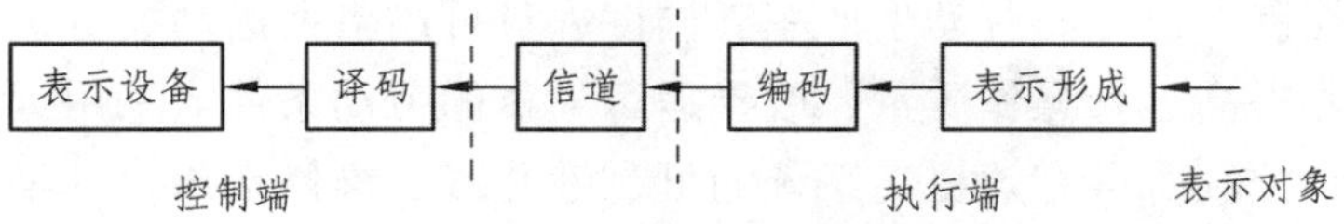

图 2-1-3　遥信系统框图

遥测是对被控对象的某些参数进行远距离测量。它与遥信系统的区别是测量对象的参数是模拟量而不是数字量。

要测量对象的参数，在执行端就必须不断地对被测量进行采集，并将采集到的数据进行编码后送到控制端，再经译码后，送到记录显示处理设备。遥测系统的结构如图 2-1-4 所示。

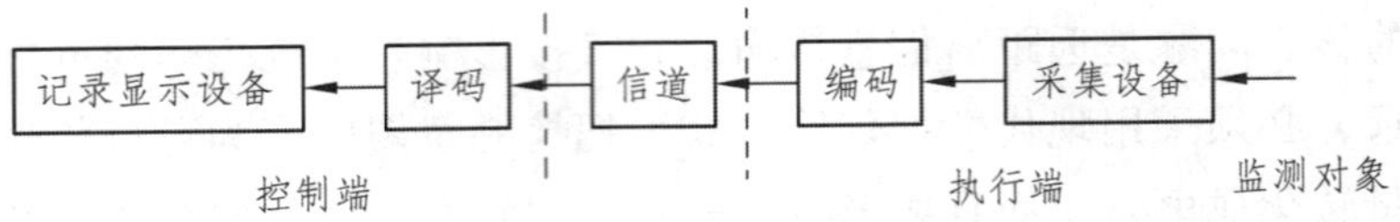

图 2-1-4　遥测系统框图

由上述可见，远程控制系统可以进行远程控制、远程状态监视和远程参数测量。作为广义的远程控制系统而言，在具有远程控制功能的同时，一般还兼有远程监视和远程参数的测量功能。

（三）远程控制系统的基本模型

一个完整的远动系统的基本结构模型如图 2-1-5 所示。

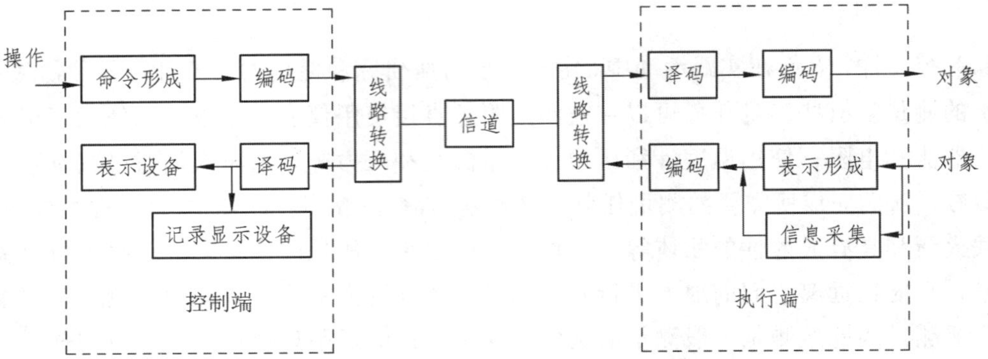

图 2-1-5　远程控制系统整体结构示意图

由图 2-1-5 可见，遥控、遥信及遥测可以在同一信道上传送不同的信息。两种不同方向的信息可以同时传送，也可以根据需要分时传送。按照系统设计的要求，可采用线路控制方法，分配占用信道的时机，实现不同方向信息的传送。

远程控制系统按其功能而言，可以分为远程控制（遥控）、远程监视（遥信）、远程测量（遥测）3 种类型。按照生产过程的需要，遥信与遥测可以单独存在，而遥控系统一般都自然包括遥信的功能，从而检验控制的功效。因此，今后对遥控系统的分析，即可覆盖对其他二者的分析。

远程控制系统的主要任务如下：其一是集中监视，以提高安全经济运行水平。正常状态下实现合理的系统运行方式，出事故时，及时了解事故的发生和范围，加快对事故的处理；其二是集中控制，以提高劳动生产率。调度人员可以借助远动装置进行遥控，实现无人化或少人化，并提高运行操作质量，改善运行人员的劳动条件。采用远动装置实现生产过程的集中监视和控制，可有效提高系统的可靠性并减少维修费用，其经济效益是非常明显的。因此，远程控制技术在包括铁路行车调度指挥领域在内的各行业、各工种都得到了广泛应用。

构成远动系统的远动装置最初使用的是接点式装置，它的主要元件是继电器，随着新型电子器件的出现，以晶体管为主要元件的无接点式远动装置相继出现，随之而来的是由集成元件构成的全集成电路装置的诞生，上述各类装置均按预定的要求进行设计，使构成装置的各部分逻辑电路按固定的时间顺序工作，以完成预定的功能。这些装置一旦设计好，其功能不能随意进行扩展。

近几十年来，随着计算机技术的发展和普及，远动装置全部采用微机化装置，通过微机的硬件和软件相配合完成远动系统的功能。微机化远动装置具有结构简单、功能完善、使用灵活、扩展容易等诸多优点。采用微机技术、现代通信技术和网络技术而构成全微机化远动系统是目前的发展方向。

（四）远动系统的性能评价指标

对任何一种远动系统，都可以根据其性能指标来衡量其优劣。人们在设计、选型远动系统时，往往也将需要达到的性能指标作为技术要求标准。远动系统的性能指标一般来说有以下几项。

1. 可靠性

可靠性是指设备在技术要求所规定的工作条件下，能够保证达到规定的技术指标的能力。

远动系统往往要求无人监视，并且应用在重要的生产部门或国防部门，对于设备的可靠性有很高的要求，一次误操作或失效都有可能引起严重的后果，造成生命和财产的损失。远动系统可靠性包括设备本身的可靠性及信息传输的可靠性两个主要方面的内容。

设备的可靠性一般用平均故障间隔时间，即两次偶然故障的平均间隔时间来表示。而整个系统的可靠性则通过“可用率”来反映，“可用率”可用下式计算出来。

$$\text{系统可用率}=\frac{\text{运行时间}}{\text{运行时间}+\text{停用时间}}\times 100\%$$

其中，停用时间包括故障时间和维修时间。

影响可用率的重要因素有：设备的质量、维护检修情况、环境条件、电源供电可靠性及设备的备用程度等。国外的远动装置平均故障间隔时间已达到 30 000 h，国内要求在 8 000 h ~ 10 000 h。

远动信息传输过程中，会因为干扰而出现差错。传输可靠性是用信息的差错率来表示的。通常差错率要求在 10^{-10} 以下，差错率计算公式如下。

$$\text{差错率}=\frac{\text{信息出现差错的数量}}{\text{传输信息的总数量}}$$

2. 容量

通常把遥控、遥信及遥测等对象的数量称为该系统的容量。远动设备的容量首先要满足用户对远动化的实际要求。容量越大，表示该系统所能完成的功能也就越多。此外，系统的容量也要考虑到功能的扩展。因为随着技术的发展，远动系统的功能还要进一步增加。

3. 传输速度

远程控制系统与自动化系统的最大区别就是远动系统有信道的存在。也就是说远动系统存在着信息的传输。信息在信道中传输的快慢用传输速度来衡量。通常从两方面来定义传输速度：一个叫波形速度（又称调制速度），即每秒钟所传输的数字波形数，单位是波特（baud）；另一个是信息速度，即每秒所传输的信息量，单位是比特/秒（bit/s）。在串行发送二进制代码的传输方式中，这两种速度在数值上是相等的，而多进制代码时就不相等了，信息速度比波形速度大。这是因为每个波形中包含的不是一个比特信息而是多个。例如 M 进制，每个数字波形携带的信息量为 $\log_2 M$ 比特。

4. 实时性

从提高生产效率、加速对事故的处理等观点出发，对系统的实时性要求是显而易见的。实时性常用“传输时延”来衡量。它是指从发送端事件发生到接收端正确地接收到该事件信息的时间间隔。

5. 抗干扰能力

在有干扰的情况下，远动系统仍能保证达到技术指标的能力称为远动系统的抗干扰能力。远动信息要在信道上传输，就不可避免地要受到外界的干扰，这些干扰主要是工业干扰和起伏（脉冲）干扰，此外，在多路传输时还有信道间的路际干扰。

这些干扰造成的不良结果就是使信息发生畸变，使系统发生误操作。

提高系统抗干扰能力的方法有两种：一是在信道发送端适当变换信号的形式，使其不易受干扰的影响；二是在接收端变换环节的结构上加以改动，使其具有消除干扰的滤波能力。

6. 适应性及使用维修性

适用性就是远动装置对各种客观条件变化的适应能力，即对环境温度、湿度、电源变动、振动等条件的适应能力。

使用维修性就是指操作与维修是否简单方便。对此，应采用必要的性能指示及故障报警装置。尽可能做到故障自动检测，以便在发生故障时能迅速判断地点，及时排除故障。此外，装置要体积小、重量轻，才能够机动灵活。

7. 经济性

经济性就是使设备获得一定的性能指标所花的代价。该项指标要综合考虑诸如成本、传输速度、差错率各因素。

总之，评价远动系统性能的指标有多个，有些指标往往存在矛盾。因此需要根据具体情况和要求加以选择。

（五）远程控制技术的关键技术

远程控制技术的关键技术主要是可靠性技术，可以分为系统的可靠性和信息传输的可靠性两个方面。在铁路应用中，不但要求有很强的实时性和连续不间断工作的能力，而且要求有很高的可靠性。无论是信息传输错误还是设备故障都将直接影响整个系统的正常工作。因此，提高系统的可靠性是进行远动系统设计时必须要考虑的、重要的问题。

目前，有两类技术可以提高可靠性，一类是避错技术，它的基本着眼点是通过质量控制、减载使用、环境保护等措施防止故障的发生，从而延长系统的使用寿命。但避错技术有其局限性。例如采用高可靠器件，费用将急剧上升，而且，即使采用了避错技术，也不一定能满足系统的可靠性要求。因此，在现代高可靠性系统中，广泛采用第二类技术，即容错技术。在此主要介绍容错技术。

容错技术是建立在资源冗余基础上的。这些额外资源，相对于系统完成其功能所必需的资源是冗余的，容错方法主要有以下四种：

1. 硬件冗余

是硬件的物理重复。随着半导体元件体积的缩小及成本的下降，硬件冗余更实用。在一个系统中，冗余的硬件可以是元件级、模块级（如印刷电路），也可以是微机这一级的。

2. 软件冗余

是通过增加程序提高软件可靠性。例如对应同一任务采用不同的编程语言，对两套程序的执行结果（或中间结果）进行比较，如果不一致则发现差错。

3. 信息冗余

是靠增加信息的多余度来提高可靠性。例如编码技术中的检、纠错编码就是信息冗余的例子。

4. 时间冗余

是通过指令的重复执行、增加重复运算的时间来达到容错的目的。例如执行一个（或一段）程序得到一个数据，如果有错，则程序卷回，重复执行这段程序。通过一次或多次卷回，直到清除故障或断定不能消除故障为止。

另外，根据对故障的处理方式不同，可把容错技术分为故障检测与诊断、静态冗余和动态冗余三种：

（1）故障检测与诊断技术是发现故障的技术，它本身不具有提高系统可靠性的作用，但它为及时处理故障提供了信息。

（2）静态冗余技术是一种表决系统。假如一个系统由三个功能相同的模块和一个表决器组成，三个模块的输出作为表决器的输入，表决器的输出作为系统的输出。表决器的三个输入中只要有两个是一致的，则表决器有输出。这样，系统中任一模块故障，系统仍正常工作。

（3）动态冗余技术是使系统具有故障检测和切换功能的技术。当发生故障时，系统内部将故障部分切除并自动将备用部分换上，使系统正常工作。

可见，容错技术承认故障的客观存在，在一定限度内，容许故障发生，并采用一定的策略使系统仍能维持正常功能。根据系统的具体情况，合理地使用容错技术，将在很大程度上提高系统的可靠性。

（六）远程控制技术在铁路行车调度中的应用

铁路运输生产过程是在全国纵横交错的铁路网上进行的。我国目前的铁路网营业里程达到 13 万千米，有几千个车站、数百万职工，配备了大量的技术设备，设有运输、机车、车辆、工务等业务部门，每天有上万台机车和几十万辆车辆编成数以千计的各种列车，在四通八达的铁路线上昼夜不停地运行。同时，铁路运输的作业环节繁多而且复杂，要求各单位和各工种间密切组合，协同动作，犹如一架庞大的联动机，需要环环紧扣，有节奏地工作。

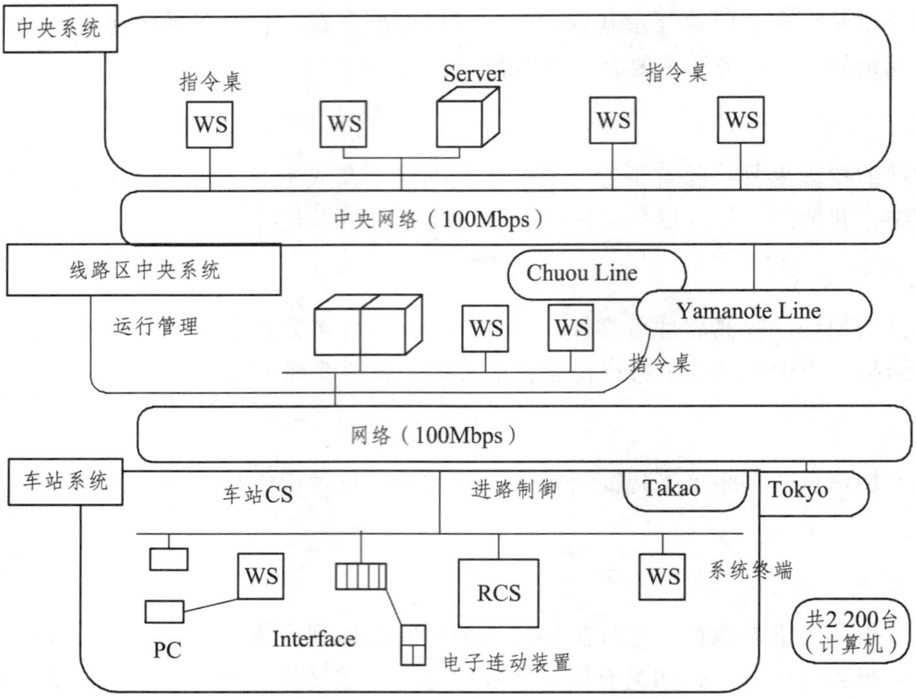

图 2-1-6　基于网络的远程控制系统

为此，在铁路运输组织工作中，必须贯彻高度集中、统一指挥的原则。铁路运输调度工作，就是铁路日常运输的组织指挥工作。各级调度机构编制与执行日常工作计划，对整个运输生产过程，首先是对列车运行进行不间断的指挥与监督，以使全路能够连续地、均衡地、合理地、质量良好地进行运输生产。

铁路运输系统是最早使用远程控制技术的部门之一。这与铁路运输的管理、指挥体制很有关系。铁路运输采用铁路总公司、铁路局、运输站段三级管理指挥系统，各次列车在运行过程中，由车站值班员办理进路，记录运行情况，向铁路局调度所汇报列车在本调度区段的运行情况；铁路局每天向总公司报告全局列车运行情况。虽然全国铁路纵横交错、绵延万里，可是通过三级管理体制，能对每次列车的运行情况了如指掌，实现集中、统一指挥。

铁路局、车站的调度人员要了解几千米到数百、上千千米管辖范围内列车运行情况，既要控制、指挥列车的运行，又要了解列车实际的运行情况，正是这些情况让远程控制技术得到了用武之地。作为铁路运输最重要的组成部分，铁路信号远程控制系统就是以远动技术为理论基础，结合铁路运输对信号控制系统的要求而设计的系统。

在行车调度系统中把遥控称为调度集中，把遥信称为调度监督。

调度集中是铁路干线行车指挥的综合设备，它是以车站联锁设备和站间闭塞设备为基础，在铁路局调度所内设置集中控制与监视设备，可直接控制区段内各车站的信号和进路，并且监视电气集中设备的状态（信号机、进路）、列车占用、列车离去及在区间和离去的状态。监督设备只完成基本监视功能。

铁路枢纽是影响铁路运输能力的关键，它的线路布置复杂，行车密度高，运输作业种类繁多、交叉干扰影响大，因此枢纽调度员的工作相当繁重。在枢纽可以使用与区段调度集中与调度监督类似的集中控制与监督系统，但其管辖范围只涉及枢纽内部。

在铁路区段内的区段站、编组站等虽然设有车站电气集中，但是距车站值班员室较远的地点，可能存在咽喉或个别咽喉道岔，因此可以单独设置遥控设备，以便车站值班员通过控制台对其进行控制与监视。另外，在调度区段入口与出口端的较大车站，列车占用线路情况将直接影响区段行车调度员的指挥工作，因此可以在此类由车站值班员控制的大站上装设遥信设备，以实现区段行车调度员对其的监视。

分界口是铁路局之间的交界点，分界口两端的车站分属于不同的铁路局，分界口的运输计划安排将涉及两个以上的铁路局。分界口跨局列车的接续，不能单以发局或接局的运输计划执行来考虑，而需根据运输过程的综合情况，以及分界口两侧车站内列车实际占用线路与运输情况、车流变化等情况，专门制订分界口的运输计划。为使铁路局及总公司调度能监视分界口的实际运输情况，取得复杂的运输数据及参数，一般在分界口单独设置调度监督系统。

以上几种应用均属于调度集中或调度监督系统。近年来，由于计算机技术与网络通信技术的发展，上述各种形式的调度集中和监督系统一般均由计算机作为其中心控制机或被控分机。中心控制机主要完成控制与监视功能；被控分机用以执行控制命令及完成状态信息采集。中心控制机与各被控分机之间，按照计算机通信网的方式连接，完成数据传输，这样就为调度员对铁路运输实行集中控制与指挥提供了新的手段。

行车调度自动化是在调度集中的基础上，用计算机模拟调度员的工作，将一些事务性或程序判断工作交由计算机承担，实现行车调度的自动控制和自动调整，调度员仅承担复杂的调度判断工作。行车调度自动化系统是新型的信号系统。

调度集中为调度员指挥列车运行提供了便利的条件，实现了集中控制，但一切有关的判断、操作、统计均要由调度员直接参与才能完成。在繁忙区段，调度员的工作相当繁重而紧张，所以，要改变这种状况，就必须进行更高层次的自动化改造，引入计算机代替调度人员的事务性工作，从而使调度员把主要精力用于判断和调整运行计划上。

行车调度自动化除了完成调度集中的所有功能外，扩展的主要功能是：自动控制列车进路、自动进行列车运行调整，完成与列车有关部门的统计、自动传递行车信息、旅客向导等工作。

行车调度自动化系统，按自动化程度的不同，也有不同的形式。但不管何种形式，行车调度自动化都应该是一个完备的计算机系统。根据我国铁路现阶段的情况和特点，最适宜的形式是计算机辅助行车调度系统，其基本任务是三小时计划运行图的自动生成。

铁路运输调度指挥系统（TDCS）是采用现代信息技术改造传统的落后铁路调度方式，建立起融合信号、通信、计算机、数据传输及多媒体技术为一体的调度指挥系统。系统分为铁路总公司调度中心、铁路局调度中心及车站基层网 3 个层次，各级调度中心内部构成局域网，各调度中心通过 X.25 或专用线互连构成广域网。

TDCS 系统处理的信息可以分为实时行车信息和调度管理信息两大类。实时行车信息由基层网采集设备，采集区段、枢纽、分界口等的列车运行情况和现场状态的动态信息，通过调度监督、调度集中系统，经过广域网传输到各级调度中心，再经过处理，以图形、图像、表格、文字等形式向调度员及上级部门提供及时、准确、直观、可靠、灵活、丰富的运输状态宏观显示、列车运行情况和现场动态显示、作业情况及实时动态统计报表等，为协调运输、科学决策、实现现代化管理提供了重要手段。调度管理信息主要是对调度中心的日常工作进行管理，自动完成信息收集、各种报表编制、信息传送与输出，方便、快捷地查询各种资料。

TDCS 系统提高了调度人员的工作质量和效率，大大提高了调度指挥的整体技术水平，改善了调度人员的工作条件，是实现铁路运输调度指挥现代化的基础。

远程控制技术在信号维修体系中也发挥了重要作用。随着铁路信号维修体制的改革，信号设备的微机监测系统也迅速发展起来，并日益得到广泛应用。微机监测系统利用计算机技术和检测技术实现对信号设备的日夜监视，为信号设备的维修和铁路运输工作提供了可靠的依据。

微机监测系统可以作为独立的系统存在，也可通过逐步提高自身的可靠性从而直接作为完成调度集中/调度监督系统的行车信息采集功能的基础设备。目前，铁路信号设备的微机监测系统均以计算机网络的形式而存在。以车站、车间、电务段、铁路局构成基层网，为行车调度自动化系统、DMIS 系统提供可靠依据。

以远程控制技术为基础，不断发展调度集中、调度监督、行车调度自动化等铁路信号与行车指挥新设备，将改变我国铁路信号在调度指挥手段方面的落后面貌，带动整个铁路信号控制与行车指挥设备向网络化、智能化方向发展，从而提高铁路干线的运输能力和效率，全面提高行车安全程度。

第二节　远程控制系统基本网络结构

随着计算机在远程控制系统中的广泛应用，目前的远动系统中，无论是控制端还是执行端，它们所用的设备均是计算机。因此，可以说现代的远程控制系统都是具有专门用途的计算机通信网络，远动系统的网络结构实质上也是计算机网络的拓扑结构。

铁路信号远动系统的主要任务是对系统所管辖范围内各个车站的信号、道岔及进路进行控制。同时还要记录下各被控制对象的状态及参数的测试结果，进而为铁路行车指挥自动化和运输指挥管理信息系统提供基础信息。远动系统中对象的分布情况直接决定了信道的铺设路径，系统的控制、监督以及测试功能的详略直接影响了系统结构的繁简程度。下面针对铁路信号远动系统的几种主要结构进行介绍。

一、点对点式结构

点对点式结构是铁路信号远程控制系统中最简单的形式。在对象集中分布的情况下才有可能使用，如大站遥控系统，信号和道岔都集中在某一咽喉区。大站遥控系统确定了控制端与执行端是主从关系。控制端随时向执行端发送控制命令，系统处于控制端发送命令、执行端接收命令的状态。当控制命令发送完毕，系统应转换为控制端接收表示而执行端发送表示的状态。这些功能的转换在系统设计阶段便要完成。

二、多点星型网络结构

多点星型网络结构适用于控制对象按辐射状分布的远动系统（即多个执行端有独立信道的情况）。这种结构适用于枢纽或分界口的遥控遥信系统。控制端除完成正常的点对点功能以外，还必须具有多路转换功能，能顺序地控制各执行端。

三、多站网络式结构

多站网络式结构适用于控制对象沿线分布的远动系统。这种系统结构的特点是：一个控制端发送的控制命令，多个执行端能够同时接收，即控制端与多个执行端共用一个信道。因此，这种网络结构的一个突出问题，就是如何确定控制端或某一个执行端对信道的占用权。铁路区段调度集中系统、调度监督系统都采用这种结构。行车指挥自动化系统也是这种结构。

四、复联网络形式的系统结构

这种系统结构适用于控制对象处于集中分散式分布的远动系统。常见的有多点双星型网络的系统结构和星型-多站型网络系统结构。这种系统结构在我国铁路分界口遥信系统中已经得到采用。

由上可以看出，远动系统的网络结构和计算机网络的拓扑结构基本相同。但就铁路信号远动系统来说，最常见的网络连接形式是 1 对 N 的多站网络式结构。在铁路信号远动系统中使用最多的是 TCPIIP 协议和 X.25 网。

第三节　数据通信基本知识

一、数据通信系统的优点

数据通信系统与模拟传输系统相比，主要有以下几条优点。

（1）信号形式简单，便于计算机系统使用。

（2）取值只有两个，在有干扰的情况下易于检测。

（3）远距离传输时，可由中继站进行整形加工。

（4）可进行抗干扰编码和实现加密。

（5）设备便于生产和集成化。

二、数据通信系统的组成

数据传输系统的目的是为了传送数字信息。图 2-3-1 是数据通信系统的一般组成形式。

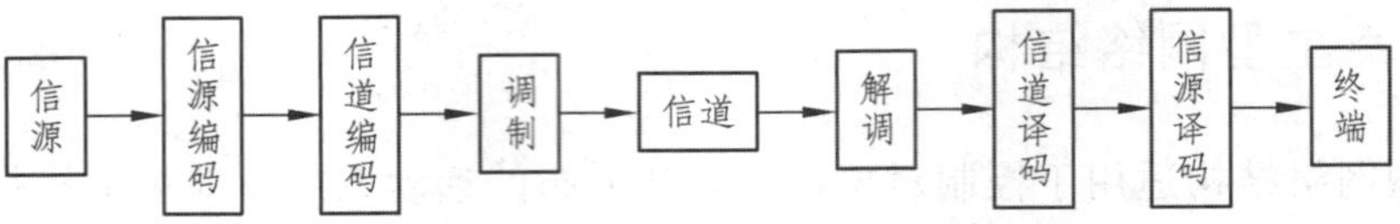

图 2-3-1　数据通信系统的基本模型

图 2-3-1 中，信道编码的作用是实现抗干扰。它把信源编码输出的数字信息按一定的规则加入多余码元，以便在接收端发现错误或纠正错误，从而提高传输的可靠性。

调制器的作用是把信道编码器输出的数组信号变为适合信道传输的信号。信道是指信号在媒质中传输的通路。

解调器的作用与调制器相反，它把收到的波形转换成数字码序列。

信道译码器的作用与信道编码器相反，在译码过程中它可以发现或纠正信号传输过程中产生的差错，并具有解压缩、量化、译码和滤波的功能。

在数据传输系统中，同步是一个很重要的问题，图 2-3-1 中虽然没有标出来，但它是不可缺少的组成部分。只有收发两端同步，才能正确地传递信息。具体的同步技术将在后文介绍。

三、数据传输系统的性能指标

数据传输系统中，传输的对象是消息（命令、指令），它的主要指标是围绕传输的有效性和可靠性来制定的。这里有效性是指在给定容量的信道中传输信息速度的快慢，可靠性是指信息传输的准确程度。对一个好的数据传输系统，这两方面的要求缺一不可。

数据传输系统的主要指标如下。

（一）传输速率

传输速率是衡量系统传输能力（有效性）的重要指标。它有以下几种不同的定义。

（1）比特传输速率（又称传信率）*Rb*，即每秒内传输的比特数（或信息量），其单位为比特/秒（bit/s 或 bps）。

（2）码元传输速率 *RB*，即每秒传输的码元数。

携带数字信息的信号单元叫码元。一般由几个二进制数组成一个码元。对二进制系统而言，一位二进制数表示一个码元。

对 M 进制来说，每一码元的信息含量为 $\log_2 M$ Bit，故码元传输速率与比特传输速率之间的关系可用下式表示：

$$RB=Rb/\log_2 M$$

（二）频带利用率

为单位频带内所能实现的码元速率或信息速率，单位是 B/Hz 或 Bit/S/Hz。在频带宽度相等的条件下，码元速率（或信息速率）越高，频带利用率越高，反之越低。

（三）差错率

是衡量传输质量的重要指标之一。差错率一般用误码率来表示。误码率是指在传输的码元总数中发生差错的码元数所占的比例，用 Pe 表示，计算公式如下。

$$Pe=\text{错误接受的码元数}/\text{传输的码元总数}$$

（四）可靠性

是衡量传输质量的重要指标。传输系统的可靠性常用可靠度与中断率来衡量。

（五）可靠度

指在全部工作时间内系统正常工作所占的百分数，记作 Pr。

（六）中断率

指在全部工作时间内系统正常工作所占的百分数，记作 $\varepsilon=1-Pr$。

传输系统各项指标的实现，往往会碰到困难或存在着矛盾，应分清主次，充分论证，不宜片面追求高指标。

四、信道

信道是远程控制系统的主要组成部分，信道的特性直接关系着传输信息的可靠性。

（一）信道的分类

信道有两种理解，一种是指信号的传输媒介本身，如：架空明线、同轴电缆、超短波及微波传输路径（包括人造卫星中继）、光导纤维等。此类对信道的定义为狭义的信道。

另一种将传输媒介和各种形式的转换、耦合等设备都归纳起来（如发送设备、接受设备、馈线与天线、调制器、解调器等）合在一起称为信道，此类为广义的信道。

这两种信道定义的区别和联系见图 2-3-2。

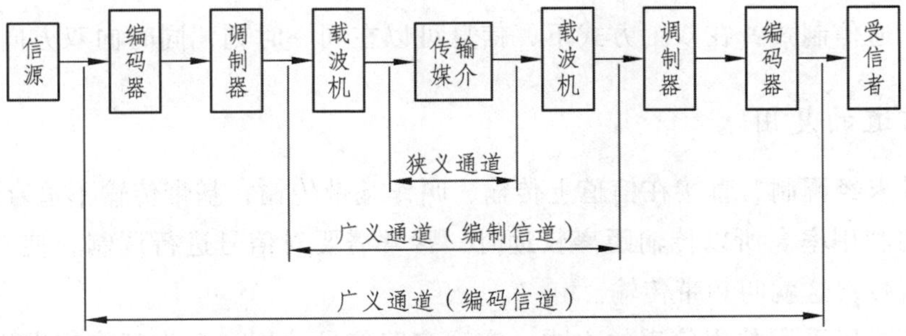

图 2-3-2　数据传输系统中的信道

按媒介类型，可以分为以下几种。

1. 架空明线

由电线杆架起的相互平行的裸线。是早期电话线路的主要方式。

2. 对称电缆

是装在统一护套内的多对平行扭绞导线。传输损耗比架空明线大得多，但是传输特性稳定。

3. 同轴电缆

同轴电缆由内外两个导体组成，两个导体之间填充着绝缘介质，结构如图 2-3-3 所示。

同轴电缆使用时，一般将外导体接地，因此屏蔽效果很好。

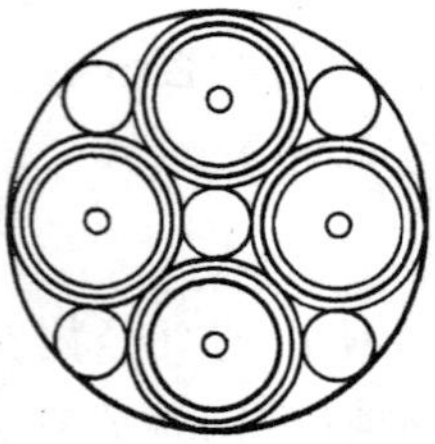

图 2-3-3 同轴电缆结构图

4. 光纤

光纤以玻璃纤维为光的载体，传输光信号。特点是不宜收外界电磁干扰，安全性好，容量大。

（二）信道的工作方式

数据在信道中传输是按一定方向进行的，因此按传输方向和处理方式的不同，把通信线路的工作方式（即通信制式）分为以下三种。

（1）单工通信制式：信息在通道中只向一个方向传输。发送端只有发送装置，接收端只有接收装置。

（2）半双工通信制式：信息在通道中可以向双方向传送，但是在每个时刻，只能向特定的一个方向传送。也就是说，接收、发送轮流使用通道。

（3）双工通信制式：在双工方式下，信息可以在同一时刻，同时向双方向发送。

（三）信道的复用

数字信号未经调制，直接在信道上传输，叫作基带传输，基带传输不适合远距离传输，且影响信道的利用率。所以传输距离较远时，常常需要对信号进行调制，使其变为适合于信道传送的信号，这就叫频带传输。

频带传输可以采用共用信道的方式，实现多路信号共用一个物理信道进行传输。为了使多路信号同时在信道中正确、可靠地传输，共用的信道必须解决如何避免各信号间的相互干扰问题。

把一个物理信道划分成多个逻辑信道来使用，就叫作信道复用，如图 2-3-4 所示。

常用的信道复用方式有两种：频分制和时分制。

1. 频分制

就是按照频谱划分信道，即把各路信号安排在不相重叠的频带内，在接收端用带通滤波器把它们区分开来。

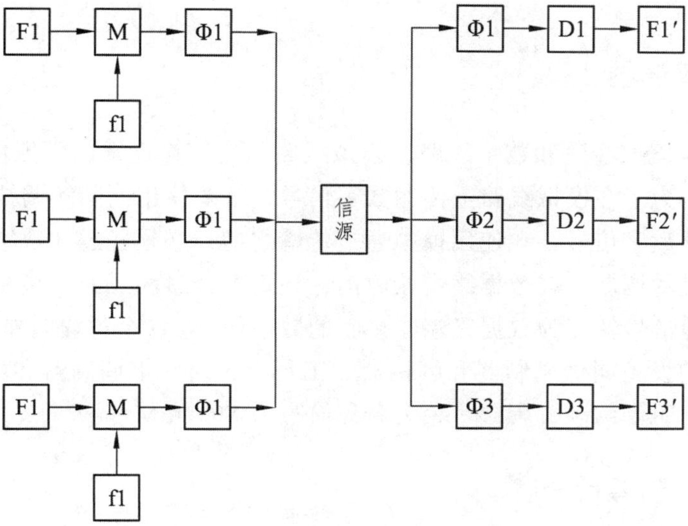

图 2-3-4　信道复用技术

把各路信号放在不重叠的频带上，采用的方法是：用基带信号对不同的载频信号进行调制。

2. 时分制

时分制是基于抽样原理产生的。即：对于一个时间和频谱都受限的连续函数，可以用相应的一个离散函数代替。当 Δt 满足一定条件时，只需要每隔一定时间 Δt 传送一瞬间就够了，能够在接收端恢复传送的连续信号，也就是说，存在着空隙时间 Δt，在这个空隙时间里可以传输其他类似的抽样信号，原理如图 2-3-5 所示。

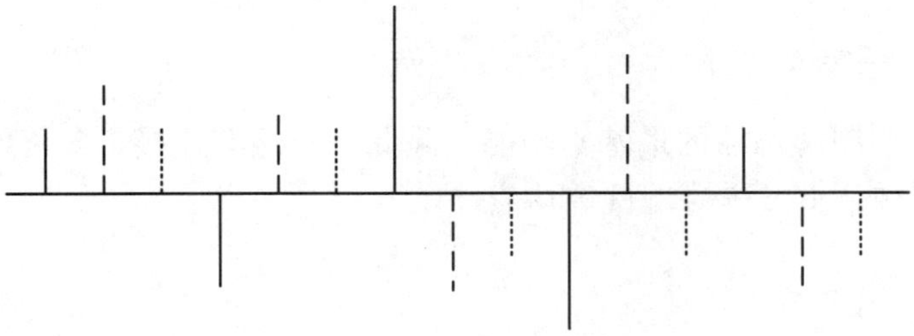

图 2-3-5　抽样原理

时分制的工作原理如图 2-3-6 所示。

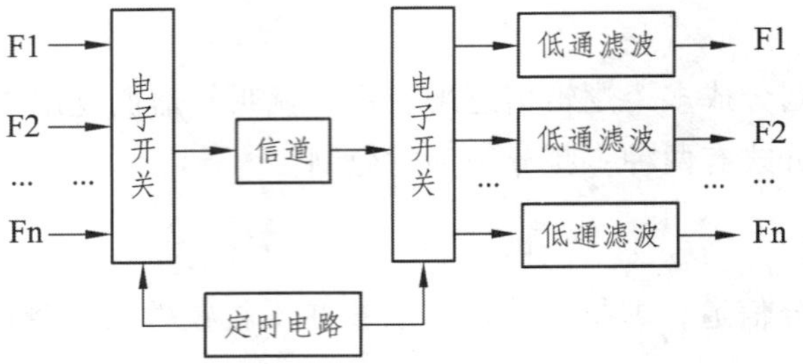

图 2-3-6　时分制工作原理

五、调制解调器

通信线路分为模拟线路和数字线路，模拟线路只能传输连续的模拟信号，数字线路可以传输数字信号。为了在模拟线路上传输数字信号，就要使用调制解调技术。

计算机输出的数字信号，在使用模拟通道传输之前，必须经过“数字/模拟”转换，这就是我们通常所说的调制；在数据终端接收前，还需要经过相反的“模拟/数字”转换，把通道上传来的模拟信号转变为数据终端能接收的数字信号，这个过程叫作“解调”。实现“调制”与“解调”的设备叫做调制器和解调器。工程上，通常把调制器和解调器做在一起，把它们合在一起，叫作调制解调器，英文名称简写为 MODEM。

（一）调制解调器的分类

按工作方式分为单工、半双工、双工三种。

按速率分为高速、中速、低速三种，习惯上把 4.8 kbit/s 以上传输速率的都称为高速。

按传输通道分为专用线和交换线两种。

按传输信号分为调幅、调频、调相、混合调制四种。

按安装方式分为内置式、外置式两种，内置式又可分为 ISA、PCI 等若干种。

按是否有微处理器分为智能化和非智能化两种。智能化 MODEM 可通过微处理器对通信过程进行编程，具有自适应均衡功能，可以按协议传输，具有自动检测纠错的功能，甚至可以实现数据缓冲和数据压缩功能。

选择调制解调器要根据电路特点、使用场合等进行适当的选型。

（二）调制解调器的功能

调制和解调是调制解调器的最基本功能，除此之外还有连接、与终端设备建立同步交换和控制、改变单频信道及维修测试等功能。

（三）调制解调原理

1. 数字调频

数字调频又叫频移键控（FSK），它是利用载波振荡频率的变化来传递数字信息的一种方法。由于调制简单、易于实施解调、抗干扰能力较好等优点，在铁路远程控制系统中得到了较多应用。

2. 数字解调

数字调频信号的解调有两种方法：相干解调、非相干解调，这里只介绍非相干解调。

非相干解调就是接收端不需要相干信号，只需要根据调制信号本身的特点来完成解调。非相干解调的方法有三种：鉴频法、零交叉法、差分检波法。

3. 软件调制和解调

软件调制时，发送端是根据要发送的数据位状态来判断向输出端应发送何种频率的方波。接收端计算收到的波形周期来判断发送来的信息是“0”还是“1”。

如用 1 500 Hz 代表“0”、用 1 200 Hz 代表“1”，传输速率为 300 波特。

调制框图如图 2-3-7 所示。

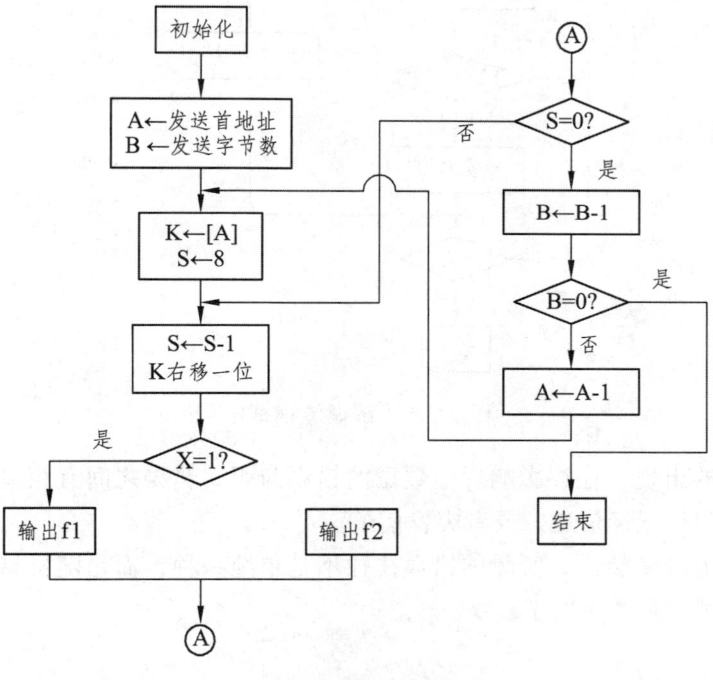

图 2-3-7 调制流程框图

解调框图如图 2-3-8 所示。

六、差错控制与电码结构

（一）产生差错的原因

数据在信道中传输不可避免地要受到各种干扰，造成传输差错。各种原因造成的传输差错可以归纳为两种：一是随机错误，二是突发性错误。

随机错误出现时，数据序列中前后码元之间是否发生错误是彼此无关的，产生随机错误的信道叫作无记忆信道，或者随机信道。

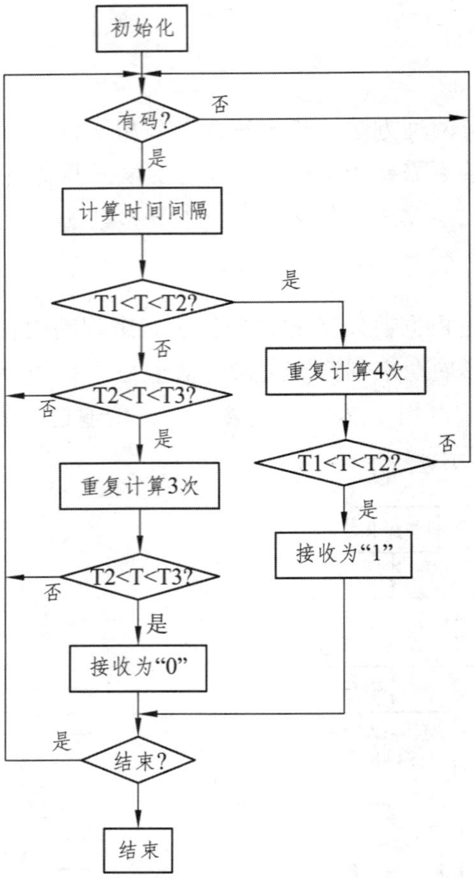

图 2-3-8　解调流程框图

突发性错误的出现，往往影响后面数据的错误与否，错误之间有相关性，发生这种突发性错误的信道叫作记忆信道，或者突发信道。

由于实际信道的复杂性，实际的错误往往不是单纯一种，而是随机错误与突发性错误并存，只不过以某一种为主罢了。

（二）差错控制的方法

为了降低数据传输系统的误码率，有以下两种办法：一是建造性能更完善的传输系统，而是使用差错控制技术。实际系统多采用后者实现。

差错控制，就是通过对信息序列做某种变换，使原来彼此独立、相关性不大的信息码元之间产生某种相关性，从而在接收端能够根据这些相关的规律来识别、纠正信息序列中的错误。

1. 前向纠错方式（FEC）

发送端将数据信息按一定的规则附加多余码元，组成具有检错能力的码。接收端接到后，按预先规定的规则进行译码，检查接收组中有无错误，若有错误，确定其位置并进行纠正。

这种方法的优点是不需要反馈通道，可用于单向通信；译码时延固定，适合实时传输系统。缺点是码的结构复杂，相应的译码设备也比较复杂，此外码的纠错能力和信道差错类型是相应的，主要用以纠正经常发生的差错。

2. 检错重发方式（ARQ）

发送端将数据信息分组编码，加入一定的多余码元，使之具有一定的检错能力。接收端接收到码组后，按照一定的规则判断有无错误，并把判决结果（应答信号）通过反馈通道送回发送端。发送端根据应答信号，把接收端认为有错的那组数据进行重新发送。再次出错，再次重传，直到该码被接收端正确接收为止。

这种方式的优点：检错码简单，易于实现，对突发性错误较为有效，只需要少量的冗余码元（5%～20%）就能获得极低的误码率，并且使用的检错码基本上与通道的差错统计特性无关，对各种信道的差错特征都有一定的适应能力。这种方式的检错译码器与前向纠错方式的相比，复杂性和成本都要低得多。

缺点是：必须有反馈通道，因而不能用于单向传输系统。此外，当信道干扰增大时，整个系统可能处于重传循环中，通信效率会很低。

3. 混合纠错方式（HEC）

这种纠错方式是前向纠错方式（FEC）和检错重发方式（ARQ）的结合。发送端发送具有自动检错和纠错能力的码组，接收端收到之后，检查差错情况，如果差错在纠错能力范围之内，则自动纠正；如果差错超过了纠错能力，但是能检测出来，则经过反馈通道请求发送端重传这组数据。

HEC 方式具有 FEC 和 ARQ 的优点，避免了 FEC 方式译码电路复杂的缺点，同时克服了采用 ARQ 方式时信息实时性差，某些情况下通信效率低的缺点。HEC 方式得到了广泛的应用。

4. 反馈重发方式（IRQ）

这种方式下，接收端将接收到的码组原封不动地反馈给发送端，发送端将它与原来发送的码组比较，如果有错误，发送端进行重发。

这种方式的优点是不需要检错、纠错译码器。缺点是：需要和前向通道相同的反馈通道，传输效率低，而且反馈通道的错误也会被当作前向通道的错误而重传数据。

（三）电码

远动系统是数据传输系统与自动控制系统的结合，其数据传输是靠电码来完成的。电码就是按照一定规律组织起来的，代表一定含义的一组脉冲信号。其中，每一个脉冲叫作电码单元，也叫作码元。几个码元组成一个码组（码字）。电码是由若干个码组组成的，代表了一定的信息内容。

利用脉冲来组成电码时，按脉冲数的多少分为：单脉冲电码和多脉冲电码。

单脉冲电码：由一个脉冲组成，电码含义由脉冲的不同特征来区别。如一个脉冲可以表示一个二进制位，高/低电平两个特征分别代表了“0”和“1”。单脉冲电码可以用来控制或者表示一个对象。单脉冲电码的特征有限，因而容量有限。

多脉冲电码由多个脉冲组成，其中单一的脉冲无任何意义，电码的含义通过组成电码的全部脉冲共同反映。采用多脉冲电码增加了电码的容量。

（四）电码结构

电码结构就是电码的组成形式。每一个电码不仅要包含控制命令或者表示状态，还要区别目标对象，即还要包含目标对象的名称或者地址。

一般电码结构包括以下四部分的内容。

1. 前导码

在整个电码的前部，没有任何具体含义，只是为了在接收端建立位同步信号，同时用于克服滤波器建立时间的影响。前导码一般由全 0、全 1 或交替的 0 和 1 组成，码元数量根据位同步和滤波器建立时间而定。

2. 同步码

同步码是为了建立群同步而设立的码组，利用它提供准确的时间标准实现群同步。码组长度和类型可任意选择。

3. 信息码

是电码的核心部分，反映电码携带的信息含义。信息码一般分为地址码、状态码和信息码三部分。

地址码放在信息内容的前面，码组的长度要考虑对象的数目和保留一定的余量。采用地址码可以使信息码的内容固定，不因对象的不同而改变，增加信息内容也只需增加地址容量。

状态码表示信息的种类，如：控制命令、呼叫、执行等。几个码元组成一个状态码，码组的长度由功能的数量确定。

信息码用来代表具体的命令内容、表示内容，码组长度由信息量确定。

4. 监督码（差错控制）

监督码用于检错、纠错等差错控制。

以上四部分是电码结构的一般组成，针对系统的具体情况可以简化。整个电码的长度在系统设计时，根据信息传输速度、实时性、触发方式等情况综合分析、确定。

从编码角度看，地址码、状态码、信息码属于信源编码，监督码数据属于信道编码。

第三章 计算机网络基础知识

第一节 概 述

一、计算机网络的概念

计算机网络是随着计算机技术的不断发展和应用需求不断深入而产生并快速发展的。计算机网络的形成过程大体上可以分为三个阶段：远程终端、多终端（分时）、多机系统。

（一）单终端系统

在计算机诞生之初，由于设备非常昂贵、数量又非常少，人们要使用计算机时，必须到固定的机房去，有些人甚至要长途旅行才行。于是产生了远程终端方案，通过在远离主机的地方设置远程终端的方法（如图 3-1-1 所示），解决了异地用户使用的问题。

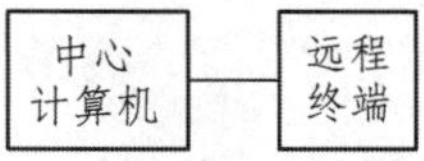

图 3-1-1 设置远程终端的方法

这种使用方式虽然解决了远程使用主机的问题，但是效率非常低，低速的输入设备使主机利用率和通道利用率非常低。另外，由于当时的主机运算资源非常珍贵，用在处理低速通信过程中是非常不经济的。

（二）多终端系统

为解决单终端系统的上述问题，人们改进了远程终端的接入方式，增加了通信处理机，专门处理通信任务，为主机节约了运算资源。同时通信处理机还为各终端用户提供分时处理功能，充分利用了空余的通道时间。显然，这种远程接入方式更加经济合理。

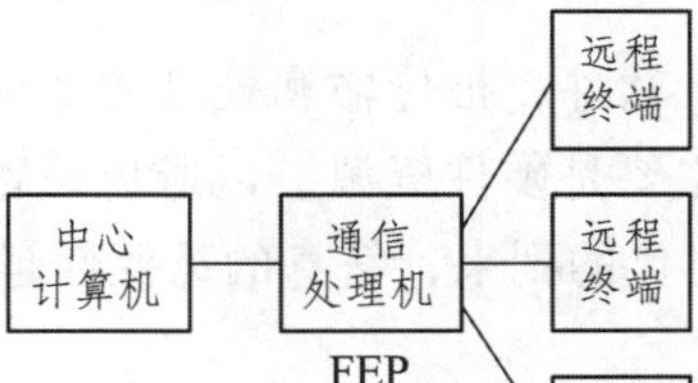

图 3-1-2 多终端处理方式

（三）多机系统

随着计算机技术的飞速发展，简单的输入/输出终端消失了，代之以微型计算机等智能终端，终端用户数量也在飞速增长；与此同时，主机资源也越来越丰富，经常是同一终端用户需要访问不同的主机，而同一主机也会接受来自不同终端用户的访问。网络的结构变得复杂起来，有关的连接设备种类也趋向于专业分工得越来越明确，逐渐形成了由通信子网和资源子网组成的现代计算机网络，如图 3-1-3 所示。

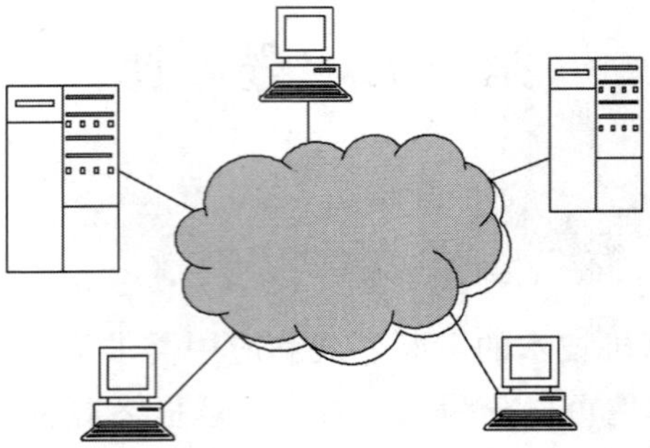

3-1-3　多机系统

通过对网络形成过程的介绍，我们可以归纳出计算机网络的描述性定义：计算机网络就是将地理上分散的，多台独立工作的计算机，用通信设备和线路连接起来，按照网络协议进行通信，以实现资源共享的系统。根据对网络的视角、侧重点不同，对于计算机网络的定义也有很多种，这里不再一一列举，只取这种描述性的说法。从中，可以看到计算机网络一般都具有以下五个要素。

（1）地理上分散。

（2）功能独立。

（3）用通信设备和线路连接。

（4）按照网络协议交换信息。

（5）实现共享资源的目的。

二、计算机网络的功能

计算机网络主要实现的功能有以下几点。

（一）资源共享

所谓资源包括计算机硬件、软件，被传输和处理的数据。资源共享是计算机网络产生的最初目的，显然那时共享的主要是硬件资源，以避免设备的重复投资。当然也包括软件共享、信息的共享，随着信息时代的到来，信息的重要性越来越突出。

（二）提高可靠性

网络之所以能够提高可靠性，是基于两点认识：（1）单机故障是必然发生的；（2）备用是提高可靠性的基本方法。

（三）均衡负载

网络通过均衡负载（或负载均衡）的方式，提供了更高程度的可用性，用较低等级的设备解决了较大难度的问题。

（四）分布式处理

网络的分布式处理功能，实际是处理能力的均衡负载。但是由于其在系统设计时即把运算处理能力按分布式考虑，因此在系统架构上有特殊处理，系统对网络的依赖性不言而喻，所以单列为一种网络功能。应用有：小行星运行轨迹的计算，人类基因谱的分析等。

如果你的计算机在一天的大部分时间里都在运行屏幕保护程序或者将计算机强大的运算能力浪费在其他的地方，那么可以考虑把计算机闲置的计算资源用来帮助人类解决一些较大的科学问题，有的网址就提供了很多可以参加的分布式运算项目如：http://www.equn.com/distributed/active.html。

（五）数据传输

利用网络实现远程数据传输在现代社会中显得越来越重要，除了收电子邮件、办公或娱乐信息、系统间协同工作以外，甚至广播、电视都可以上网收听收看，电话电报都是通过计算机网络实现信息传递的。

三、计算机网络的组成

计算机网络由终端设备、传输通道和交换设备组成。计算机网络中的终端设备又被称作数据通信终端，是网络上信息流的源点和终点，其主要功能是将输入信息变换成易于在网络信道中传送的信号。

传输通道是连接网络节点的传输媒介和两端的各种通信装置。传输媒介有很多：电缆、双绞线、光纤、微波等。通信装置是信号的变换和反变换装置，完成波形变换、调制解调、多路复用、发信与收信等工作。

交换设备就是交换机或集线器。其基本功能是交换、管理控制、执行。交换功能就是根据数据终端的要求与传输链路的转接能力，完成信源与信宿之间的接续转换；控制管理功能就是依据网络中通信流量的状态，合理地选择中继路由，以及进行流量控制和差错恢复等；执行功能是指实现各种通信业务的通信与交换等。

计算机网络最基本的要求是节点和链路均具有较高的可靠性和利用率。计算机网络分为通信子网和资源子网。

（一）通信子网

实现全网的信息传输、交换和通信控制，达到快速、可靠、安全地通信的目的。通信子网主要包括传输介质和各种通信设备。常用的通信设备有：交换机、集线器、复用器、网关，一般情况下，通信子网由网络通信人员负责维护。

（二）资源子网

资源子网的主要作用是负责全网的数据处理业务，向网络用户提供各种网络资源和网络服务。主要包括计算机、终端、终端控制器、外设、软件资源、数据资源等。资源子网一般由使用人员或资源提供单位负责维护。

四、计算机网络的分类

划分的依据不同，分类的结果也各异，主要有以下几种：

1. 按运营方式可以分为公网和专网

公网是国家电信网的主体，一般由电信部门建设、维护、经营；专网一般是使用单位自建并维护，供本单位内部使用，如铁路网、军网、各银行网等。

2. 按服务和使用范围

可分为网际网、主干网、本地网、接入网。

3. 按传输技术

广播网、点对点网。

4. 按交换技术

线路交换、分组交换、信元交换。线路交换就是电路交换，每条通路同一时刻只提供给一对通信者使用；分组交换是以报文分组为交换单元，允许在同一条通路上同时传递源、目的地址不同的数据报文；信元交换又叫异步传输模式 ATM，是一种面向连接的快速分组交换技术，它是通过建立虚电路来进行数据传输的。信元交换技术结合了电路交换技术延迟小和分组交换技术灵活的优点。信元是固定长度的分组，ATM 采用信元交换技术，其信元长度为 53 字节。

5. 按覆盖范围

广域网、局域网、城域网、网际网。

6. 按拓扑结构

星型网、树型网、环型网、总线型网、分布式网（网型网）。

五、计算机网络的体系结构

网络的体系结构就是网络系统逻辑结构和功能划分，它包含了硬件和软件的组织与设计所必须遵守的规定。因为网络环境是非常复杂的，所以网络的体系结构往往采用模块化的分层结构。

随着网络技术开始发展和应用，各种计算机和数据终端逐渐增多，通信软件的开发变得越来越复杂。为了使更大的计算机网络能够协调地工作，各大计算机厂商开始开发自己的网络体系。IBM公司于1974年开发出了“系统网络体系结构”，DEC公司于1975年开发出了“数字网络体系结构”，Univac公司于1976年开发出了“分布式数字体系结构”。但是，这些大厂商开发的体系结构都带有鲜明的“个性”，相互之间很难沟通，无法形成真正统一的计算机网络技术标准，于是到1983年国际标准化组织ISO有关单位制订了正式的标准ISO7498，这就是著名的开放系统互联参考模型（ISO/OSI/RM）。

为了实现ISO7498这个标准，就必须制订一系列的通信的原则，也就是协议，在这些协议的规范下实现不同功能、配置、使用方式下的计算机、终端设备间的通信。协议包含了三个要素：语法、语义、定时关系。

1. 语法

规定了数据和控制信息的格式。

2. 语义

规定了通信参与方要发生何种控制信息、完成何种动作、做出何种应答。

3. 定时关系

规定了事件发生的时序关系。

协议是计算机网络中非常重要的概念。

谈到网络，经常要提到“接口”（Interface）。接口是两个分开的系统、设备或部件之间数据流穿越的界面。接口与协议有如图3-1-4所示的关系。

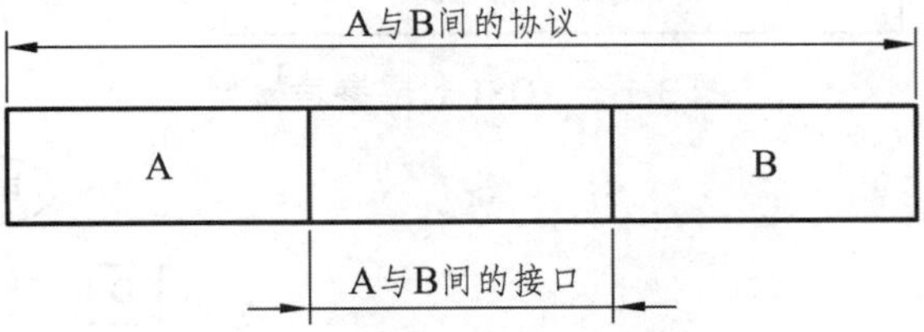

图 3-1-4　接口与协议的关系

网络硬件接口常用四个特征进行描述：即机械特性、电气特性、功能特性、规程特性。

六、OSI参考模型

OSI（Open System Interconnection）——开放系统互连参考模型，是为了实现异种机互连，即使是不同开放系统的应用进程之间也能进行通信而定义的标准。

“开放”：表示任何两个遵守OSI标准的系统可以互连；“系统”：指计算机、终端或外部设备等。

OSI参考模型有7个层次如图3-1-5所示。

OSI参考模型中的数据传输过程：

在OSI参考模型中，不同主机对等层之间按相应协议进行通信；同一主机不同层之间通过接口进行通信。除了最底层的物理层是通过传输介质进行物理数据的传输外，其他对等层之间的通信均为逻辑通信。在这个模型中，每一层将上层传递过来的通信数据加上若干控制位后再传递给下一层，最终由物理层传递到对方物理层，再逐级上传，从而实现对等层之间的逻辑通信，如图 3-1-6 所示。

OSI 参考模型各层的功能如下。

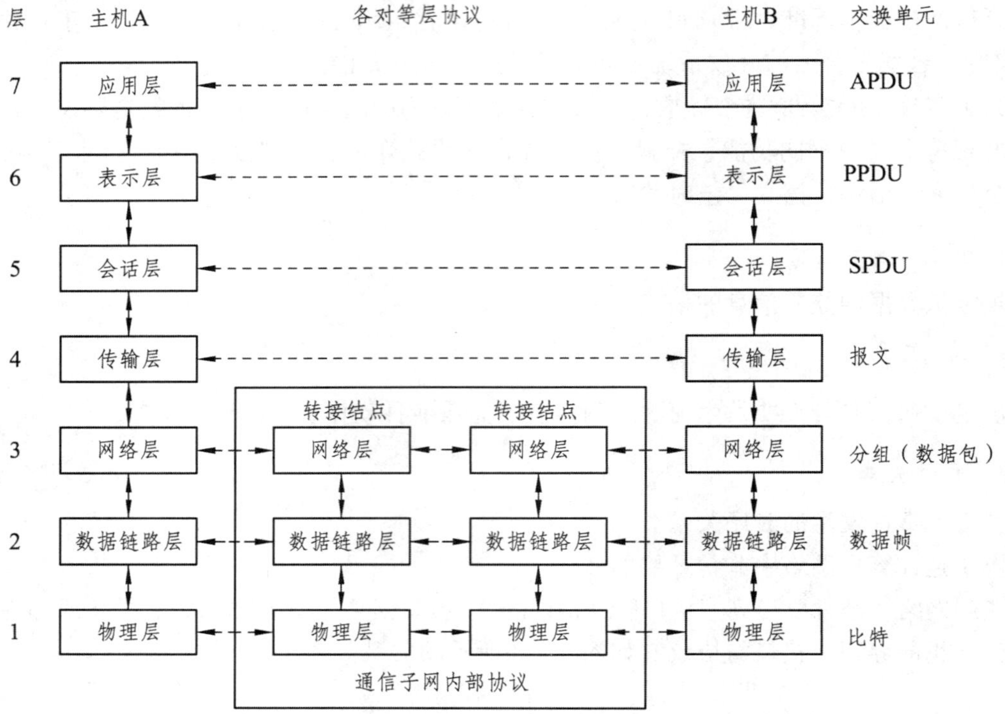

图 3-1-5　OSI 七层参考模型

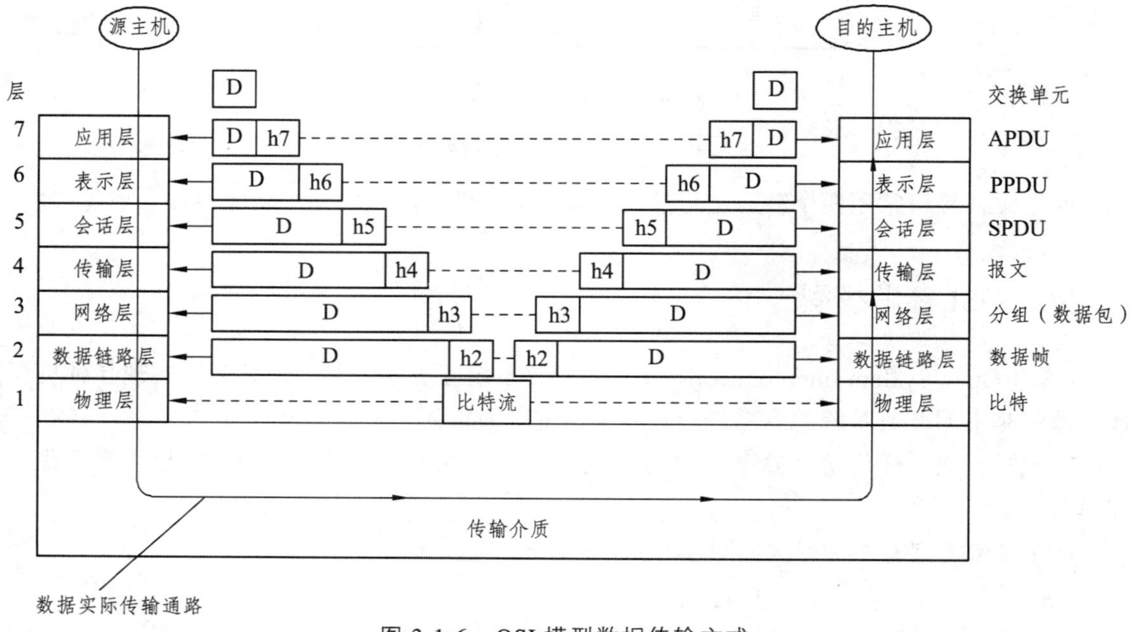

图 3-1-6　OSI 模型数据传输方式

（一）物理层

物理层的功能可以简单概括为“提供了比特流的透明传输”。也就是保证发送“1”，就收到“1”；发送“0”，就收到“0”，保证的是物理链路上的正确性。描述物理层协议分为机械、电气、功能和规程四个方面的内容。

常见的物理层接口有 RS-232、RS-422 与 RS-485 等，它们是串行数据接口标准，最初都是由电子工业协会（EIA）制定并发布的。RS-232 在 1962 年发布，命名为 EIA-232-E，作为工业标准，以保证不同厂家产品之间的兼容。RS-422 由 RS-232 发展而来，它是为弥补 RS-232 的不足而提出的。为改进 RS-232 通信距离短、速率低的缺点，RS-422 定义了一种平衡通信接口，将传输速率提高到 10 Mb/s，传输距离延长到 4 000 英尺（速率低于 100 kb/s 时，1 英尺=0.305 m），约 1.2 km，并允许在一条平衡总线上连接最多 10 个接收器。RS-422 是一种单机发送、多机接收的单向、平衡传输规范，被命名为 TIA/EIA-422-A 标准。为扩展应用范围，EIA 又于 1983 年在 RS-422 基础上制定了 RS-485 标准，增加了多点、双向通信能力，即允许多个发送器连接到同一条总线上，同时增加了发送器的驱动能力和冲突保护特性，扩展了总线共模范围，后命名为 TIA/EIA-485-A 标准。由于 EIA 提出的建议标准都是以“RS”作为前缀，所以在通信工业领域，仍然习惯将上述标准以 RS 作前缀称谓。

RS-232、RS-422 与 RS-485 标准只对接口的电气特性做出规定，而不涉及接插件、电缆或协议，在此基础上用户可以建立自己的高层通信协议。因此在视频界的应用，许多厂家都建立了一套高层通信协议，或公开，或厂家独家使用。如录像机厂家中的“Sony”与“松下”对录像机的 RS-422 控制协议是有差异的，视频服务器上的控制协议则更多了，如 Louth、Odetis 协议是公开的，而 ProLINK 则是基于 Profile 上的。

（二）数据链路层

数据链路层协议基本功能是向网络层提供可靠的服务，解决两个相邻节点之间的通信问题，传送的协议数据单元称为数据帧。能够建立、维持和拆除一条或多条无发送错误的数据链路。

数据链路就像一条管道，在它上面可以进行数据通信，当采用复用技术时，一条实际的物理链路上可以有多条数据链路，因此，有时将数据链路叫作“逻辑链路”。

数据链路层的数据帧中包含物理地址（又称 MAC 地址）、控制码、数据及校验码等信息。

数据链路层主要有以下功能：链路管理、帧定界、流量控制、差错控制、区分数据和控制信息、透明传输、寻址。

（三）网络层

网络层是为传输层提供服务的，传送的协议数据单元称为数据包或分组。该层的主要作用是解决如何使数据包通过各节点传送的问题，即通过路径选择算法（路由）将数据包送到目的地。另外，为避免通信子网中出现过多的数据包而造成网络阻塞，需要对流入的数据包数量进行控制（拥塞控制）。当数据包要跨越多个通信子网才能到达目的地时，还要解决网际互联的问题。

（四）传输层

传输层的作用是为上层协议提供端到端的可靠和透明的数据传输服务，包括处理差错控制和流量控制等问题。该层向高层屏蔽了下层数据通信的细节，使高层用户看到的只是在两个传输实体间的一条主机到主机的、可由用户控制和设定的、可靠的数据通路。传输层传送的协议数据单元称为段或报文。

（五）会话层

会话层主要功能是管理和协调不同主机上各种进程之间的通信（对话），即负责建立、管理和终止应用程序之间的会话。会话层得名的原因是它很类似于两个实体间的会话概念。例如，一个交互的用户会话以登录到计算机开始，以注销结束。

（六）表示层

表示层负责处理流经节点的数据编码的表示方式问题，以保证一个系统应用层发出的信息可被另一系统的应用层读出。如果必要，该层可提供一种标准表示形式，用于将计算机内部的多种数据表示格式转换成网络通信中采用的标准表示形式。数据压缩和加密也是表示层可提供的转换功能之一。

（七）应用层

应用层是 OSI 参考模型的最高层，是用户与网络的接口。该层通过应用程序来完成网络用户的应用需求，如文件传输、收发电子邮件等。

OSI 七层协议的功能、传输的数据单元及采用的设备对比如表 3-1-1 所示。

表 3-1-1　OSI 七层模型的比较

OSI 层名称	该层功能	信息单元	地址类型	网络互联设备
应用层	为用户提供操作功能	应用程序数据		网关（协议转换器）
表示层	提供字符表示、数据压缩和安全性等方面的功能	字符和单词		网关（协议转换器）
会话层	建立、管理和结束会话			网关（协议转换器）
传输层	在应用程序进程之间传输信息	信息字节流	应用程序进程地址（端口）	网关（协议转换器）
网络层	通过网络发送单个的数据包	数据包（数据报）	网络地址	路由器，三层交换机
数据链路层	将数据帧发送到目的节点	帧	网卡地址	网桥，交换机
物理层	通过物理介质传输表示比特的信息	比特		线缆，无线信道（无线电，红外线和微波等），连接器，中继器和集线器等

第二节　局域网的体系结构

一、局域网

局域网（Local Area Network），简称LAN，是指在某一区域内由多台计算机互联成的计算机组。“某一区域”指的是同一办公室、同一建筑物、同一公司、同一学校等，一般是在方圆几千米以内。局域网可以实现文件管理、应用软件共享、打印机共享、扫描仪共享、工作组内的日程安排、电子邮件和传真通信服务等功能。局域网是封闭型的，可以由办公室内的两台计算机组成，也可以由一个公司内的上千台计算机组成。

（一）局域网的组成

局域网由网络硬件设备和软件系统两大部分组成，具体有以下几类。

1. 局域网软件系统

其核心是网络操作系统，用于实现网络的控制和管理，向用户提供各种资源和服务。

2. 网络服务器

通常由一台或几台功能强、可靠性高的计算机承担。服务器具有高速处理、海量存储、数据库维护等能力，为局域网用户提供服务。

3. 网络工作站

局域网用户使用的计算机。用户通过网络工作站相互通信，访问服务器。

4. 网络适配器

即网卡，实现网络的连接。

5. 网络传输介质

网络物理连接的介质。

6. 网络连接部件

网络连接的器件和设备，如收发器、中继器、交换机、集线器等。

7. 网络资源

包括软件和硬件两类，如：打印机、扫描仪、数据、程序等。

8. 协议

是计算机之间通信的规程。

（二）局域网的传输介质

传输介质是网络中信息传输的载体，是网络通信的物质基础。传输介质的特性决定了网络的传输速率、通信距离、网络规模、传输可靠性等。常用的传输介质如下。

1. 双绞线

双绞线由两根相互绝缘的金属导线扭绞而成。双绞线分为无屏蔽和有屏蔽两种。

无屏蔽双绞线（UTP）根据通信质量分为 5 类，市场上常见的有 3、4、5、超 5 四类。UTP 的优点是价格便宜、容易安装；缺点是绝缘性能差，信号衰减大，传输距离短。

表 3-2-1　不同传输介质间的比较

类别	型号	最高工作频率（MHz）	最高传输速率（Mbit/s）
3	AT&T 1010	16	10
4	AT&T 1041	20	16
5	AT&T 1061	100	100
超 5	AT&T 1010C	155	155

有屏蔽双绞线（STP）与 UTP 相似，但是在外保护层与双绞线之间增加了一个屏蔽层，防止外界电磁信号的干扰和内部对外的电磁辐射。

2. 光纤

光纤，即光导纤维，是一种传输激光束的玻璃纤维介质。通常一束光纤组成一条光缆，光缆由纤芯、包层、保护套组成。

光纤具有传输带宽高，通信容量大；传输损耗小，中继距离长；误码率低，可靠性高；抗干扰能力强；保密性好等优点。加上光纤的价格越来越低，使其目前正以及其快的速度占领着局域网市场。光纤强度低是其最大的缺点。

3. 同轴电缆等其他介质

同轴电缆在早期的局域网中大量使用，目前已基本不再使用。

（三）常见局域网类型

以太网是最为常见的局域网类型，它支持各种协议和计算机硬件平台。加之其组网成本低，目前被广泛采用。以外网的特点是：结构简单，便于施工布线、更改布线；成本低、兼容性好、扩展性好；传输速率高。

另一种重要的局域网类型是 ATM 网。ATM 的意思是异步传输模式，是一种新型的网络交换技术，适于传送宽带综合数字业务（B-ISDN）和可变速率传输业务。ATM 技术有望成为未来网络的发展方向，即智能化、数字化、综合化、高速率。

二、网络的体系结构

由于局域网局限在某一区域内，因此不存在网络层寻址的问题，而流量控制、差错控制等功能也被放在数据链路层实现，因此局域网协议实际上被简化为两层：物理层和数据链路层。

物理层与 OSI 的物理层对应，定义了物理接口的机械特性、电气特性、接口电路、控制信号等。

数据链路层与 OSI 的数据链路层有区别，包含了两个子层（介质访问控制层 MAC 和逻辑链路控制层 LLC）。介质访问控制层解决如何有效地分配传输介质的使用权的问题，MAC 子层协议则依赖于各自的物理层特性。LLC 子层的主要功能包括传输可靠性保障和控制、数据包的分段与重组、数据包的顺序传输。

局域网本质上是一个通信网，它的协议包括 OSI 协议的低三层：物理层、数据链路层、网络层。然而，实际上的局域网，虽然有网络层，但是因为局域网的结构以总线性、树形为主，任何两点之间可以通过一条直接的链路相连，因此不存在路由问题，也不需要设置单独的网络层。图 3-2-1 是局域网的参考模型。

逻辑链路控制LLC
介质访问控制层MAC
物理层

图 3-2-1　局域网参考模型

其中，物理层的功能是定义物理接口的电气特性、连接器和传输媒体的机械特性、接口电路及其功能、信号方式和信号速度。

数据链路层，由两个子层组成，分别是介质访问控制层（MAC）和逻辑链路控制层（LLC）。其中介质访问控制层的主要功能是控制对传输介质的访问，对不同类型的 LAN 需要采用不同的控制方法；逻辑链路控制层集中了与介质无关的部分，其主要功能是建立和释放数据链路层的逻辑连接，提供与高层的接口，进行差错控制和帧编号。LLC 可提供两种控制类型：无连接的服务、面向连接的服务。

第三节　广域网的体系结构

当主机之间的距离较远时，局域网就无法完成主机之间的通信任务，这时就需要另一种结构的网络，即广域网。广域网（Wide Area Network，WAN）是在一个广泛范围内建立的计算机通信网。广泛范围是就地理范围而言的，可以超越一个城市，一个国家，甚至到达全球的范围。

广域网一般作为远程通信网出现，一般使用电信运营商提供的设备作为信息传输平台。在实际应用中，广域网可与局域网（LAN）互连，即局域网可以是广域网的一个终端系统。相距较远的局域网则是通过路由器与广域网相连，组成一个覆盖范围很广的互联网，如图 3-3-1 所示。

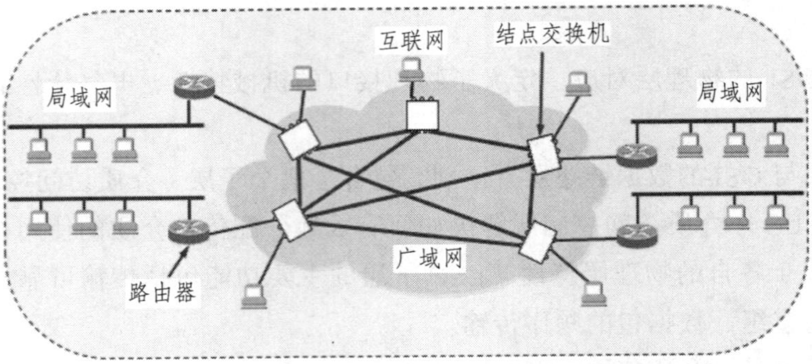

图 3-3-1　广域网构架

一、广域网参考模型

对照 OSI 参考模型，广域网技术位于 OSI 底层的 3 个层次，分别是物理层、数据链路层和网络层。

广域网物理层协议描述了如何为广域网络业务提供电气、机械、操作性以及功能性的连接。

广域网数据链路层协议描述了在单一数据链路中帧是如何在系统间传输的。其中包括为运行点到点、点到多点、多路访问交换业务（如帧中继）等设计的协议。

广域网最高层是网络层，其主要功能为：实现端到端的网络连接，屏蔽不同子网技术的差异，向上层提供一致的服务。

广域网的连接方式如图 3-3-2 所示。

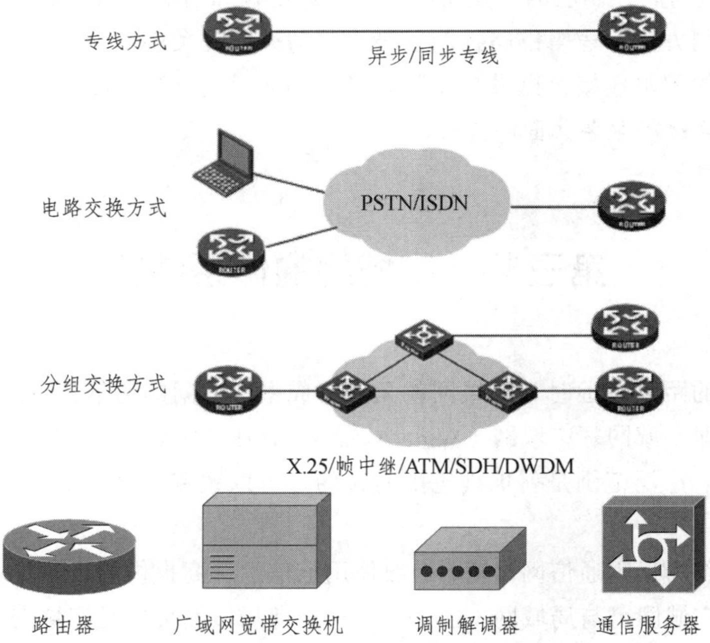

图 3-3-2　广域网的连接方式

路由器属于网络层的互联设备，用于实现不同网络之间的互联和路由功能。

广域网交换机属于数据链路层的多端口存储转发设备，在广域网中实现数据链路层协议帧的转发。

调制解调器用于实现数字和模拟信号转换，如ISDN网络中用到的TA/NT1设备等。

通信服务器主要用来对广域网用户进行身份合法性的验证并提供服务策略。

二、广域网传输系统

（一）SDH

1. SDH概述

1988年，国际电报电话咨询委员会（CCITT）在美国贝尔通信研究所的光同步SONET的基础上提出了同步数字系列——SDH。

SDH是基于光纤的传输网络，具有传输速率高、传输带宽大等特点。

SDH具有统一的比特率，统一的接口标准，这为不同厂家设备间的互联提供了可能。

SDH让网络管理能力大大增强。

提出了自愈网的新概念（如图3-3-3所示），用SDH设备组成的带有自愈保护功能的环网，可以在传输媒体主信号被切断时，自动通过自愈功能恢复正常通信，提高了运行的可靠性。

采用字节复接技术，使网络中上下支路信号变得十分简单。

最高层面为长途一级干线网，由主要省会城市及业务量较大的汇接节点城市形成一个大容量高可靠的网孔形国家骨干网结构。

第二层面为二级干线网，由主要汇接节点形成省内网状或环形骨干网结构，并辅以少量线性网结构。

第三层面为中继网，即长途端局与市局之间以及市话局之间的部分。

第四层面为用户接入网。

2. SDH自愈环技术

所谓自愈是指在网络发生故障时，例如光纤突然断开，无须人为干预，网络自动地在极短的时间内（ITU-T规定为50 ms以内）从故障中恢复传输功能，使用户几乎感觉不到网络出了故障，自愈技术能够提高网络的生存能力。

自愈的基本原理是：网络及时发现替代传输路由，并在替代传输路由上重新建立通信。

因为环形网较容易实现自愈功能，因此在SDH网络中环形拓扑结构用得最多。

（1）按环上业务的方向划分。

① 单向环。

② 双向环。

（2）按网元节点间的光纤数划分。

① 双纤环（一对收/发光纤）。

② 四纤环（两对收发光纤）。

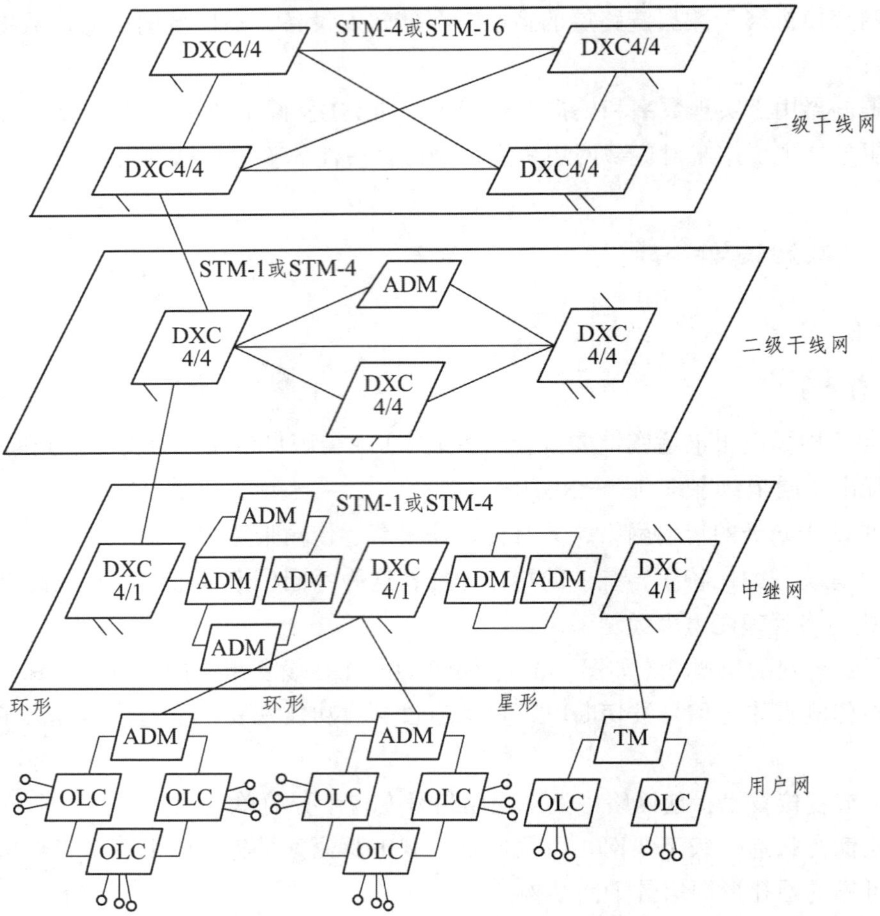

图 3-3-3　自愈网技术

（3）按保护的业务级别划分。

① 通道保护环。

② 复用段保护环。

（二）IP over SDHIP over SDH

SDH 协议相当于 OSI/RM 中的物理层协议，主要负责在物理层介质上传送字节数据，而 IP 协议属于网络层协议。

要使 IP 数据包在 SDH 网络中传送，在物理层一些和网络层协议之间还应当有数据链路层协议充当 SDH 协议与 IP 协议之间的接口。当前 IP over SDH 的接口所采用的封装协议主要是 IETF 定义的 IP/PPP/HDLC/SDH 协议结构。

IP over SDH 使用链路及 PPP 协议对 IP 数据包进行封装，把 IP 分组根据 RFC1662 规范简单地插入到 PPP 帧中的信息段。然后再由 SDH 通道层的业务适配器把封装后的 IP 数据包映射到 SDH 的同步净荷中，然后向下，经过 SDH 传输层和段层，加上相应的开销，把净荷装入一个 SDH 帧中，最后到达光层，在光纤中传输。

IP over SDH，也称 Packet over SDH（PoS）。SDH 是基于时分复用的，在网管的配置下

完成半永久性连接的网，在 IP over SDH 中，SDH 只有一种工作方式。

1. IP over SDH 优点

（1）对 IP 路由的支持能力强，具有很高的 IP 传输效率。

（2）符合 Internet 业务的特点，如有利于实施多路广播方式。

（3）能利用 SDH 技术本身的环路，故可利用自愈合（Self-healing Ring）能力达到链路纠错；同时又利用 OSPF（开放最短通路优先）协议防止设备和链路故障造成的网络停顿，提高网络的稳定性。

（4）省略了不必要的 ATM 层，简化了网络结构，降低了运行费用。

2. IP over SDH 缺点

（1）仅对 IP 业务提供好的支持，不适于多业务平台。

（2）不能像 IP over ATM 技术那样提供较好的服务质量保障（QoS）。

（3）对 IPX 等其他主要网络技术支持有限。

（三）WDM 及 DWDM

最早的光通信中，一条光纤仅传递一个特定波长的光。类似于三棱镜分光原理，使用波分多路复用器（Wavelength division multiplexer，WDM）也能将一个（组）波长分成许多个波长（或称信道，channels），从而使一条光纤从传递一个信号（signal）变为传递多个信号，在相同的铺设成本下，将光纤的使用率提高数倍。

WDM 概念在光纤用于通信后不久便被提出，但是经 WDM 分波之后，每个波段分到的能量太小，无法真正用于光纤信号传送。直到 1994 年，掺铒放大器（Erbium-Doped Fiber Amplifier，EDFA）成功商用化之后，WDM 才逐渐发展并变得实用。

为了区别起见，分出较多波长者，称为密集波分复用（Dense WDM，DWDM），而分出较少波长者，称为粗波分复用（Coarse WDM，CWDM）。

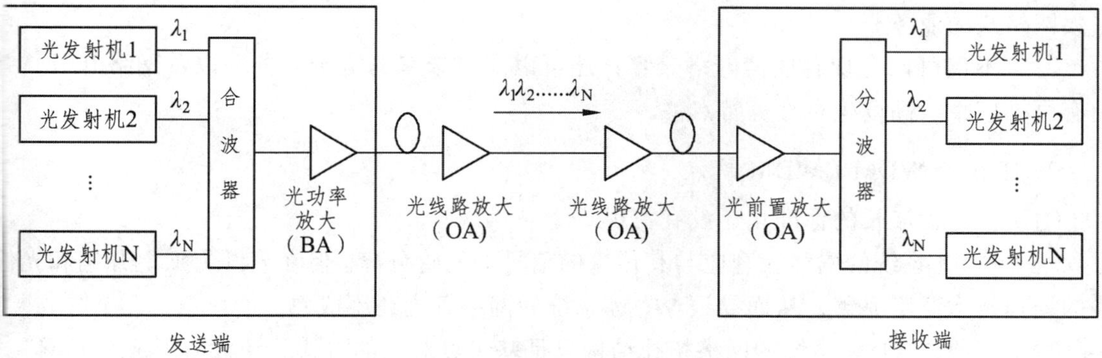

图 3-3-4　WDM 技术

WDM 技术充分利用单模光纤低损耗区带来的巨大带宽资源，根据每一信道光波的频率（或波长）不同将光纤的低损耗窗口划分成若干个子信道。

发送端采用合波器将不同规定波长的信号光载波合并起来送入一根光纤传输。接收端再由分波器将这些不同波长承载不同信号的光载波分离，由于不同波长的光载波信号可以看作是彼此独立的，而在一根光纤中可实现多路光信号的复用传输。

双向传输只需将两个方向的信号分别安排在不同波长传输即可。

（四）IP over WDM/DWDM

IP over WDM 也称光因特网，就是指直接在光纤上运行的因特网。

4 种 IP over DWDM 网络重叠模型中，IP/ATM/SDH/DWDM 目前很少使用了；目前主流的 IP over DWDM 的运作方式是 IP/SDH/DWDM；IP/DWDM（即 IP directly over DWDM）也越来越多地受到重视，具体体系结构和协议还在进一步的完善之中；近年来，IP via MPLS over DWDM 技术也得到了广泛重视。

主要网络再生设备大多采用 SDH 帧格式，局域网中主要采用千兆以太网帧结构。

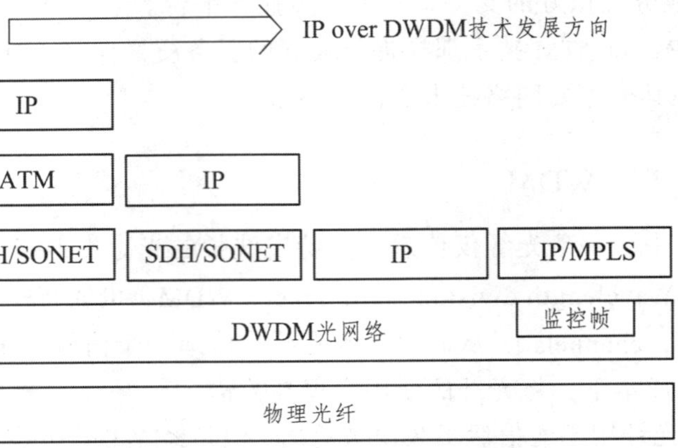

图 3-3-5　IP over WDM 发展过程

1. IP over WDM/DWDM 优点

（1）充分利用光纤的带宽资源，极大地提高了带宽和相对传输速率。

（2）对传输码率、数据格式及调制方式透明。可以传送不同码率的 ATM、SDH 和千兆以太网格式的业务。

（3）不仅可以与现有通信网络兼容，还可以支持未来的宽带业务网以及网络升级，并具有可推广性、高度生存性等特点。

2. IP over WDM/DWDM 缺点

（1）目前，波长的标准化还没有实现。

（2）WDM 系统的网络管理应与其传输的信号的网管分离。但在光纤上加上开销和光信号的处理技术还不完善，从而导致 WDM 系统的网络管理还不成熟。

（3）目前，WDM 系统的网络拓扑结构只是基于点对点的方式，还没有形成“光网”。

（五）广域网数据链路层协议

高级数据链路控制（HDLC）协议也是一种标准协议，既支持点到点配置，又支持多点配置，它实现起来非常简洁，但安全、灵活性不如 PPP 协议。HDLC 是按位访问的同步数据链路层协议，它定义了同步串行链路上使用帧标识和校验和的数据封装方法。当连接不同设备商的路由器时，要使用 PPP 封装。

点对点（PPP）协议是目前使用最广泛的广域网标准协议，规定了同步或异步电路上的路由器对路由器、主机对网络的连接。PPP 能支持差错检测，支持各种协议，在连接时 IP 地址可复制，具有身份验证功能，可以以各种方式压缩数据、支持动态地址协商、支持多链路捆绑等等。这些丰富的选项增强了 PPP 的功能。

（六）广域网网络层服务

（1）数据报服务，是指网络随时可以接受主机发送的分组（即数据报）。网络为每个分组独立地选择路由。网络只是尽最大努力将分组交付给目的主机，但对源主机没有任何承诺。数据报服务是无连接的，因此是不可靠的，它不能保证 QoS。

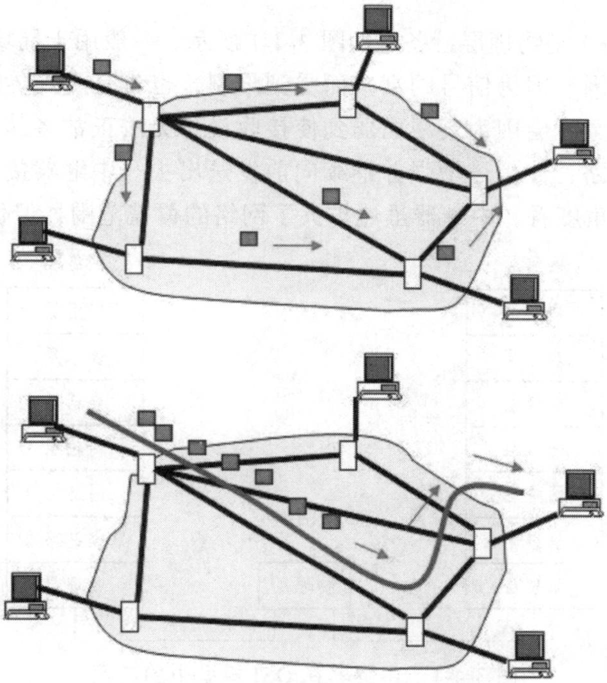

图 3-3-6　数据报服务和虚拟电路服务

（2）虚拟电路是一种逻辑电路，可以在两台网络设备之间实现可靠通信。虚拟电路有两种不同形式，分别是交换虚拟电路（SVC）和永久性虚拟电路（PVC）。SVC 是一种按照需求动态建立的虚拟电路，数据传送结束便自动终止。PVC 是一种永久性建立的虚拟电路，只具有数据传输一种模式。PVC 带宽的利用率更高，SVC 成本较低。

第四节　网络互联及其设备

单一的网络往往不能够满足不同人群纷繁复杂的使用需要，因此网络互联成为计算机网络应用的一个重要方面。本章介绍网络互联有关的设备和协议，一般情况下通过路由器实现网络的互联。网络互联实质上是协议间的转换。

一、网络互联的方式

网络互联有三种形式：局域网-局域网连接（LAN-LAN），一般用于将几个局域网互联起来，实现局域网间的透明传输；局域网-广域网连接（LAN-WAN 或 LAN-WAN-LAN），一般用于实现将局域网接入广域网；广域网-广域网连接（WAN-WAN），用于实现异种网络的互联。

为了实现上述三种形式的网络互联，有以下四种方式。

（一）中继器方式

中继器（Repeater）是物理层设备，如图 3-4-1 所示，一般用于局域网覆盖范围的延伸。计算机网络的覆盖范围会因为信号的衰减而受到限制，也就是受到传输介质的限制，当信号传输到一定距离时，就会因为衰减而弱到使接收设备无法正常将其识别出来。中继器使用信号放大、再生电路，使信号增强并继续向前发送出去。中继器接收处理网络上的所有信号。严格地从网络角度看，中继器虽然扩大了网络的覆盖范围，但仍是一个网络。

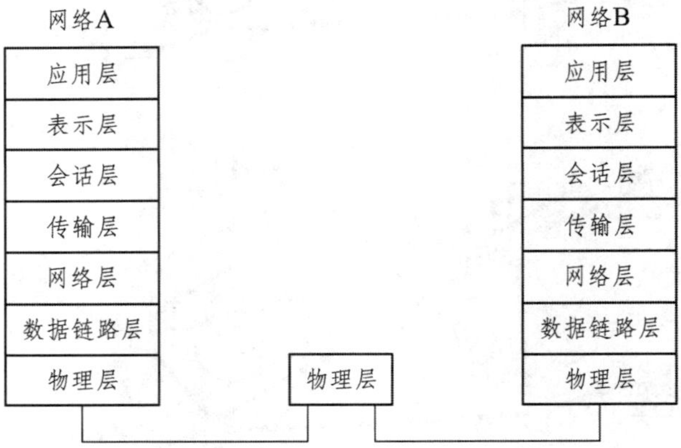

图 3-4-1　中继器在 OSI 模型中的应用

因为中继器多少存在时间延迟，因此不能无限使用。

中继器有双端口和多端口之分，集线器 HUB 就是一种特殊的多端口中继器。此外，还可以按传输介质把它分为有电中继器和光纤中继器。

中继器的特点是价格便宜、使用简单，无须配置，效率高。缺点是不能均衡负载，不能阻止广播风暴，无法进行包过滤，不能分割碰撞域和广播域，不能构成环形。

（二）桥接器方式

桥接器（Bridge）工作在数据链路层。它具有中继器的基本功能，在此基础上能识别帧，能基于 MAC 地址和桥接器内部的站表判断是否应该转发，也就是说它只转发该转发的帧，这就使得一个网段内部节点间的通信量不会传输到另外一个网段，减少了网络的通信总量，降低了发生冲突的可能性。

桥接器处在数据链路层，即不同的碰撞域里，如图 3-4-2 所示。

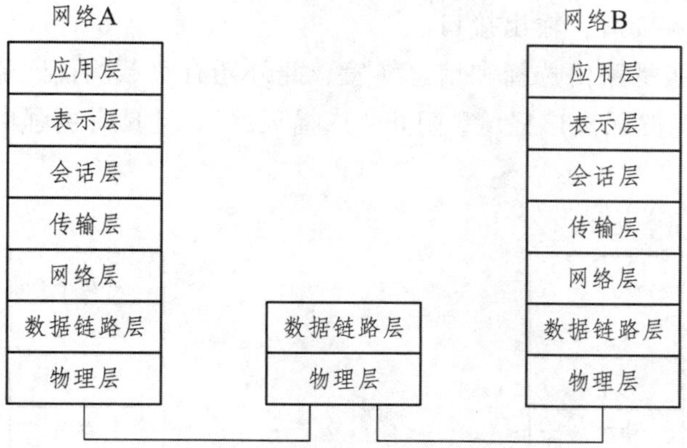

图 3-4-2　桥接器在 OSI 模型中的应用

桥接器缺点是不能均衡负载，不能阻止广播风暴。桥接的局域网仍处在一个广播域，因此只用于少量的局域网连接。

桥接器又叫网桥，分为三种：简易网桥、透明网桥、源站选路网桥。

1. 简易网桥

由普通 PC 机，插入多块网卡，运行相应的网桥软件构成。一般由网络操作系统厂家提供网桥软件，如 NetWare 网络操作系统。

2. 透明网桥

又称为生成树网桥，转发路径的选择由网桥自己决定，对各站点来说是透明的。这类网桥通过 Baran 逆向学习法建立内部站表，形成站点 MAC 地址与网桥端口的对应表，据此得出信息发送路径。在网桥刚刚接入网内，没有形成站表之前，采用广播的方式（“洪泛法”）向其他端口转发信息。

3. 源站选路网桥

路径选择由发送信息的源站负责，网络上的每个源站选路网桥都有一个唯一的 ID 标志，源站通过广播发现帧的方式记录到达目的站点经过的路径，并从中获得到达目的站点的最佳路径。源站路由的使用相对复杂，需要人工进行配置，但能获得最佳路径。

目前使用最多的是透明网桥，二层交换机具有透明网桥的所有功能，而且不像一般网桥需要采用软件进行交换，而是采用硬件交换，效率更高，速度更快。有些交换机具有 VLAN 功能，可以划分更小的广播域。

（三）路由器方式

路由器（Router）是网络层设备，它是网络互联的主要设备，本质上是一种具有多个输入端口和多个输出端口的专用计算机，其功能是存储转发报文分组。路由器把某个端口接收到的报文分组，按照要去的目的网络地址，分发到合适的输出端口转发给下一个（下一跳）路由器。路由器常用来互联局域网和广域网，或者实现同一个点上多个局域网的互联。

路由器类似于网桥，但是功能比网桥强得多。其内部结构分为路由选择和分组转发两部分。路由选择部分也叫控制部分，核心构件是路由选择处理机。分组转发部分由三部分组成：交换结构、输入接口、输出接口。

路由器的主要功能是路由选择和信息转发，此外还有负载均衡、流量控制、网络管理、用户管理等功能。它能够隔离广播域，阻止“广播风暴”，且具有更强的异种网络互联能力，如图 3-4-3 所示。

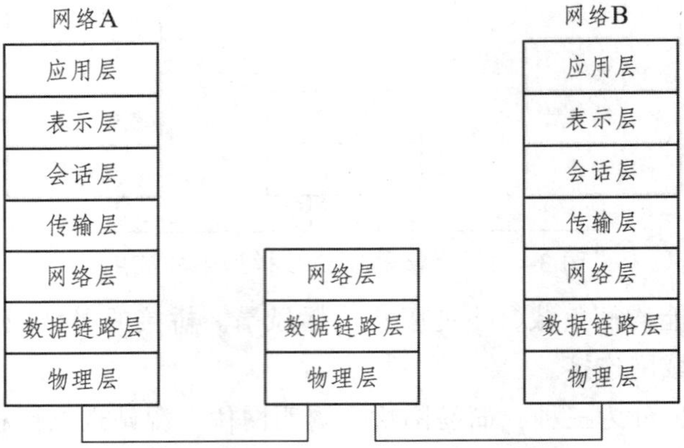

图 3-4-3　路由器在 OSI 模型中的应用

路由器的转发功能比较简单，即根据网络层地址进行存储转发。路由的选择相对更为复杂，进行路由选择时，一般要先选择一种路由算法，路由算法一般应该保证路由选择的最优性、算法的简单性、灵活性，减少对带宽的占用，还拥有强壮性和稳定性、快速收敛性。路由算法的衡量标准（衡量参数 metric）有路径长度、可靠性、延时、带宽、负载、通信费用等。路由器能够根据网络结构的动态变化，更新自己的路由表。

路由器通过路由算法生成路由表，路由表通常包括两个部分：目的地址 Destination 和“下一跳”Next Hop 的端口地址。当路由器转发数据时，根据数据包中的目的地址查询路由表，确定从哪个端口发送数据。当路由表中没有匹配记录时，路由器不会像网桥那样广播发送，而是将数据包丢弃。

路由器的缺点是：速度低、安装配置复杂。实际应用中，路由器分两类：简易路由器和专用路由器。大多数路由器支持多种路由协议，如 RIP、OSPF、is-is、BGP-4 等，并提供多种类型的接口。

简易路由器：由计算机插入多协议转换卡，并运行相应路由器仿真软件来仿真路由器的功能。

专用路由器：由路由器厂家生产，是一种专用联网硬件设备，协议软件内置在硬件中。一般支持 out-of-band 和 in-band 两种配置管理方式。

路由器对于每一个数据包都有一个拆包解包的过程，因此速度慢，往往称为网络瓶颈。近些年出现了第三层交换机，将路由技术和交换技术结合在一起，更多地靠硬件处理，大大提高了网络性能。

（四）网关方式

网关（Gateway）是工作于 OSI/RM 高层协议（网络层以上）的网络互联设备，它的主要功能是完成不同协议的转换。网关通常用于 WAN-WAN 互联、网络与大型主机系统互联。

网关分为广义网关和狭义网关。广义网关指所有用于互联的硬件和软件。狭义网关特指工作于 OSI/RM 高层协议（网络层以上）的网络互联设备，负责高层协议的转换。

图 3-4-4 是狭义网关。

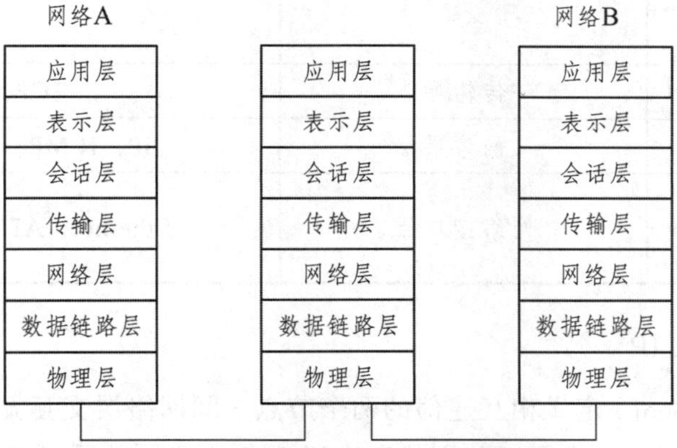

图 3-4-4　网管在 OSI 模型中的应用

网关通过软、硬件实现不同协议的转换。硬件提供不同网络的接口，软件实现协议的转换。网关实现协议转换的方法有两种：一种是直接将输入的网络数据包转换成输出的网络数据包的格式；另一种是将输入的网络数据包格式转换成标准的网间数据包格式。

根据互联网络的多少，网关可以分为双向网关和多向网关。

设置网关时，可以将网关设置成全网关方式和半网关方式。将一个网络设置成两个半网关，分别属于两个网络，避免了一个网关由两个单位管理使用而导致的一些非技术性问题出现。

二、TCP/IP 协议

TCP/IP 起源于 20 世纪 60 年代末美国政府资助的一个分组交换网络研究项目，到 90 年代已发展成为计算机之间最常应用的组网形式。它是一个真正的开放系统，是“全球互联网”或“因特网（Internet）”的基础。

TCP/IP 是 Transmission Control Protocol/Internet Protocol 的缩写，即传输控制协议/因特网协议。

它除了代表 TCP 与 IP 这两种通信协议外，更包含了与 TCP/IP 相关的数十种通信协议，例如：SMTP、DNS、ICMP、FTP 等。

TCP/IP 是一种因特网互联通信协议，其目的是将各种异构计算机网络或主机通过 TCP/IP 协议实现互联互通。

为了实现这一功能，TCP/IP 采用分层体系结构，每一层完成特定的功能，各层之间相互独立，采用标准接口传送数据。

数据流动可看作是从一层传递到另一层，从一个协议传递到另一个协议。数据从应用层向下传递到物理层，然后流经网络，数据到达目的地后，将通过协议簇向上传递到目的应用程序。

表 3-4-1　TCP/IP 分层体系结构

OSI/RM 分层	TCP/IP 协议分层	TCP/IP 主要协议
应用层	应用层	HTTP，FTP，telnet，DNS，SMTP，POP3
表示层		
会话层		
传输层	传输层	TCP，UDP
网络层	网络层	IP，ICMP，ARP，IGMP
数据链路层	网络接口层	Ethernet，ATM，FDDI，FR
物理层		

（一）网际协议 IP

IP（Internet Protocol）定义相互通信的两个节点之间网络层交互方式标准，这两个节点可以连接在同一个网络中，也可以分别位于物理/逻辑上不同的网络之中。

IP 的内容包括设备地址表示、控制与管理、设备间信息传输实现。

IP 解决的根本问题是如何把网络及相关设备连接在一起，并且这些连接起来的设备无须了解任何的网络细节就能实现相互通信。

IP 层接收由更低层发来的数据包，并把该数据包发送到更高层 TCP 层或 UDP 层；相反地，IP 层也把从 TCP 层或 UDP 层接收来的数据包传送到更低层。

IP 数据包是不可靠的，因为 IP 并不确认数据包是按顺序发送的或者没有被破坏。

1. IP 地址

每个连接在网络上的设备在 IP 层的唯一标识为 IP 地址。

IP 数据包中含有发送它的设备的 IP 地址（源 IP 地址）和接收它的设备的 IP 地址（目的 IP 地址）。

当前互联网广泛使用的是 RFC791 中定义的 IP 协议第 4 版本，即 IPv4。

IPv4 协议规定每个互联网上的主机和路由器都有一个 32 位的 IP 地址，它包括网络号和主机号，这一编码组合是唯一的。

把 IP 地址分成两部分的优点是使路由器中的路由表不会太大。路由器不必为每个目的主机维持一个路由选择表项，而仅为每个网络维护一个路由选择表项，当进行路由时，只检查目的地址的网络部分。

2. IP 地址结构分类

IPv4 地址以用三个“.”隔开的四个小于 256 的十进制非负整数表示，如“192.168.1.1”。IPv4 地址分为 A、B、C、D、E 五类。

（1）A 类地址。

第一位为“0”，前 8 位代表网络号，其他 24 位代表网络上的主机号。在 A 类地址中，第一个字节的取值为 1～126（全“0”和全“1”除外），可容许有 126 个 A 类网络，每个网络可容纳 $2^{24}-2$ 个主机节点，用于少量的包含大量主机的网络。

（2）B 类地址。

前两位为“10”，前 16 位代表网络号，其他 16 位代表网络上的主机号。在 B 类地址中，第一个字节的取值为 128 ~ 191。可容许有 2^{14} 个网络，每个网络可容纳 $2^{16}-2$ 个主机节点。B 类地址应用于中等规模的网络。

（3）C 类地址。

前 3 位为“110”，前 24 位代表网络号，其他 8 位代表网络上的主机号，在 C 类地址中，第一个字节的取值为 192 ~ 223。可容许有 2^{21} 个网络，每个可容纳 $2^{8}-2$ 个主机节点。C 类地址应用于主机个数少的网络。

（4）D 类地址。

前 4 位为“1110”，为组播地址。组播 IP 地址的第一个字节的取值为 224 ~ 239。

（5）E 类地址。

前 5 位为“11110”，未做具体定义，保留为将来使用。第一个字节的取值为 240 ~ 255。

IP 地址中网络部分和主机部分的划分是通过掩码实现的，如 A 类地址的网络掩码为 255.0.0.0，B 类为 255.255.0.0，C 类为 255.255.255.0。

3. 私有 IP 地址

20 世纪 90 年代，很多网络没有连接到其他网络和 Internet。为减少分配给这类组织 IP 地址的数量，Internet 工程任务小组（IETF）决定保留部分 Internet 地址空间供这些私有网络使用。

这些地址块不需要通过 Internet 路由，这意味着所有私有网络都可以使用相同的地址，只要它们不彼此相连就可以正常通信。

保留给私有网络供其使用的是一些 A 类、B 类和 C 类地址，这些私有地址是在 RFC 1918（Address Allocation for Private Internets）中被定义的。

4. 分类私有 IP 地址（RFC 1918）

类	地址范围	默认子网掩码	网络数	每个网络的主机数	总主机数
A	10.0.0.0 ~ 10.255.255.255	255.0.0.0	1	16 777 214	16 777 214
B	172.16.0.0 ~ 172.31.255.255	255.255.0.0	16	65 534	1 048 544
C	192.168.0.0 ~ 192.168.255.255	255.255.255.0	256	254	65 024

现在大多数网络都使用私有地址结构。只有直接连接到 Internet 的设备才分配有可路由的 Internet 地址。

默认情况下，大多数消费级网络设备（如 ISR）通过 DHCP 分配私有地址。在网络内部使用私有地址，而 ISP 给新 ISR 的外部接口分配了一个公有地址。

（二）用户数据包协议 UDP

UDP 是一个简单、面向数据报的传输层协议：进程的每个输出操作都正好产生一个 UDP

数据报，并组装成一份待发送的 IP 数据报，如图 3-4-5 所示。

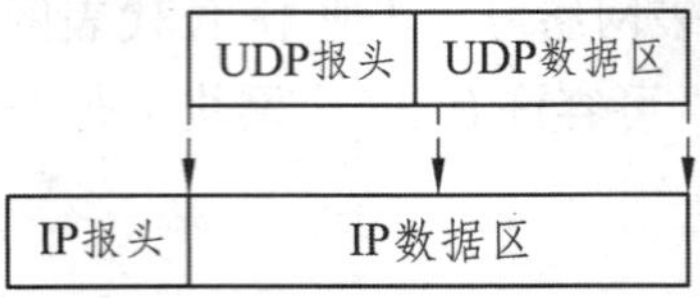

图 3-4-5　UDP 协议数据结构

1. UDP 协议特点

UDP 不提供可靠性：它把应用程序传给 IP 层的数据发送出去，但不保证它们能到达目的地。

UDP 协议较适合于一次传输少量突发报文的应用，例如 Telnet、简单网络管理协议（SNMP）和域名系统等。

UDP 报头可记录封包源端与目的端的连接端口信息，让封包能够正确地到达目的端的应用程序。

UDP 与 IP 虽然是在不同层运作，但都是以无连接方式来传送封包。

无连接方式使 UDP 的传送过程较简单且传输效率较高。但相对可靠性较差，在传送过程中若发生问题，UDP 并不具有确认、重传等机制，而是必须依赖其上层的协议来处理此类问题。

2. UDP 报文格式

UDP 源/目的端口号：用于寻找发端和收端应用进程，它们加上 IP 首部中的源端 IP 地址和目的端 IP 地址唯一确定一个 TCP 连接，如图 3-4-6 所示。

很多时候一个 IP 地址和一个端口号也称为一个 Socket（后文会讲）。

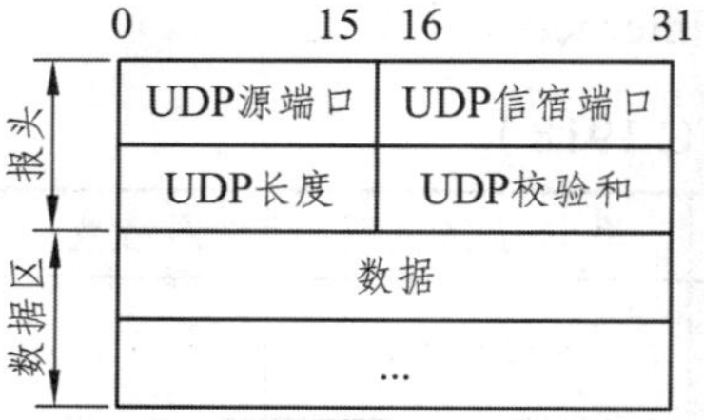

图 3-4-6　UDP 报文格式

（三）传输控制协议 TCP

TCP 提供一种面向连接的、可靠的字节流服务。

面向连接意味着两个使用 TCP 的应用（通常是一个客户和一个服务器）在彼此交换数据之前必须先建立一个 TCP 连接。

1. TCP 保障可靠性的措施

与 UDP 完全不同，应用数据被分割成 TCP 认为最适合发送的数据块。应用程序产生的数据报长度将保持不变。由 TCP 传递给 IP 的信息单位称为报文段或段（Segment）。

当 TCP 发出一个段后，它启动一个定时器，等待目的端确认收到这个报文段。如果不能及时收到一个确认，将重发这个报文段。

当 TCP 收到发自 TCP 连接的另一端数据时，将发送一个“确认”。这个“确认”不是立即发送，通常将推迟几分之一秒。

TCP 将保持它首部和数据的检验和。这是一个端到端的检验和，目的是检测数据在传输过程中的任何变化。如果收到段的检验和有差错，TCP 将丢弃这个报文段且不确认收到此报文段（希望发端超时并重发）。

既然 TCP 报文段作为 IP 数据报来传输，而 IP 数据报的到达可能会失序，因此 TCP 报文段的到达也可能会失序。如果必要，TCP 将对收到的数据进行重新排序，将收到的数据以正确的顺序交给应用层。

既然 IP 数据报会发生重复，TCP 的接收端必须丢弃重复的数据。

TCP 还提供流量控制，这将防止较快主机致使较慢主机的缓冲区溢出现象出现。

2. TCP 报文格式

TCP 报文格式如图 3-4-7 所示。

<table>
<tr><td colspan="3">0　　　　　　　　　　15</td><td>16　　　　　　　　　31</td></tr>
<tr><td colspan="3">16位源端口号</td><td>16位目的端口号</td></tr>
<tr><td colspan="4">32位序号</td></tr>
<tr><td colspan="4">32位确认序号</td></tr>
<tr><td>4位首部长度</td><td>保留(6位)</td><td>标志</td><td>16位窗口大小</td></tr>
<tr><td colspan="3">16位校验和</td><td>16位紧急指针</td></tr>
<tr><td colspan="4">可选项</td></tr>
<tr><td colspan="4">数据</td></tr>
</table>

图 3-4-7　TCP 报文格式

TCP 源端口/目的端口：用于寻找发端和收端应用进程，它们加上 IP 首部中的源端 IP 地址和目的端 IP 地址唯一确定一个 TCP 连接。

同样，很多时候一个 IP 地址和一个端口号也称为一个 Socket。

（四）Socket 通信实现

Socket 通信实现流程如图 3-4-8 所示。

客户端/服务器（C/S）模式下 Socket 编程。

（1）服务器端先初始化 Socket，然后与端口绑定（bind），对端口进行监听（listen），调用 accept 阻塞，等待客户端连接。

（2）此时如果有个客户端初始化一个 Socket，然后连接服务器（connect），如果连接成功，这时客户端与服务器端的连接就建立了。

（3）客户端发送数据请求，服务器端接收请求并处理请求，然后把回应数据发送给客户端，客户端读取数据。

（4）最后关闭连接，一次交互结束。

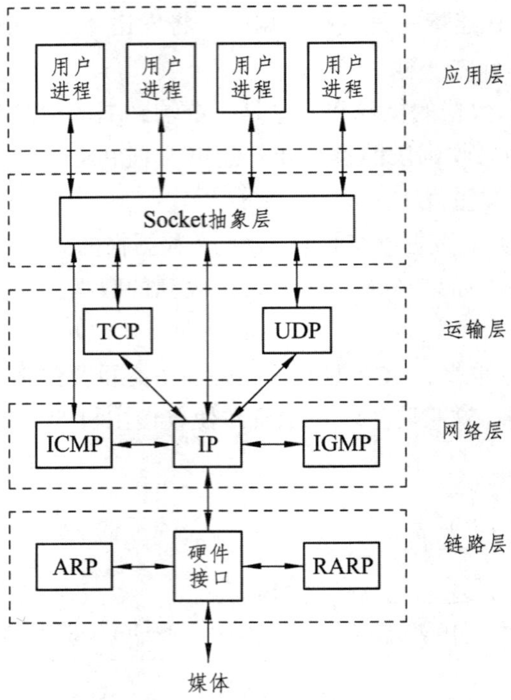

图 3-4-8　Socket 通信实现流程

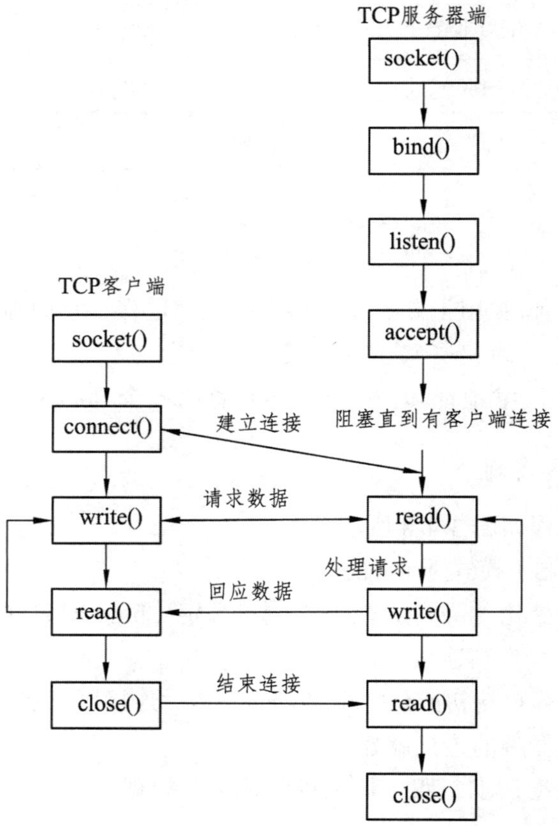

图 3-4-9　Socket 编程

第五节　网络安全在信号中的应用

网络安全本质上就是网络上的信息安全。信息安全是对信息的保密性、完整性和可用性的保护，包括物理安全、网络系统安全、数据安全、信息内容安全和信息基础设施安全等。

网络安全研究主要涉及网络安全威胁的主要类型、网络攻击的手段、网络安全机制、网络安全技术以及信息安全等级标准等方面的内容。

针对目前广泛使用的计算机网络的脆弱性，不但要进行安全防护，更要主动、积极防御。

网络安全经历了单机信息保密、网络信息安全、信息保障等三个阶段。

网络安全的主要威胁有：

（1）内部窃密和破坏。

（2）窃听和截收。

（3）非法访问（以未经授权的方式使用网络资源）。

（4）破坏信息的完整性（通过篡改、删除和插入等方式破坏信息的完整性）。

（5）冒充（攻击者利用冒充手段窃取信息、入侵系统、破坏网络正常通信或欺骗合法主机和合法用户）。

（6）流量分析攻击（分析通信双方通信流量的大小，以期获得相关信息）。

（7）其他威胁（病毒、电磁泄漏、各种自然灾害、战争、失窃、操作失误等）。

网络安全的主要目标是保护信息资源免受毁坏、替换、盗窃和丢失，通俗地讲就是进不来、拿不走、看不懂、改不了、跑不了。

网络安全是一门涉及计算机科学、网络技术、通信技术、密码技术、信息安全技术、应用数学、数论、信息论等多种学科的边缘性综合学科。

广义来说，凡是涉及信息的可靠性、可用性、保密性、完整性、真实性和可控性的相关技术和理论，都是信息安全的研究领域。

网络安全技术包括加密、认证、防火墙、入侵检测等技术。

一、TDCS 中的网络安全

TDCS 是重要的行车设备，直接涉及行车安全，是铁路正常生产组织和调度指挥的核心系统。整个系统应从长远考虑，及时发现隐患并部署相应的防护措施，绝对要保证安全，TDCS 网络安全技术如图 3-5-1 所示。

不安全因素主要存在于以下两个方面中。

（1）TDCS 网络系统虽然是建立在一个封闭的专用网络结构中的，但其技术实现基础是面向所有网络用户的，所有资源均可以通过网络共享。因此，系统必须有效地防止“黑客”侵入，保证系统不被破坏或信息泄密。

（2）TDCS 在建立和使用的过程中，需进行大量的系统测试、软件移植、修改和维护的工作。由于误接设备、违章使用等造成系统的“病毒”感染而导致系统瘫痪或设备损坏，严重影响行车调度指挥的安全。因此，必须杜绝此类事件的发生，避免造成行车事故或运输秩序混乱的严重后果。

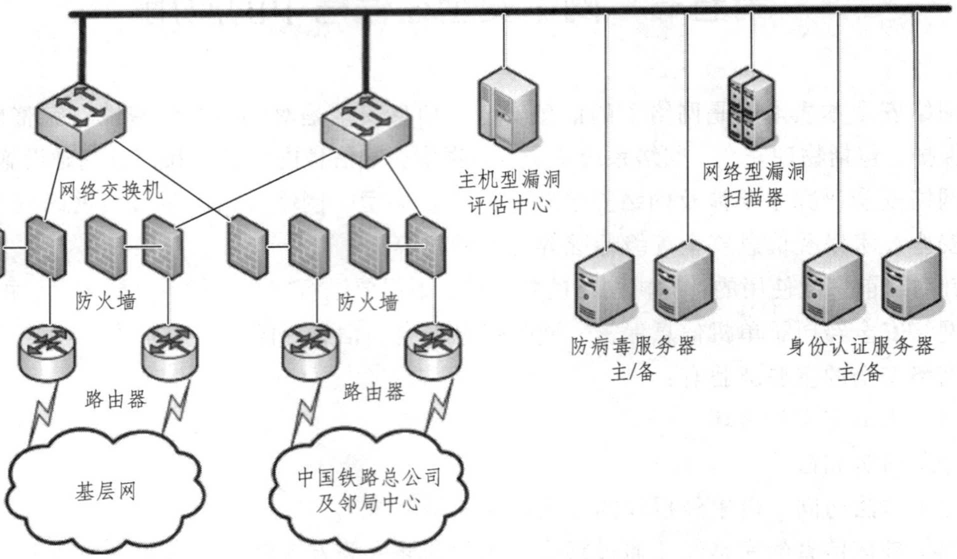

图 3-5-1　TDCS 网络安全技术

解决措施：

在调度中心与总公司中心之间、调度中心之间及调度中心与车站之间，采用防火墙和入侵检测系统。同时，系统中应增加防病毒、动态身份认证和漏洞评估子系统，既要能实现对整个系统的权限访问控制、资源访问控制，又能起到入侵检测、“病毒”防范等安全保护的作用。

（一）防火墙及入侵检测系统

依据对防火墙处理速度、数据流量及时延、路由容量和能容纳的用户数目等因素的分析，需选用相对高端的防火墙系统，应满足支持 300 ~ 1 000 个用户终端同时通过防火墙进行实时数据交换的要求。在路局中心，共有四台路由器和两台网络交换机进行交叉连接，互为热备。路由器和网络交换机之间均需安装一套共四台的防火墙及入侵检测系统，完成网络的交叉连接和双热备，充分保障网络的安全性和高可靠性。

（二）网络防病毒系统

网络防病毒系统对网络的实时性和速度要求不高，结合 TDCS 系统的网络结构及安全性的要求，将整体防病毒系统部署在其网络结构的各个层面中（包括服务器和工作站），覆盖范围包括路局中心及其下属的车站。通过网络防病毒的部署，将大大降低 TDCS 因“病毒”感染、传播引起的资料、性能和人工的损失。另外，防病毒系统也为用户在系统运行过程中提供了许多检测和维护的便利。

（三）动态口令身份认证

TDCS 建设初期常采用静态密码认证方式，每一台终端设备都有自己特设的密码，管理起来比较复杂，在网络传输中容易被黑客猜测到，或采用成熟的破译软件对用户的口令进行暴力破解。

解决这种问题的最佳办法就是改为动态口令身份认证。在 TDCS 系统网络环境中，路局 TDCS 中心部署两台动态口令身份认证服务器，形成热备及负载分担，当某台认证服务器出现故障时，另外一台服务器零间隙、无延时自动接管原故障服务器的认证服务，直到故障服务器恢复正常。

具有调度命令下达和接收功能的终端均需安装身份认证软件并配置口令牌，认证服务器需根据单台认证中心能容纳的用户数量和路局各种终端数的比较，需满足并发快速认证的需求来选型。

其配置标准应支持口令牌自我 PIN 码保护，并采用同步认证方式，在 20 s 内应能同时认证 500 次以上。

（四）安全漏洞评估系统

安全漏洞评估系统属于漏洞和风险评估工具，用于发现、发掘并报告信息安全漏洞，同时报告漏洞发生地点及发生原因，如图 3-5-2 所示。

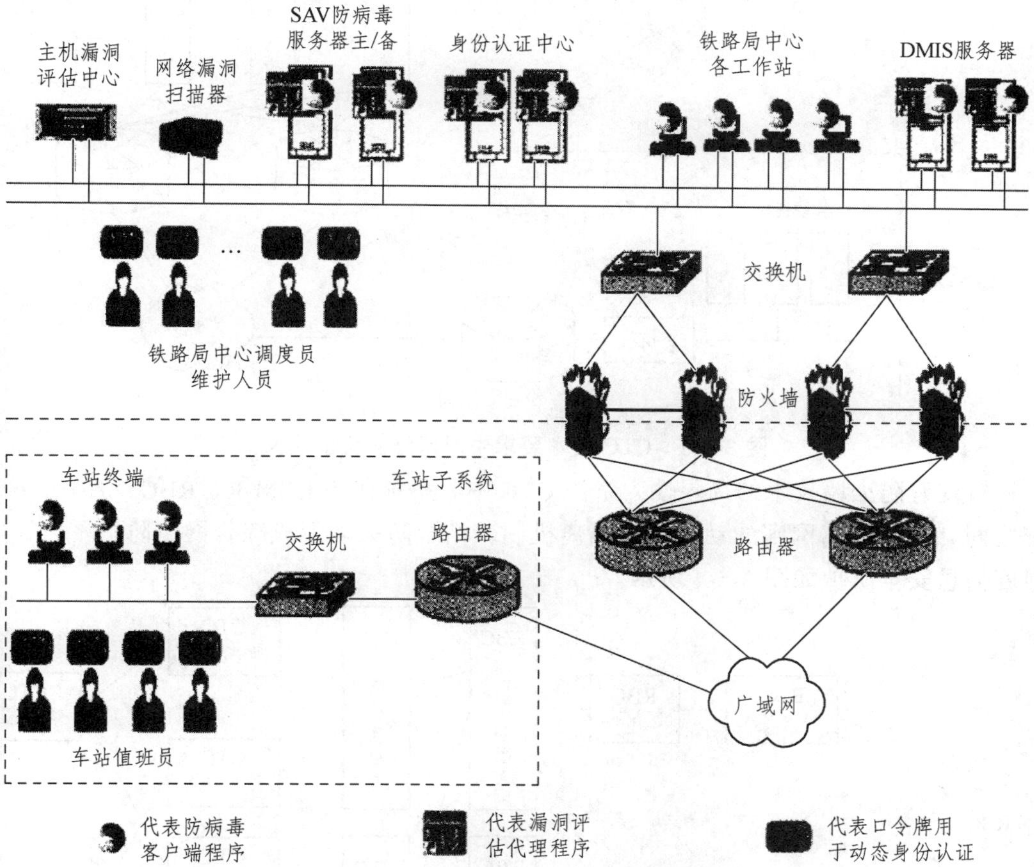

图 3-5-2　TDCS 网络防护在系统设备中的布置

它在系统间分享信息并连续探测各种漏洞直到发现所有的安全漏洞；还可以通过发掘漏洞提供更高的可信度，以确保被检测出漏洞的真实性。

目前，安全漏洞评估系统从扫描的对象划分，分为基于主机的漏洞防护和基于网络的漏洞扫描两种类型。

二、分散自律 CTC 系统中的网络安全

《分散自律调度集中系统技术条件（暂行）》中指出以下两点。

2.12 为保证网络与信息安全，系统应采取防火墙、入侵监测、病毒防护、身份认证等安全措施。

10.3.4 系统不得采用 TCP/IP 协议与其他系统联网，应采用带光电隔离的 RS-232、RS-422、RS-485 等通用通信方式与其他系统设备相连。

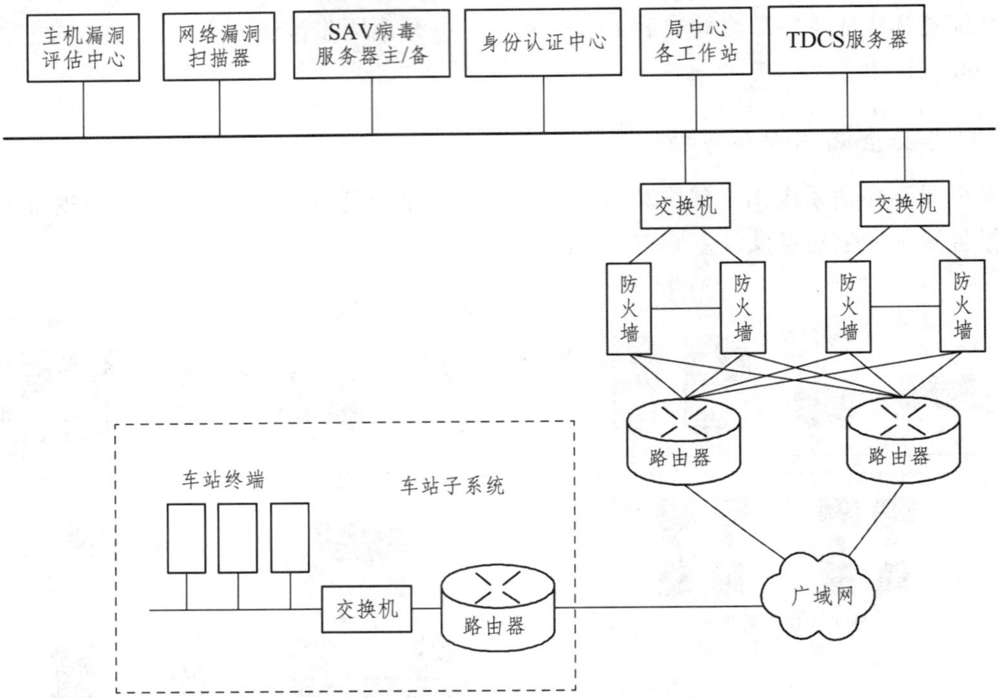

图 3-5-3 CTC 技术要求中对网络安全的定义

针对现有防火墙技术的局限性，京沪 CTC 中心系统在与 GSM-R、RBC、TSRS 等外网系统之间，利用隔离网闸的动态物理隔离机制，结合防火墙形成综合网络防护平台，实行高强度信息安全防护如图 3-5-4 所示。

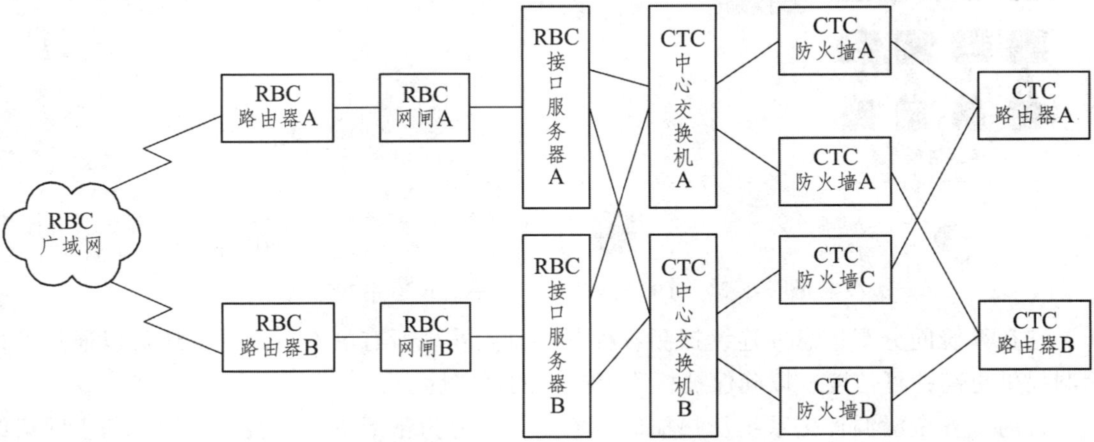

图 3-5-4 CTC 系统安全防护手段

第四章 TDCS

传统的铁路调度由铁路总公司、铁路局、车站三级构成，以行车调度为中心，基本依靠电话进行调度指挥。TDCS 系统利用远程控制技术，解决了现场行车信息采集、传输，各部门信息共享，为铁路调度指挥与管理提供了开放、灵活的信息化平台。

铁路列车调度指挥系统（Train Operation Dispatching Command System，简称 TDCS），原名为铁路运输调度指挥管理信息系统（Dispatch Management Information System，简称 DMIS），它是覆盖全路的现代化的铁路调度行车指挥管理和控制网络系统。TDCS 利用信息技术、网络技术、远程控制技术等现代科学技术手段取代了传统落后的行车指挥手段，采用现代信息技术将通信、信号、计算机、网络、数据传输、多媒体技术等融为一体，构成网络，覆盖全国铁路调度信息点。在保证网络安全的前提下，与相关系统紧密结合、互联互通、信息共享，实现铁路运输组织的科学化、现代化，增加运能，提高效率，减轻了调度人员的劳动强度，改善了调度指挥的工作环境。

TDCS 完成情况：至 2006 年年底已覆盖全路 5 006 个车站和 50 000 余千米线路，建成以行车调度为核心的现代化铁路运输调度指挥管理信息系统，实现全路运输调度的集中管理、透明指挥、实时监视、自动调整。TDCS 系统是铁路跨越式发展的必然需要和技术产物，对行车调度指挥方式产生了巨大的影响。

第一节 TDCS 系统功能结构

TDCS 系统是一个覆盖全路的调度指挥控制系统，通过广域网实现对各车站的行车信息监测、行车计划和调度命令下达。在铁路局调度所进行信息的综合处理，提供现场的作业状态、列车信息，并实现与 TMIS 交换信息及 TDCS 联网，将有关信息送往铁路总公司，从而彻底减轻行调人员的劳动强度，实现行车调度决策的科学化、现代化。

一、TDCS 系统结构

TDCS 系统如图 4-1-1 所示，为二级三层集中式综合型运输指挥调度系统：

（1）铁路总公司。

全路运输宏观管理。

（2）铁路局。

指挥铁路局管内的调度指挥、行车组织和行车控制。

（3）车站。

落实铁路局调度指挥意图，完成调度命令和阶段计划的执行。

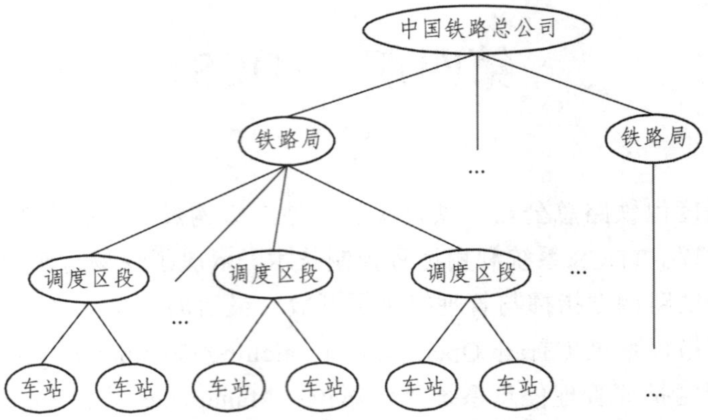

图 4-1-1　TDCS 系统结构图

中心局域网采用高性能的交换机组成双 100 M 高速以太网，所有设备通过双网卡连接到双局域网上，确保各节点数据传输的可靠性。

车站局域网采用高性能的交换机组成双 100 M 高速以太网，所有车站设备通过双网卡连接到双局域网上，确保各节点数据传输的可靠性。

调度中心子系统中各子系统之间为通过双冗余局域网实现的以太网网络接口，接口为 RJ45 接口规范、网络介质为 5 类双绞线，速率为 100 M。

调度中心子系统的局域网底层网络协议均符合 IEEE802.3 标准。网络节点之间的通信高层协议采用国际通用的互联网 TCP/IP 协议。

调度中心与车站之间的网络子系统为双环路广域网连接方式，中心到车站以及车站之间通过高性能的路由器组成双环路的广域网，接口转为 V.35 / G.703，速率为 2 M。

调度中心与车站之间的网络子系统的广域网协议为国际互联网协议族中的 OSPF 协议。网络节点之间的通信高层协议采用国际通用的互联网 TCP/IP 协议。

网车站子系统的内部之间的接口主要为通过双冗余局域网实现的以太网网络接口，接口为 RJ45 接口规范、网络介质为 5 类双绞线，速率为 100 M。车站自律机配有双网卡，接入车站的双高速局域网。同时配有足够数量的 RS232/RS422 串行通信接口，实现与微机联锁、无线车次号、调度命令无线传送、无线调车机车信号和监控装置、以及既有车站 DMIS 等系统的通信。

车站子系统的局域网底层网络协议均符合 IEEE802.3 标准。网络节点之间的通信高层协议采用国际通用的互联网 TCP/IP 协议。

二、TDCS 系统的主要技术指标

（一）电源系统

调度所和车站要求提供独立的单相交流电，电压为 220 V（−20% ~ +15%），频率为 50±1Hz。通常车站电源功率为 1 ~ 2KVA，调度所电源为 10 ~ 30KVA。

（二）表示信息采集电压及电流

对于标定电压为 0 ~ 24 V 的采集对象，采集电压应为 0 ~ 24±4.8 V，各路采集电流<10 mA；对于标定电压为 0 ~ 12 V 的采集对象，采集电压应为 0 ~ 12±2.4 V，各路采集电流<10 mA.

（三）传输通道

采用 2 M 带宽的光缆传输通道。另外在条件不具备的地区也可采用二线制或四线制低频综合通信电缆、市话电缆、载波话路和分组交换网等，但系统的通信配置将有很大的不同。对于电缆通道和光缆通道，系统具体要求有所不同，基本要求如下。

电缆通道通信设备的接口阻抗，应与所连接的信道阻抗相匹配。

电缆通道采用加感实回线时，引入线与干线电缆的连接应设在相邻两个加感节的中间位置；引入线长度超过 50 m 时，应在引入线最靠近干线的连接点处设置使引入线对干线电位呈高阻抗的阻抗变换器。

信息传输数率：64kbit/s 及以上。

电缆通道发送电平：电缆线路，−13 ~ 0 dB 连续可调；载波，−13 dB。

电缆通道接收电平：大于−25 dB。

电缆通道信噪比：大于 25 dB。

电缆通道线路衰耗：相对于发送电平不低于 26 dB。

信息传输误码率：应小于 10^{-7}。

电缆通道引入线：应采用屏蔽线，单股线径不小于 0.5。屏蔽线的屏蔽层通常单端接通信地线，其接地电阻应不大于 10 Ω，也可依据实际情况而定；电缆通道引入线与设备连接前，应安装防雷组合；电气化区段（非光缆信道）还需加设隔离变压器。

（四）系统响应时间及可靠性指标

略。

（五）防雷及接地

本系统设置防雷保护地线、设备地线（交流工作地线）、安全防护地线和逻辑地线（直流工作地线），具体要求如下：

防雷保护地线：接地电阻不得大于 4 Ω，与其他地线之间的距离不得小于 20 m。

设备地线：又称交流工作地线，其接地电阻不得大于 4 Ω，与其他地线之间的距离不得小于 15 ~ 20 m。在计算机机房中的设备如计算机、UPS 电源、计算机外部设备等应按电气规范要求接地。

安全防护地线：安全防护地是为了防止因绝缘破损而遭受触电危险，把与电气设备带电部分相绝缘的金属外壳或机架，同大地作良好的接地连接，称为安全保护地。其接地电阻不得大于 4 Ω，与其他地线之间的距离不得小于 15 ~ 20 m。

逻辑地线：又称直流工作地。一般分为直流地悬浮和直流接大地两种。直流地悬浮对地电阻大于 1 MΩ；直流接大地，其接地电阻不得大于 4 Ω，与其他地线之间的距离不得小于 15 ~ 20 m。通常逻辑地线采用直流地悬浮的方式。

在不受地形、地貌和其他条件的限制时，应提供防雷保护地、设备地线和安全防护地线；如有困难，则至少提供两根独立的地线，一根用作防雷保护地，另一根用作设备地线和安全防护地线。

（六）TDCS 环境要求

调度中心设备可在下列环境中保证质量不受影响。

（1）空气温度。

① 工作温度。

15 °C ~ 30 °C。

② 贮存温度

−40 °C ~ + 55 °C。

（2）相对湿度。

① 工作相对湿度。

10% ~ 75%。

② 贮存相对湿度。

10% ~ 100%。

（3）大气压力。

70 ~ 106 kPa（相当于海拔高度 3 000 m）。

本系统之车站设备可在下列环境中可靠地工作。

（1）空气温度。

① 工作温度。

5 °C ~ 40 °C。

② 贮存温度。

−40 °C ~ + 55 °C。

（2）相对湿度。

① 工作相对湿度。

5% ~ 85%。

② 贮存相对湿度。

10% ~ 100%。

（3）大气压力。

70 ~ 106 kPa（相当于海拔高度 3 000 m）。

当以上条件无法满足时，必须采取诸如加装空调或供暖设备等有效措施来达到上述要求，否则设备将无法保证可靠工作。

三、TDCS 系统功能

TDCS 系统的建成将实现由保证安全、提高效率向提高运输效能转变，由单一功能向综合功能转变，由模拟向数字转变，由人工控制向智能控制转变；将建成一个融合计算机、通信、网络、多媒体、数据库等技术为一体的现代化信息系统；将为调度指挥人员提供及时、丰富、可靠的信息，提供决策依据，并提供先进的调度指挥和处理手段。TDCS 系统的建成大大减少了调度人员的通话时间和制图、填表的工作量，减轻了他们的劳动强度、改善了工作环境。

TDCS 系统要实现的主要功能目标如下。

（1）实现铁路行车调度指挥管理现代化。

（2）提高运输生产效率。

（3）协调分界口交接工作。

（4）改善调度员以及车站值班员工作条件。

（5）为铁路特货运服务信息系统的建立提供基础，以提高铁路运输服务质量。

（6）为铁路总公司运输指挥中心提供全路行车实时信息和决策依据。

（一）铁路总公司调度中心主要功能

部中心 TDCS 系统并不负责具体的行车指挥工作，主要是接受各路局 TDCS 发送的列车运行状况、信号设备显示状态、列车早晚点、计划运行图、实际运行图、各种调度命令、施工、封锁信息以及气象、事故、灾害等，为铁路总公司各专业调度提供实时监视及统计查询功能。此外具有统计各局间分界口运输数据的功能。

各路局设置专用铁路总公司通信机负责与铁路总公司通信。

（二）铁路局调度中心主要功能

铁路局范围内的 TDCS 系统网络是整个全路 TDCS 系统网络的单元，具有相对完整的功能，因此是我们学习的重点。

铁路局调度中心主要功能如下。

（1）全局主要干线列车运行正点率宏观显示。

（2）全局主要干线基本图利用率宏观显示。

（3）全局重点列车跟踪显示。

（4）全局各线路列车运行图显示。

（5）分界口运输状态宏观显示（和临局）。

（6）列车运行实时监控（区段画面）。

（7）调度区段信息管理。

（8）运输统计报表。

（9）枢纽和编组场以及大型旅客站的宏观监视画面。

（10）监督车站、区间列车运行状况及实现区段透明。

（11）列车到发自动采点。

（12）列车车次自动追踪。

（13）列车正晚点自动统计。

（14）基本图、日班计划、阶段计划、实际运行图的自动生成。

（15）阶段计划的人工、自动调整、下达。

（16）调度命令向车站下达。
（17）分界口透明显示及统计分析。
（18）统计站存车及小编组信息，必要时向 TMIS 转送。
（19）列车无线车次号自动校核、无线调度命令发送，与列控相关的功能。
（20）区间紧跟踪报警，信号机非正常关闭等报警信息。
（21）TDCS 与 TMIS 接口。

（三）基层网系统主要功能

TDCS 基层网主要实现实时信息的采集、传送及车站行车指挥功能。具体包括以下内容。
（1）实时信息的采集、传送及监视。
（2）无线次车号的校核。
（3）车站行车业务管理。
（4）调度命令无线传送功能。
（5）车次跟踪及自动报点功能。
（6）调度命令、阶段计划的签收和打印。
（7）行车日志（运统二、运统三）的管理。
（8）车次和到发点的人工管理功能。
（9）现在车管理。
（10）甩挂车作业和列车速报表管理和辅助功能。
（11）与列控系统、调车机车监控系统接口。

（四）TDCS 系统已实现的基本功能

TDCS 系统的建设是一个长期的过程，从 1996 年开始至今，系统功能结构和使用模式已基本定型，也基本适应了调度指挥的需要。目前已实现的功能如下。

1. 行车信息的采集

现场行车信息采集是 TDCS 基层网的最基本功能。TDCS 系统通过安装在每个车站的车站分机，采集现场的动态行车信息，通过传输设备将信息及时发送到铁路局 TDCS 中心去。

在微机联锁车站，TDCS 车站分机通过串行接口接收车站计算机联锁的电务维修台送来的站场表示信息（状态和控制信息）；在继电联锁车站，车站分机设有专门的开关量采集设备，采集信号联锁设备的状态信息。

TDCS 车站分机采集（或从计算机连锁系统得到）的信息包括：
（1）进站信号。
H，L，B（引导）。
（2）出站信号。
L，B。
（3）调车信号。
B。

（4）区间信号机。

L，U，H。

（5）股道表示。

B，H。

（6）道岔区段表示。

QH，QB。

（7）道岔表示。

DB，FB。

（8）接近、离去。

H。

（9）自动闭塞区间。

发车方向（FD）、接车方向（JD）、自动闭塞占用（H）。

（10）半自动闭塞区间。

接车表示灯 L，U，H，发车表示灯 L，U，H。

（11）控制台其他表示灯。

挤岔报警和灯丝报警。

2. 无线车次号校核

由于车次号的准确性直接关系到 TDCS 的性能，因此，无线车次号校核的要点是将机车的列车运行监控装置提供的与车次有关的信息，发送到车站的无线列调设备，再送到 TDCS 系统的基层网设备。

无线车次号信息发送分为列车始发、列车进站和列车出站三部分。

（1）列车始发。

列车始发时，当车头经过对标点时，应发送列车车次号、列车运行公里标、列车运行速度、机车号、总重、换长、辆数、机车类型、始发标志等信息。

（2）列车进站。

列车进站时，当列车通过进站信号机时，发送列车车次号、列车运行公里标、列车运行速度、机车号、总重、换长、辆数、机车类型、进站标志等信息。

（3）列车出站。

列车出站时，当列车通过出站信号机时，发送列车车次号、列车运行公里标、列车运行速度、机车号、总重、换长、辆数、机车类型、进站标志等信息。

系统接收到的车次号信息，校核确认车站、运行方向及相关进路，从而确认或生成列车车次号。采取这种技术可以有效提高车次号的准确性，对于保证 TDCS 各项功能的实现非常重要。

3. 车次跟踪及自动报点

车站分机可通过列车占用和出清轨道电路的变化实现对列车车次的自动跟踪，实现列车的自动报点，并可显示列车的早点、晚点时分。

4. 车次和到发点的人工管理

在始发站，车站值班人员通过值班员终端输入列车车次。TDCS 系统软件具有车次跟踪功能，能够根据轨道电路光带的变化，实现车次号的自动传递。尽管 TDCS 车次跟踪模块针对不同的情况采取了很多处理措施，但是因信息丢失、时序错误等种种原因，仍可能会造成车次号丢失等失准现象出现，所以专门在 TDCS 终端界面上提供了修正车次号的手段，当车次追踪出现错误时可以进行人工修改。TDCS 允许值班员通过终端设备输入、更改列车车次号；车站值班员进行人工报点，也可对到发点进行修改。

5. 显示本站和邻站信息

TDCS 通过安装在每个车站的车站的值班员终端为车站值班员显示区间信号的开放情况以及列车在区间的运行情况，使值班员能够准确掌握所有区间列车的实际运行位置和运行速度等信息，便于值班员提前做好接发车准备工作和提高线路的通过能力。除了显示区间信息以外，值班员终端还显示邻站信息。通过安装在控制台旁边的彩色显示器，显示出上行和下行方向临近车站的实时信息，扩大了值班员的视野，同样有利于值班员提前做好接发车准备工作和提高线路的通过能力。

车站值班员终端可显示与本站控制台站型一致的本站及相邻车站、相邻区间的有关行车表示信息；同时，可根据配置文件设置站场显示位置、站场显示方向、站场的垂直和水平放大比例，还可实时显示本站采集系统的码位信息。

6. 调度命令的签收和打印

车站值班员可对调度命令进行接收、签收、存储、查询和打印。当调度中心向车站下达调度命令，调度命令签收按钮将会闪烁并有报警声音，说明已收到调度命令，车站值班员应签收此调度命令。调度命令签收后即自动存入车站系统，车站值班员可进行查询和打印。

7. 调度命令无线传送功能

TDCS 可将调度员拟写的调度命令、车站值班员拟写的行车凭证通过无线通道发送到机车。车站值班员终端判断选择合适时机进行命令发送，并具有命令发送、回执检查、自动重发、报警提示等功能。

8. 阶段计划的签收和打印

当调度中心向车站发送调度命令时，阶段计划签收按钮将会闪烁并有声音报警，说明已收到阶段计划，车站值班员应进行签收。车站调度员可对调度员手工下达的阶段计划进行签收，并可进行查询和打印。阶段计划签收后，即显示在行车日志（运统二、运统三）上。

9. 行车日志（运统二、运统三）的管理

TDCS 自动产生列车的到站、出发时间，列车的车次、到发点、占用的股道显示在 TDCS 终端上。TDCS 终端根据日班计划和上述的信息实时生成运统二或运统三表格，表格中其他一些项目无法自动生成，值班员可以根据实际情况填写。车务终端会自动保存值班员编辑完的表格，同时自动完成主、备机之间的数据同步。

用户选中一条记录后，可对记录进行编辑、删除，也可以添加一条记录。编辑和添加时重新弹出一个对话框，由用户填写或修改各个子项。车站值班员也可以打印整个运统二、运统三报表。

10. 现在车管理

车站值班员可以在车站 TDCS 终端上输入车站运用车（站存车、现在车）信息，这些信息包括存车股道、车辆的类别和辆数、车辆的去向和说明。车站运用车信息的上报有利于调度员掌握车站的站存车和现在车的情况，更好地组织货运。

11. 甩挂车作业和列车速报表

车站值班员可接收调度员下发的列车甩挂车信息，并可进行存储和查询。这些信息的获得，有利于调度员和车站值班员对车站甩挂车作业的指挥。

车站值班员可输入列车速报表（列车简单编组），用于调度员的行车指挥以及运行图和统计报表的绘制和打印工作中。

12. 用户管理和辅助功能

车站值班员在使用车站 TDCS 终端前必须输入密码进行用户登录，这保证了车站调度工作的严肃性，避免了误操作和其他人员的非法使用。

车站 TDCS 终端还提供了常用词汇输入和声音提示等辅助功能。

附：《TDCS 的行车作业组织规定》

1. 接发列车

（1）TDCS 设备运行正常（包括车站信号设备能正常建立列车进路）时，车站在办理接发列车的过程中，由 TDCS 设备自动完成列车车次（包括机车号码）的记录，列车到达、出发、通过时刻的采点（TDCS 设备的自动采点方式：列车全部进入接车线时加 1 min 采集到达点；发出列车第一轮对越过出站信号机处的轨道绝缘节时减 1 min 采集出发点；通过列车到达点和出发点加权平均后采集通过点）。车站值班员不再填写《行车日志》（“运统二”或“运统三”），也不必向列车调度员报点，但仍须执行《技规》《行规》和总公司颁《接发列车作业标准》，以及向列车调度员汇报列车作业情况和晚点原因，遇列车有异状时应一并报告。TDCS 设备在正常情况下，当 TDCS《行车日志》栏列车运行部分信息因故不能自动生成或生成错误的内容，车站值班员应及时进行人工输入或修改，并向列车调度员报告。

（2）车站值班员在办理列车闭塞（预告）时，应认真核对阶段计划，随时注意确认 TDCS《行车日志》栏列车车次等自动生成的内容是否正确，遇列车车次号错误时，应及时使用列车无线调度电话通知司机修改车次。车站值班员对车次有疑问时，须及时与列车调度员联系，了解列车有关情况。未经列车调度员允许，不得办理阶段计划中未包括的车次。自动闭塞区段车站值班员在办理列车预告时，TDCS《行车日志》中“同意邻站发车”和“邻站同意发车”栏可不填记。

（3）对操作程序中规定需靠人工输入的项目，车站值班员应根据作业情况正确及时地逐项输入到 TDCS《行车日志》栏内。

（4）车站在向未安装 TDCS 系统的区段办理列车时，调度系统不具备报点功能的，仍执行原规定。

2. 阶段计划的下达

列车调度员应及时通过调度系统向车站分方向下达阶段计划。遇变更、调整阶段计划时，列车调度员应利用系统及时向车站发布。

3. 使用 TDCS 设备发布、接收调度命令的规定

列车调度员在发布调度命令时，除认真按《技规》第 166 条、《调规》第 59 条的有关规定执行外，须遵守下列规定：

（1）跨局调度命令，接车局列车调度员可委托发车局发布。接车局列车调度员将调度命令内容电传给发车局，发车局列车调度员要及时将命令内容输入 TDCS 工作台中并向有关处所、人员发布。

（2）各级列车调度员拟好命令后，要严格按照调度命令格式，逐项认真复核无误后按规定发布。需值班主任签认发布的调度命令时，值班主任认真检查确认无误后，方可按“确认”键。发布和接收命令时，列车调度员不再填记《调度命令登记簿》，受令的相关处所及人员不再抄收调度命令内容，但仍需认真执行复诵、核对制度。

（3）发布的调度命令，列车调度员若发现错误时，要立即通知所有受令处所撤销该命令，然后重新拟发调度命令，并注明“撤销前发 X 号命令”（包括受令处所人员发现错误重新发布时）。

（4）发布后的调度命令，要有所有受令处所人员的回执（签收），未得到全部受令人的回执（签收）时，列车调度员须进行查问确认。

受令处所的有关人员遇调度命令内容存在错误时，不得签收受令回执，应立即将情况告知列车调度员，要求重新发布调度命令。

（5）各级列车调度员、值班主任、站段的受令人员对跨班执行的所有调度命令，须打印并在交接班簿内登记，对号签字交接。对本班使用的调度命令，不再打印，但需要在计算机系统内进行保存，保存期为 1 年。

（6）车站值班员需要调度员发布命令时，利用 TDCS 系统中的命令请求选项，请求所在调度台发布调度命令。列车调度员应根据车站值班员的请求命令，发布调度命令。

4. 车次号的管理

列车本务、补机司机、车站值班员应按以下分工要求，正确及时地办理列车车次号的输入手续。

（1）列车调度员应实时追踪掌握列车车次号信息，对于未能及时输入车次号的列车，或因故障造成车次号丢失时，应及时修改车次号，并指示相关车站通知本务机车、补机司机重新办理列车车次号的输入手续。

（2）安装机车无线车次号校核系统的机车，在列车始发站挂妥本列后或开行单机于发车前，本务、补机司机须将本次机车所担当的列车（单机）车次输入到列车运行监控记录装置内。当发现所输入的车次号错误时，须重新办理车次号的输入。遇途中变更列车车次或途中开行单机时，本务机车、补机司机须将变更后的列车车次号及时输入列车运行监控

记录装置内。

（3）遇未安装机车无线车次号校核系统设备的机车、动车、重型轨道车担当列车运行时，在列车始发站发车前，由车站值班员办理列车车次号的输入手续，途中各站及列车调度员发现车次号与实际不符时，要及时进行人工更改。

（4）车站由未安装 TDCS 系统的区段接入列车时，车站值班员应认真核对阶段计划，于阶段计划核对无误后，输入车次号。

5. 有关行车簿、册、调度图表及信息资料的管理

（1）采用人工作业时，填记和保管的行车簿、册、调度图表办法仍执行原有规定。

（2）打印（或存盘）的《行车日志》、列车运行图、调度命令每日由专人负责收集，按规定期限妥善保管。每个调度区段的列车运行图，列车调度员每日 6 时、18 时打印列车运行图（或存盘），保存一年。车站值班员每日 6 时、18 时使用系统过表并打印《行车日志》（或存盘），保存两年。打印（或存盘）的调度命令应装订成册，保存一年备查。

（3）打印的列车运行图内容应满足《调规》的要求，不得隐藏早晚点统计内容。但对特殊列车运行线可根据有关规定隐藏。对于打印的实际运行图出现的缺少部分，列车调度员在交班前采用人工方式补画齐全。

四、TDCS 系统的特点

TDCS 系统从本质上来说是一种新型的调度指挥方式，特点是利用了先进的技术，包括：计算机、软件技术、网络技术、远程控制技术（包括采集技术、远程控制技术）、无线通信技术等等。

从调度业务角度看，TDCS 相对于传统的调度指挥方式而言，主要有以下 7 个特点。

（一）调度办公——无纸化

行调台延续多年的一张图，一支笔，一把尺，一块橡皮的工作模式将被现代化的 TDCS 行调子系统所替代，调度员通过简单地点击鼠标即可实现运行线的自动铺画，调整，下达阶段计划和调度命令等操作。列车运行的到发点由系统自动采集，实际运行线自动生成。每班的运行图可打印输出。以计算机替代重复、简单的作业环节，减少作业员的工作环节、劳动强度。

（二）流程管理——程序化

通过详细描述列调工作中的设备、规则、方式、流程等条件，由程序智能控制作业流程，规范作业过程管理。

（三）安全检测——智能化

强大的防火墙系统和入侵检测系统保证了 TDCS 系统作为行车设备的高度安全性，防止黑客的非法入侵和病毒的侵入。

（四）信息交换——网络化

调度员和车站值班员的信息交换全部采用网络传输，替代了原有的电话交流的模式，包括计划的下达，到发点的上报，调度命令的下达等信息，采用电话下达的方式一方面工作强度大，另一方面容易造成误报、错报的情况，利用网络下达信息高速、准确，很受调度员欢迎。

以信息和网络技术替代既有的信息采集、交换方式，能提高信息交换的效率和质量，从而提高工作效率。

从设备角度看，TDCS 系统设备具有以下特点。

1. 先进性

采用了比较先进、具有发展前景的技术。

2. 实时性

实时性是指 TDCS 系统各种信号设备的状态及列车位置等信息都是实时采集、处理，最大延时不超过 4 s。

3. 安全性

系统“自成体系，安全运行”，采用独立闭环网络设计，采取入侵检测、实时防病毒、动态口令等安全防范技术，确保系统能够有效地防止黑客攻击、破坏。

4. 可靠性

系统为 24 小时无间断运行设计，关键设备采用双套冗余设计，具有系统容错机制，保证能够不间断地稳定运行。在特殊情况下，还能够使用后备和恢复手段快速进行系统恢复。

5. 开放性

目前使用的 TDCS 系统是在吸收国内外先进经验的基础上，结合我国铁路实际情况而开发定型的，采用了国际标准和工业标准的开放式系统平台。

6. 可维护性

TDCS 系统采用了有效措施，保证系统在维护、维修过程中不会导致整个系统的停机或中断。

7. 互操作性

指采用分布式数据库系统、异种网络互联、局间数据交换等技术。

8. 可扩展性

系统充分考虑了 TDCS 设计范围和规模将会不断扩大，设备布局不断调整变化等因素，预留了升级扩展的能力。

9. 界面友好

系统在充分了解调度指挥工作流程、需求的基础上，采用人性化界面设计，使调度人员摆脱了长期以来必须经历的电话指挥、人工记录、绘图等繁重劳动，使他们能够把更多的精力用在及时调整运输方案等方面。

10. 节约投资

TDCS 系统按照铁路总公司对各管理信息系统功能、范围的界定，遵循不重复建设、不重复投资、充分利用既有设备、预留升级能力、预留信息共享接口等原则，保证了投资利用率。

第二节 铁路局调度所子系统

一、调度所子系统设备组成

铁路局调度所子系统包括通信服务器、调度员台、计划员台、调度长台、系统维护台、网络维护台等。它们之间通过交换机构成调度所局域网，实现内部数据的交换；通过路由器与车站子系统或其他系统在广域网上实现远程信息的交换和共享。

为保证铁路局调度中心局域网的可靠通信，系统采用双局域网系统，系统重要设备如通信服务器及路由器、交换机等的软硬件均为双套热备。系统中的各用户工作站、服务器及网络设备均设于调度所机房，包括以下设备。

（1）两台通信服务器及磁盘阵列，用于系统内数据库的管理及对各用户请求的响应。

（2）两台高速以太网交换机，用于连接局域网（LAN）上的设备。

（3）两台广域网路由器，用于与其他远程网络的互联。

（4）系统维护台。

（5）网络维护台。

（6）通信前置机，对站子系统信息进行前期处理。

（7）信息交换台，应用于与 TMIS 系统交换信息的场合。

二、调度所子系统设备功能

调度子系统各种设备如图 4-2-1 所示，其功能主要如下。

（一）通信服务器

由计算机、高分辨率彩色显示器、键盘、鼠标器等设备组成，主要负责各种信息的存储，如车站信号平面图、车次追踪结果，表示信息以及各种分析统计报表。服务器采用双机冗余和磁盘阵列等措施以提高可靠性，选用高速的服务器构成双机热备系统以确保信息流的实时性和可靠性。该服务器同时完成车次追踪功能，车次追踪主要完成站内和区间追踪任务，得到经过本站的各次列车的车次号和到发点等信息。原始的车次号和校正用的车次号由车站信息网中的车次号接口台提供。另外系统提供人工输入和修改车次号的功能，保证系统故障恢复后或追踪出现错误时及时准确地恢复原始车次号。

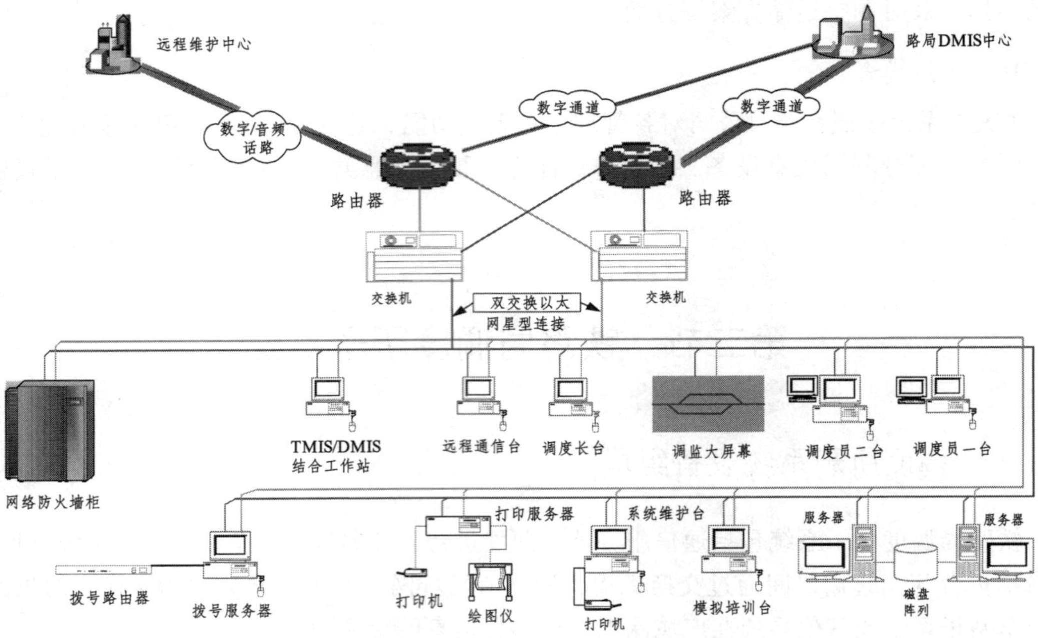

图 4-2-1　调度所子系统设备组成

（二）行调员台

由计算机、显示器、网络接口和站场显示软件或行车调度系统软件等组成。按设备划分为调度显示终端（简称显示台）和调度下达终端（简称行调台）。主要功能为监督列车运行，根据需要自动或人工调整列车运行计划，完成列车阶段计划的调整及下达，调度命令的下达。接收各车站的各运行列车到发点，自动完成列车运行图的绘制工作。

（三）调度长台

调度长台由计算机、高分辨率彩色显示器、键盘、鼠标器等设备组成，用户可对各调度区段的各车站及区间的设备状态信息、实时行车运行表示信息进行调看；可以查阅系统的历史运行状态记录。对于需由调度长签发的调度命令，只有通过调度长台确认后，才能下达。调度长台设于调度长工作室。

（四）系统维护台

包括高性能计算机、显示器、打印机、网络接口、通信软件等。负责按调度区段所辖车站的实际网络拓扑形状显示车站调度监督终端设备工作状态、通信传输通道工作状态的监视与维护工作，维护系统将所有的监视记录存放于系统数据库中。维护终端设备设于调度所 TDCS 系统中心机房。

（五）网络维护台

包括高性能计算机、显示器、网络接口、系统软件、网络管理软件、系统维护软件、通信软件、编程语言等。采用通用的功能强大的网管系统，监视和诊断调度所局域网上的设备状态。按调度所实际设备的拓扑结构宏观显示各设备的工作状态、IP 地址和资源应用情况。提供网络诊断工具，进行网络故障的诊断和分析工作。

（六）通信前置机

由高性能计算机、显示器、网络接口和通信软件等组成，完成车站子系统和调度所子系统之间的信息格式转换和发送、车站子系统工作状态的实时监视功能。

三、调度所子系统信息流描述

车站子系统发送的信息经 2 M 广域网通道进入调度所局域网，由前置机收集打包后通过调度所局域网送到通信服务器。通信服务器首先将通信前置机送来的信息发送给相应的各客户端工作台；其次将各信息进行存储和分析，同时完成调度所子系统内部各工作台的信息交换；最后将调度所子系统需要发送给各车站子系统的信息打包后发送给通信前置机，再由其发送给相应的车站，从而完成实时信息的交换。当需要检索历史信息时，各工作台可从这里得到所需的信息。

四、调度所电源系统

调度所 TDCS 系统供电采用两路具有切换条件的 220 V 交流电，送到电源柜，并作为 UPS 的输入电源，UPS 输出返回到电源柜。由电源柜分出非 UPS 稳压电源及 UPS 稳压电源各若干路，送往各调度台及主机房各用电设备。

五、调度子系统与车站子系统的连接图

连接图如图 4-2-2 和图 4-2-3 所示。

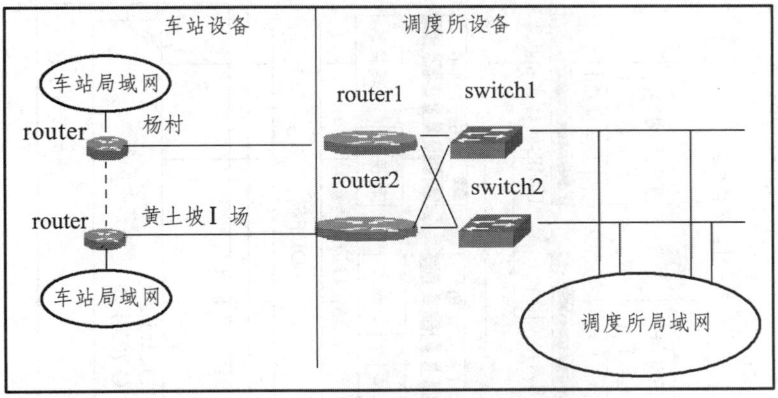

图 4-2-2　调度子系统与车站子系统的连接图（1）

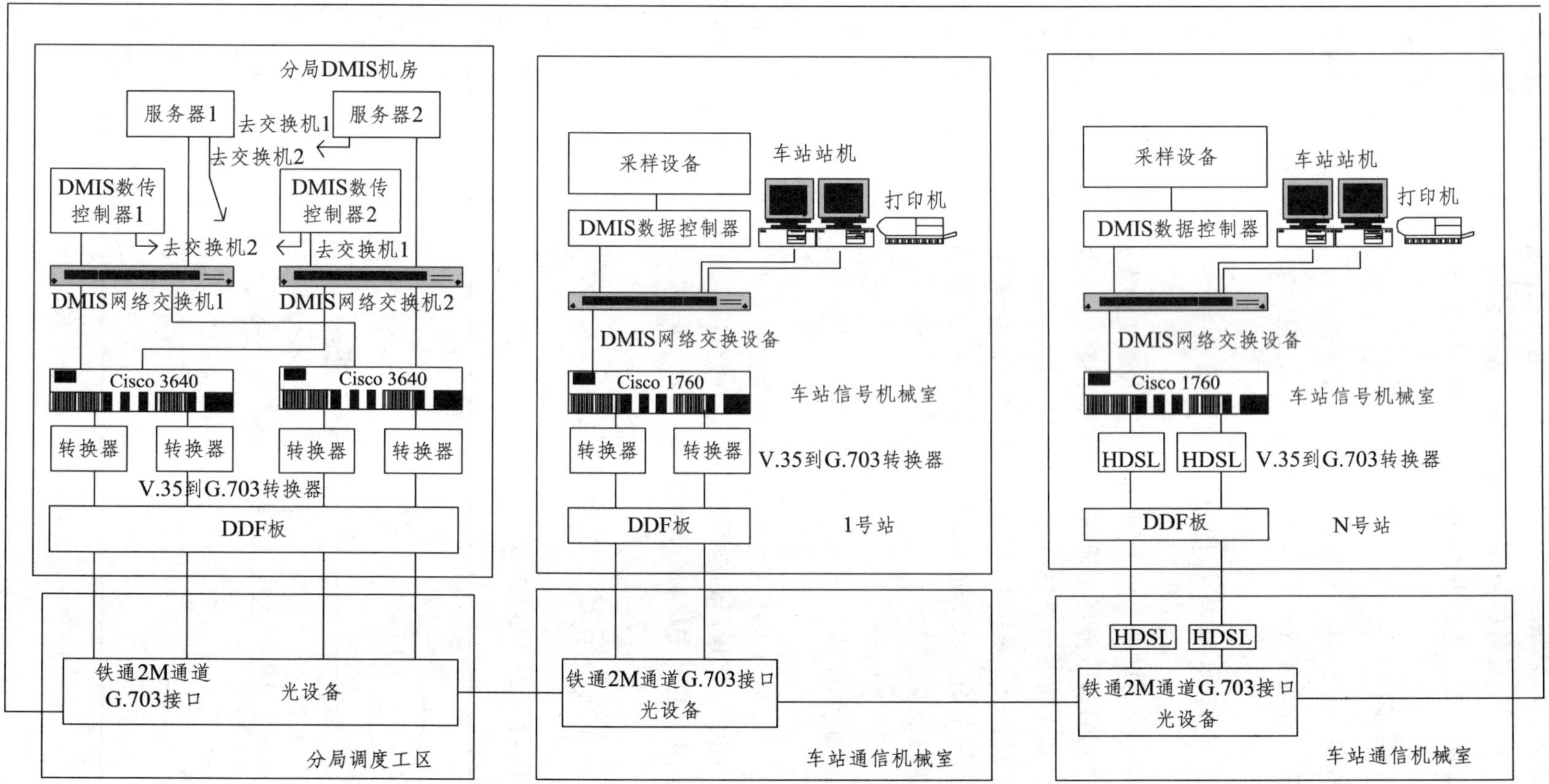

图 4-2-3　调度子系统与车站子系统的连接图（2）

六、调度子系统设备施工

调度所子系统设备如系统服务器、系统维护台、网络维护台、网络柜、UPS 及电源柜等安装在铁路局调度所 TDCS 主机房，各调度台设备按设计要求安装到调度所指定地点。线缆施工的主要内容包括以下几点。

（1）电源柜与 UPS 的连接线。

电源柜引到总机及调度台的供计算机使用的 UPS 稳压 220 V 电源，及供打印机等外设使用的不经过 UPS 稳压的 220 V 电源线作为设备的工作电源，每一路均设电源插座，并且每路及每个电源插孔供哪一个设备使用，都要有清楚标识，便于今后的维护。

（2）引到总机各机柜后门侧面的的防雷地线，用于系统设备避雷。

（3）引到总机各机柜及电源柜的保护地线，用于保证人身安全。

（4）由网络机柜（交换机）到主机房及调度台各计算机设备的超 5 类 UTP 网线（Category 5E），作为调度所子系统（LAN）网络通道线。

（5）由网络机柜（路由器）到 2M 光通道设备（铁通）的 75 Ω 铜轴电缆，作为与 2 M 通道连接的引入线。避免网络线跨越高压线、水管线的现象发生，并限制在 100 M 的长度之内。

第三节　TDCS 车站子系统

一、TDCS 车站子系统组成及功能

车站子系统由信号机械室的 TDCS 设备机柜和车站运转室内的站机两部分组成。TDCS 机柜包括了通信及数据采集设备；站机用于车站值班员操作和行车信息显示。

（一）通信及信息采集处理设备

1. 硬件

（1）机柜。

（2）网络通信：接口转换器、路由器、集线器（或交换机）。

（3）通信及信息处理：主计算机。

（4）信息采集 C51 开关量采集、模拟量、串行口。

（5）电源设备：UPS。

2. 软件

（1）主程序：ScriApp.exe。

（2）配置文件：scriconfigfile.ini。

主机柜通过计算机实现通信及信息处理功能。6502 联锁车站的信息采集由（安装于车站信号机械室机柜内的）TDCS 信息采集单元完成，并送到通信计算机进行数据处理。微机联锁车站的信息，由微机联锁维修机通过串口提供给 TDCS 通信计算机进行数据处理。可采集、处理、传输铁路总公司调度监督技术标准中所包含的所有表示信息。

TDCS 车站子系统可接收运输计划、调度命令；接收、收集有关车站、区间的行车表示信息，接收并收集从无线接收设备传送来的车次号信息。主机柜 HUB 使本车站的各种计算机设备组成车站局域网子系统。主机柜路由器及协议转换器经由 2 M 光缆通道，完成与调度所子系统的连接。信息交换采用标准的 TCP/IP 协议，其物理接口支持 EIA 标准接口、V.24、V.35、G.703 等标准，其链路规程符合 TCP/IP 网络交换与互联协议，可支持星型、总线型、站间点对点等方式。

（二）车站行车信息管理/显示设备

1. 硬件

（1）站机桌。

（2）行车信息处理主计算机、显示器。

（3）其他计算机外设（鼠标、键盘、打印机）。

2. 软件

（1）主程序：staterm.exe.

（2）配置文件：Commconfig.ini；Config.ini；Staterm.ini；StationPos.txt

在车站行车室设置高分辨率的彩色显示器，向用户提供本车站的行车计划显示服务、本站站场实时监视服务、相邻车站和区间的实时显示服务。显示的方法和颜色定义与调度所显示一致。在产生车次号的车站，允许车站值班员通过行车信息显示终端设备输入车次号。对于具体输入车次号的车站可根据设计及运输生产的需要随时增减。该设备由一台计算机组成，由主机柜提供电源。通过与通信计算机交换信息完成所有功能。

车务终端设备有两台显示器，一台用来显示本站和邻站的站场平面图，显示相邻车站的整个站场和自动闭塞区间内所有通过信号机的状态；同时，该显示器还用来显示调度命令和三小时阶段计划等信息。一台显示器主要用来显示运统报表和与此相关的行车信息，也可用来显示调度命令和三小时阶段计划等信息。

（三）车站设备电源系统

车站信号电源屏提供具有两路切换功能的 220 V 交流电，送到主机柜，经过空气开关，分别送到：（1）UPS 的输入端；（2）非 UPS 端；（3）继电器线圈；（4）防雷器。另外，电源屏还提供 KZ、KF；QZ、QF 电源。而 JZ、JF 电源从控制台引出。UPS 输出返回机柜内分电盘，提供给车站系统各用电设备使用，当 UPS 故障时，旁路开关会将输入、输出线短接以保证设备正常工作。图 4-3-1 为电源层实际设备，图 4-3-2 为电源配电图。

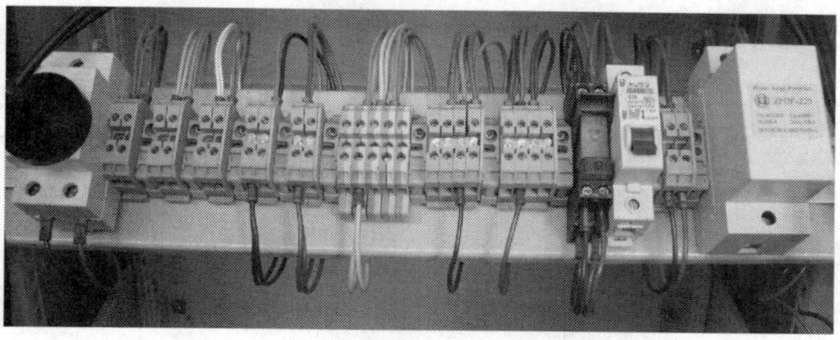

图 4-3-1 电源层实际设备

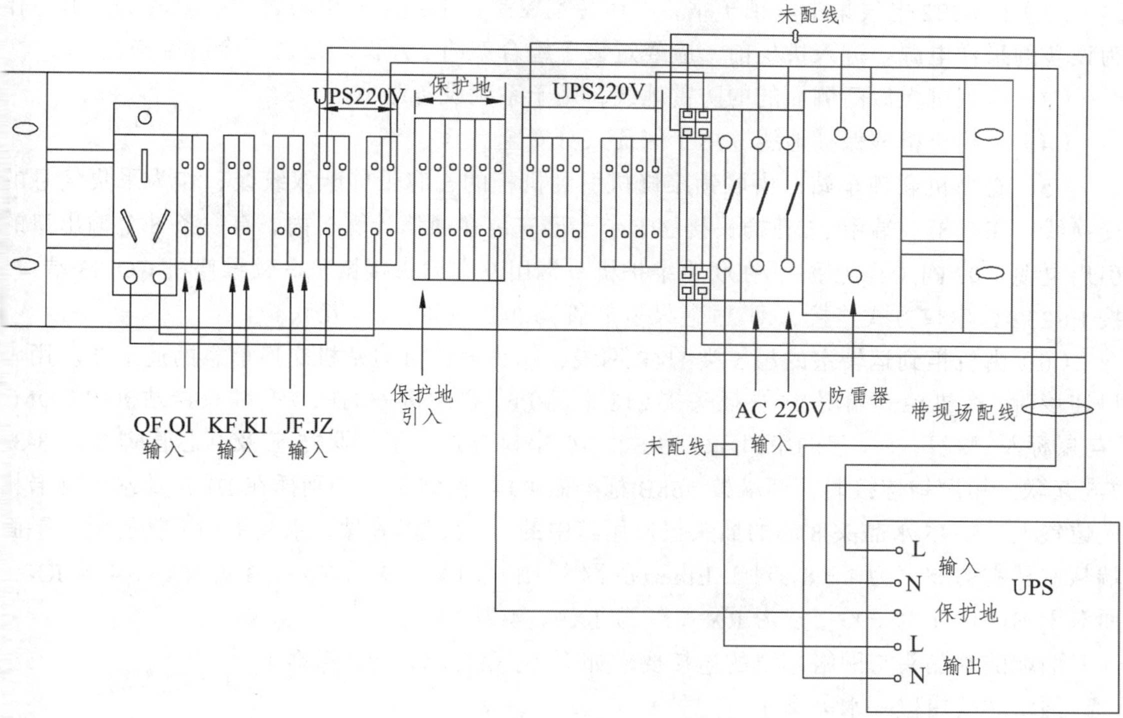

图 4-3-2 TDCS 车站设备电源配线图

二、车站子系统信息流描述

车站子系统通信计算机经 2 M 通道接收调度所及相邻车站设备传送来的信息，并通过串行口（或网络）传送到运转室站机设备。通过串行口或信息采集设备收集本站信息。系统通信计算机将信息打包处理后通过 2 M 通道传送到相邻车站设备及调度所。其次将给信息进行存储和分析，当需要检索历史信息时，可得到所需的信息。

三、车站系统设备施工

（一）安装及线缆施工

车站子系统主机柜安装在信号机械室或按设计要求的其他安装地点，安装后应检查机柜内部设备（通信计算机、HUB、UPS、6502 车站的采样电路模块等）及连线（如 UPS 电源及相关输入和输出插头、通信机到 HUB 的网线、6502 车站由采样电路模块串口到通信机 P1 口的连线等）已安装到位。车站的站机机柜安装在行车运转室或设计要求的其他安放地点，安装后应检查机柜内部设备（主机、显示器键盘、鼠标等）及连线已安装到位。线缆施工的主要工作包括以下内容。

（1）将由信号电源屏引到机柜的 220 V 电源线作为设备的工作电源，容量按设计要求在 5 A 以上，进入机柜前，应经过设于组合架的 5 A 保险以便于今后维护。

（2）在 6502 电气集中联锁车站，由运转室控制台引到主机柜的表示电源线 JZ、JF，作为设备的采样电源。进入机柜前，应经过设于组合架的 2 A 保险以便于今后维护。

（3）引到机柜后门侧面的的防雷地线，用于系统设备避雷。

（4）引到机柜的保护地线，用于保证人身安全。

（5）在微机联锁车站，由联锁维修机引到机柜的三芯带屏蔽双绞线，作为采集信息的交换线。在机柜一端用 25 孔插头接 218 卡（已安装在通信计算机内，有一条 8 个输出口的引出电缆）的 P1（经光隔），在联锁维护机一端用 9 孔插头接微机联锁维修机 COM3 端口；按 RS232-C 串口方式连接，即 25 芯及 9 芯管脚 2-2、3-3、7-5 互联。

（6）由机柜到运转室的超 5 类 UTP 网线，作为通信机与站机交换信息的通道线。用串口连接时，在机柜一端用 25 孔插头接 218 卡的 P6，在站机一侧用 9 孔插头接站机的 COM1（与鼠标及键盘口在一起的串口）；按 RS232-C 串口方式连接，即 25 芯及 9 芯管脚 2-2、3-3、7-5 互联。用网络连接时，两端按 568B 标准做 RJ45 网络头，分别插在 HUB 及站机网卡相应位置上（RJ45 水晶头 8 芯的插头仅使用其中的 1、2、3、6 端，水晶头插入插孔后，平面端从左至右的顺序为 1—8，对于 Ethernet 网卡，1 为 TX+，2 为 TX−，3 为 RX+，4 为 RX−，而对于 HUB，1 为 RX+，2 为 RX−，3 为 TX+，4 为 TX−）。

两端的水晶头与网络芯线的连接要求如下（EIA/TIA-568B 标准）：

网络芯线白橙—水晶头 1

网络芯线白蓝—水晶头 5

网络芯线橙—水晶头 2

网络芯线绿—水晶头 6

网络芯线白绿—水晶头 3

网络芯线白棕—水晶头 7

网络芯线蓝—水晶头 4

网络芯线棕—水晶头 8

（7）由机柜（路由器）到 2 M 光通道设备（铁通）的 75 Ω 铜轴电缆，作为车站子系统连接到 2 M 通信口的网络通道线。两端的 BNC 头在设备调试前加工完成。

（二）车站系统施工布线

施工布线图如图 4-3-3 所示。

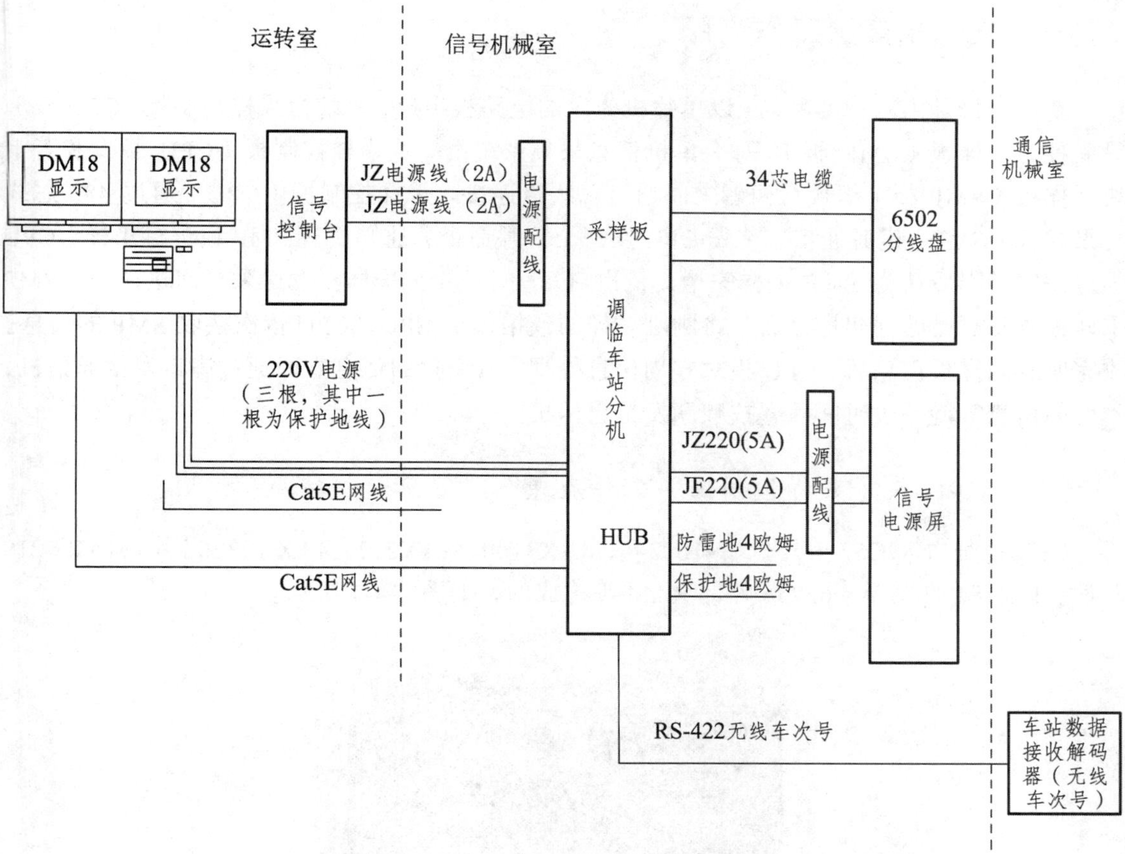

图 4-3-3　TDCS 车站施工布线图

第四节　TDCS 车站站机机柜

车站信息采集系统是 TDCS 系统的一项重要功能，由它所完成的信息采集及处理结果，已成为运输部门科学决策的重要参考，也是计算机辅助调度指挥信息系统使其能够可靠运行的重要基础之一。原理部分以郑州局管内 TDCS 设备为例进行介绍。

在车站信号机械室中设有一个机柜，内部为三层结构，分别是信息采集层，通信层（路由器、协议转换器、HUB、通信服务器、多串口智能通信卡、网卡等）和电源层。各层有着具体的分工和任务，他们之间通过相应的接口连接起来，建立联系。信息采集层负责采集车站控制台点灯的表示信息，将采样结果通过串口传给本站通信层。通信层由通信计算机，集线器，路由器等组成。通信计算机不仅接收本分机采集的车站表示信息，还要接收和处理相邻站的信息，接收无线通信设备下传的车次等信息，负责中继转发等工作。集线器，路由器等则完成与网络的接口工作。电源层负责 220 V 电源、JF 电源的引入和为分配并安装 UPS 设备提供稳定的不间断电源。

在车站运转室内安装有站机（一台 PC 机、两台显示器）。

一、信息采集层工作流程

新型分机是由两种类型的、以单片机为主的电路板组成，一种为采样控制板（CPU 板），另一种为采样板（SMP 板）。每个单机信息采集系统由一块采样控制板（CPU 板）和若干块采样板（SMP 板）组成，两者之间通过总线板连接。采样控制板（CPU）通过 485 总线与采样板（SMP）定时通信。首先 CPU 发一个群呼命令，通知所有 SMP 板进行采样，CPU 等待一定间隔后认为 SMP 采样完毕，依次对每一个 SMP 采样板发送采样回送命令，SMP 采样板收到自己的呼叫命令后，将刚刚采样的数据传给 CPU，CPU 依次接收 SMP 的信息。收完所有采样板信息后，CPU 板对本周信息处理，有变化的信息立即通过串口发给通信机，不变的信息等待一段时间后，按顺序发给通信机。

（一）CPU 板（采样控制板）工作原理

CPU 板是由 89C52 单片机、74HC244、MAX3100、MAX232、MAX 1232 芯片、MAX 7219 芯片、RS-485 收发器、62256 外部 RAM 等构成的，如图 4-4-1 所示。

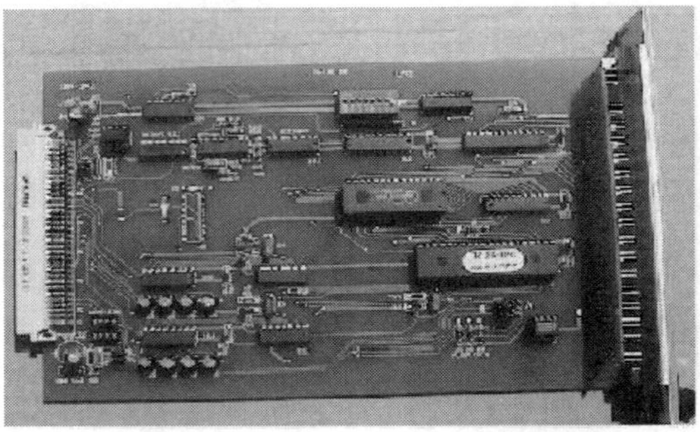

图 4-4-1　CPU 板实图

89C52 单片机芯片上集成了一台微机的各个部分，它有 8K ROM，256*8 RAM，3 个 16 位定时/计数器，8 个中断源和可编程串行口。

CPU（采样控制板）有两个通信过程，一个是 CPU 与 SMP 之间的通信，另一个是 CPU 与本分机通信计算机之间的通信，因此 CPU 板上有两类负责通信的芯片，分别是 RS-485 收发器（SN75LBC184）和异步收发器（MAX 3100 芯片）。

MAX 3100 芯片和 MAX 232 芯片是 RS232-C 规程的外部串行口接口，与本分机的通信机相连。MAX 3100 是通用异步串口发送/接收器，有 8 字节深的 FIFO 缓冲区；可编程的波特率发生器可以通过程序设定传输率（300 bit/s ~ 230 kbit/s）；当接收到数据时产生中断信号。此芯片与 89C52 直接连接，受 89C52 的控制，对板外发送接收数据。每块板有两片 MAX 3100 收发器，对应两个外部标准 RS232 标准串口，程序已设定编者发送同样的内容。

MAX232 芯片与 MAX 3100 配合使用，是 RS232 接口线路驱动/接收器。对发送/接收信息的电平进行匹配，使之达到 RS232 的电平要求。

SN75184 是差分总线收发器，作为内部 RS485 串行接口，协助 89C52 单片机完成与 SMP 各板之间的通信任务。CPU 板按 A/B 双套系统应用设计，每块板有两片 SN75184。通过跳线可选择 CPU 工作于 A 系统或工作于 B 系统，同时只允许一片 SN75184 收发器工作，使

A/B 系统的 CPU 相互独立运行。

89C52 单片机内部的 RAM 仅有 32k 字节，因此在 CPU 板上又增加了 32 K 的外部 RAM ，芯片型号为 62256。89C52 单片机内部有 ROM，用于存储应用程序。

MAX1232 芯片是专门的监控芯片，它监视电源的提供额度，和微处理器软件的执行。当程序执行超时（超时是可编程的），或电源电压下降 10%时，就产生复位信号。我们称此电路为“看门狗”电路。在 CPU 电路中，此芯片被分配了一个地址，89C52 芯片通过访问这个地址来给出置未超时信号。

在 CPU 板的前面板上有 33 个指示灯，用于观察采样层的工作状态。采样板最上面的灯为工作指示灯，用于指示本板与 SMP（采样板）之间通信工作状态，闪烁意为通信工作正常。

CPU 面板点灯电路是由 MAX7219 芯片完成的。MAX7219 芯片是串入/串出共阴极显示驱动器，由 BCD 码译码器、复合扫描电路、段和数字驱动器及存储每位数字的 8*8 静态 RAM 构成。

（二）SMP 板（采样板）工作原理

SMP 板是由 89C51 单片机、4K ROM、128B RAM、RS-485 收发器、HD74HC244、压敏电阻、光耦合器等器件构成如图 4-4-2 所示。SMP 板与 CPU 板大同小异，在本系统的应用中，由于采样板的程序长度小，所以采用 89C51 芯片为主控部件，其内部程序存储区为 4 K，数据存储区为 128 B。

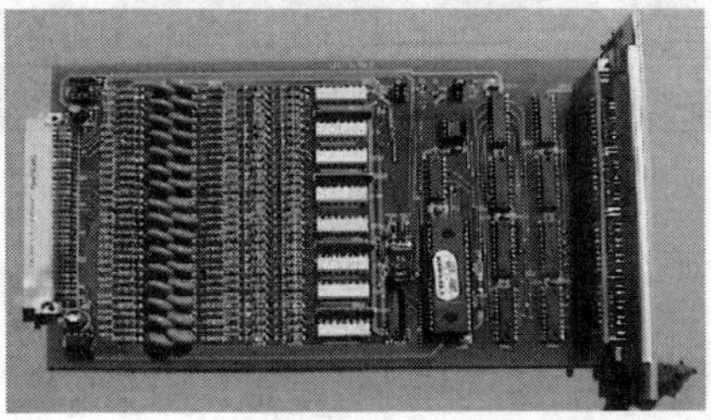

图 4-4-2　SMP 板实图

采样板的数目是根据采集信息的规模而定的。一块采样板可采集 32 个点，CPU 程序已经设定一台分机最大可使用 64 块采集板，采集 64×32 个开关量信息。但由机柜尺寸的限制，单采样系统最多可使用 54 块采集板，双采样系统每套最多可使用 26 块采集板样板。与 CPU 板一样，SMP 板也按 A/B 双套系统应用设计，每块板有两片 SN75184。通过跳线可选择让 SMP 工作于 A 系统或工作于 B 系统，同时只允许一片 SN75184 收发器工作，使 A/B 双套相互独立运行。

在每一块采样板的前面板上有 32 个信息位指示灯，对应信息表可以直观查看采样信息位的有无，如果信息位有效，前面板上对应该位的发光二极管亮灯，信息位无效，则不亮灯。另外还有一指示灯（L0）为通信指示灯，用于指示本采样板与 CPU（采样控制板）之间的通信工作状态，闪烁意为通信工作正常。采集电路示意图如图 4-4-3 所示。每块采样板的板号无须设置，由插在总线板的位置决定。

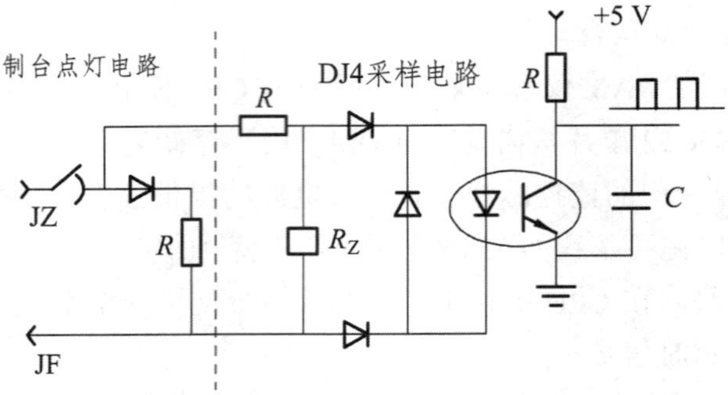

图 4-4-3　采集电路示意图

二、通信层工作原理

通信层是由通信计算机、集线器、路由器、协议转换器等组成的，如图 4-4-4 所示。根据给定通信通道的结构决定采用何种路由器。

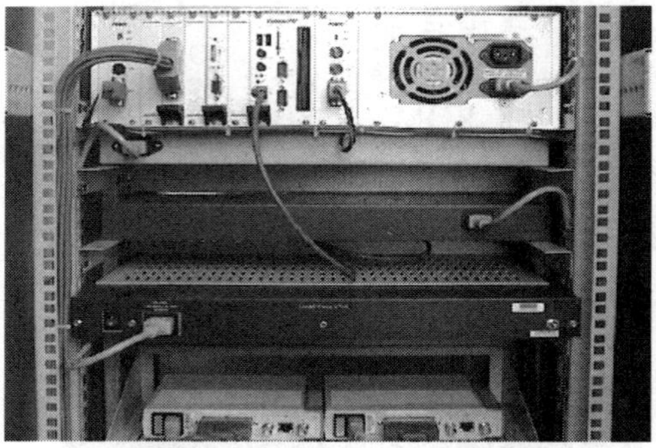

图 4-4-4　通信层设备实图

通信计算机中装有网卡、智能多口通信卡（增加计算机的串口数量，且具有缓存功能）。在分机系统中，智能多口通信卡配有 8 个串口，我们一般定义 P1 口与采样层采样控制板的 COM1 通信，P6 口与车站站机通信，P7 口与无线车次号通信，P5 口与微机监测通信，使用网卡进行主干网通信，理论上可以定义许多口，采样层与通信层的连线如图 4-4-5 所示。

（一）通信计算机

图 4-4-6 为通信计算机的前后视图，及后视图的局部图。该设备为专用的工业计算机，是车站子系统的核心设备，前视图左侧为电源开关，用于重新启动通信机。

（1）主模块集成了计算机的全部功能。

（2）软驱。

（3）USB 串口。

（4）通用串口。

（5）打印机口。

（6）键盘鼠标口。

（7）RJ45 以太局域网口等。

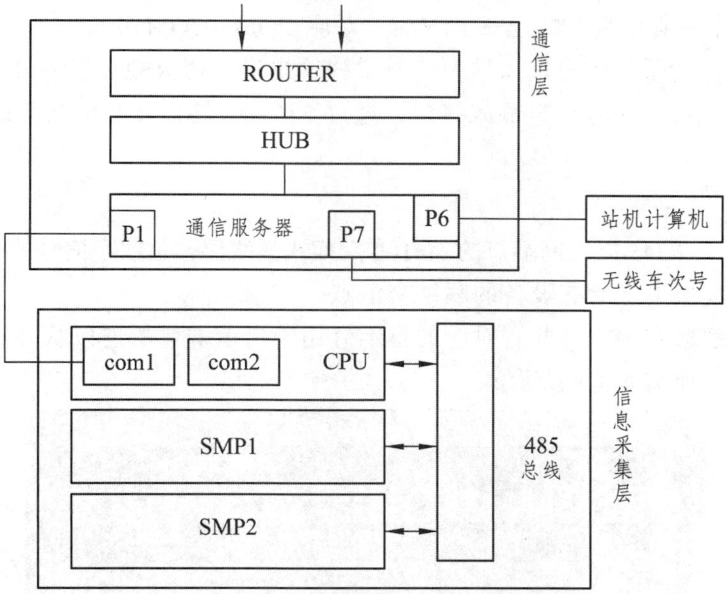

图 4-4-5　通信计算机多口通信卡与外部系统的接口示意图

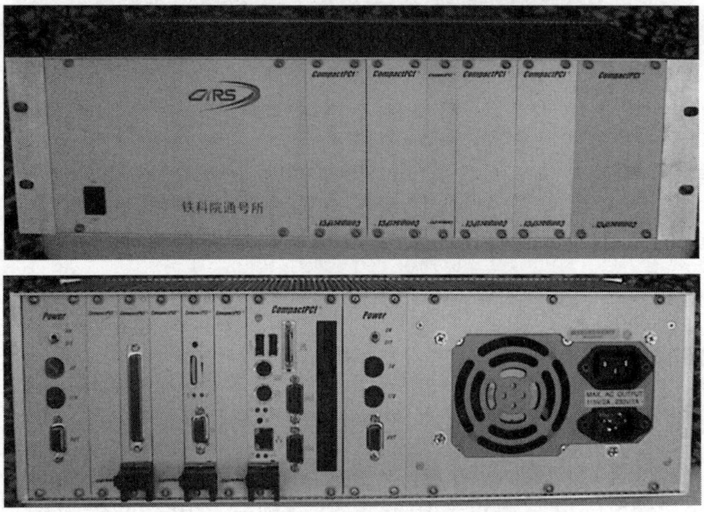

图 4-4-6　通信计算机正面、背面实图

网卡的连接线插在 HUB 端口上,连接线为直连线形式。网线制作标准为 EIA/TIA-568B。

8 串口扩展模块有一个 62 芯孔式 D 形插座，通过配套的转换电缆（如图 4-4-7 所示），提供最多 8 个的 RS232 标准的 25 芯针式 D 型串口。

图 4-4-7　串口扩展模块实图

8 个串口的分别编号为 TTY/A—TTY/H（对应 COM3-COM10）。

TTY/A 固定作为采样信息输入接口，与采样输出串口用 RS232 标准电缆相连。

TTY/G 作为无线车次号信息输入接口，通过 232/424 转换器与地面无线接收台相连。

（二）交换机

（1）带有 16 个 RJ45 以太网端口的 10/100 交换式集线器，是数字信号的再生及中继设备。

（2）是车站局域网上所有设备的联结交汇点。

（3）各端口都标有端口号并有对应的指示灯用于指示端口的连接状态及带宽。

（4）网络设备如图 4-4-8 所示。

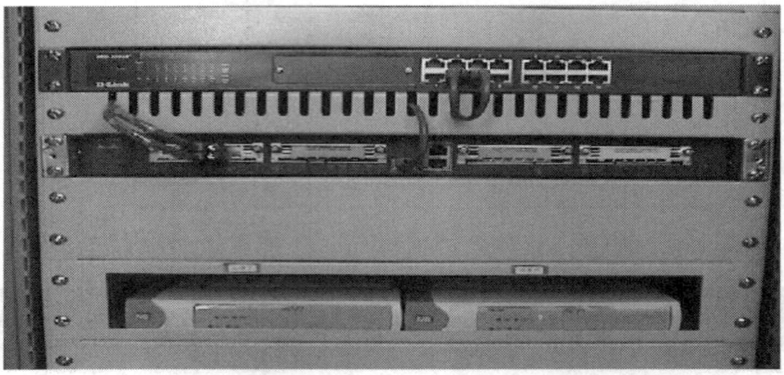

图 4-4-8　网络设备

（三）路由器

路由器是构成广域网的通信设备。其以太网口用于联结车站局域网。高速串口完成站间的广域网联结。

（四）协议转换器

路由器与光通道间需经由 V.35—G.703 的相互转换才能相互对接。

一个 220 V 的电源接口，用于提供设备所需的电源，

一个 34 芯孔式 V.35 接口，通过专用的 V.35 线缆与路由器的广域网口连接

两个分别标有 TXD 和 RXD 的 BNC 插头。用于与铁通 2 M 光设备进行连接。

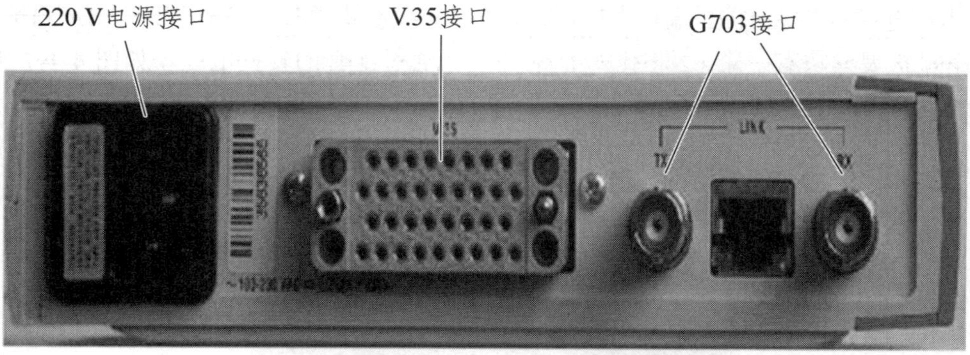

图 4-4-9　协议转换器背面接口图

车站分机发送数据的过程是：CPU 板将采集到的数据通过串口 COM1 发送给通信计算机，经通信计算机处理后，分别送给路由器（ROUTER），由路由器将本站信息发送到主干网上，路由器的高速口同时转发相邻站的信息。

三、无线车次号的采集原理

TDCS 系统可以根据列车的运行状况和信号设备状态对列车车次号进行自动跟踪，并采用无线车次号系统进行车次后的自动校核工作。

车次号自动追踪是根据信号设备状态（占用、锁闭、信号开放）判断列车位置并随着列车的移动而不断移动列车车次，从而达到标识列车、自动采集列车到达和出发时刻的目的。

无线车次号结合时（在机车和车站的联络过程中），向车站发送唯一标识列车的信息，车站无线设备收到信息后传送给 TDCS 基层设备，由 TDCS 基层设备校核车次的正确性，这是确保车次可靠性的保障措施，也是 TDCS 技术的关键。

（一）无线车次号设备组成

列车运行监控装置记录的机车数据信息，一旦在机车安全信息综合检测装置（TAX 箱）的总线上发布，TDCS 数据采集单元便可从公共数据中提取对无线车次号有用的信息。

控制盒捕获到进站、出发位置的信息（作为触发信号）时，即将车次号、记车号、机车速度、机车位置、总重、计长、辆数等列车信息传送至车次号编码器，

车次号编码器进行检纠错处理，经机车电台调制后，单项传送给车站电台，具体流程如图 4-4-10 所示。

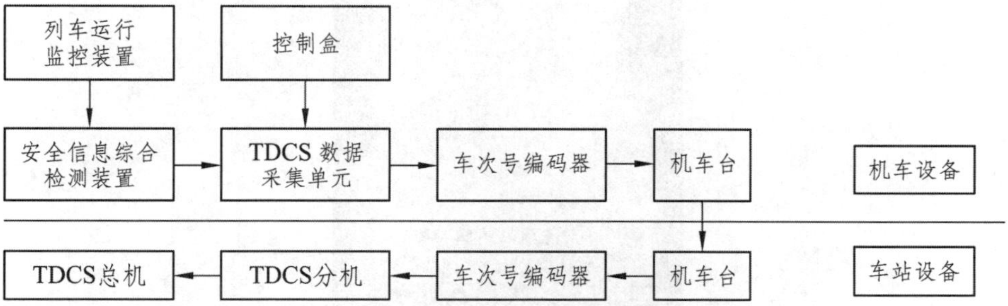

图 4-4-10　无线车次号系统设备组成及数据流程

1. 铁通机械室

（1）车站台。

接收机车台发送的机车车次号等信息。

（2）车次号解码器。

解码无线信息。

2. 信号机械室

（1）TDCS 车站通信计算机。

车次号追踪程序。

（2）TDCS 中心设备。

车次号追踪程序。

（二）无线车次号追踪程序

车次追踪程序通过无线车次号的公里标找到若干对应的列车信号机，根据信号机找出列车进路，并判断进路的方向是否与车次号中的相同。

对于接车进路，当进路已经有列车占用，直接变更列车的车次号。

如果进路没有占用，将进路对应的车次号变更为无线车次号校核系统发送的车次号。

列车压入进路时，车次号自动变更。

对于发车进路，当进路已经有列车占用时，直接变更列车的车次号。

如果进路没有占用，可以沿着进路始端反向查找列车，找到列车后，变更车次号。

（三）无线车次号校核系统数据流程

由机车的发送设备发送有关车次的信息，传送到铁通机械室的接收设备，然后由铁通设备送出二根正、负极线到 TDCS 车站机柜，接到 422-232 转换器。其中，正极接 422 侧的 4 号端子、负极接 422 侧的 3 号端子。232 侧接到智能多口通信卡 8 个串口的 P7 口（TTY/G 口）。这样，有关车次号的信息通过通信机→交换机→路由器→协议转换器→光缆→调度所的协议转换器的流程进行传递。这便完成了无线车次号的采集工作。图 4-4-11 为 422-232 转换器。

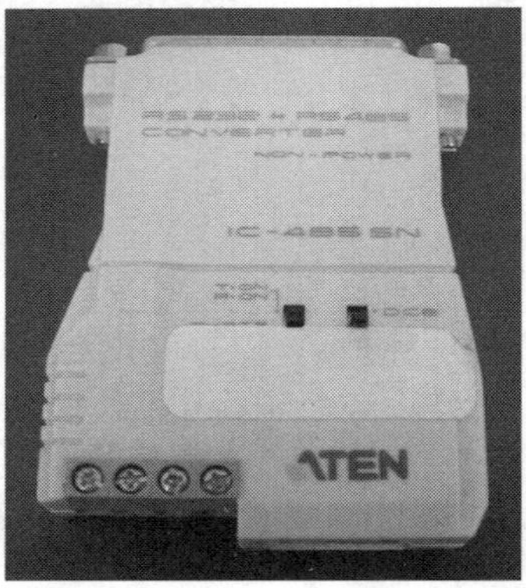

图 4-4-11　串口转换器

（四）常见故障现象及故障处理流程

（1）三小时未收到车次号信息，考虑是否有故障。

（2）故障检查处理流程如下。

① 模拟车次号发送器。

② 用串口调试工具调整串口号。工具界面如图 4-4-12 所示。

③ 观察接收状态。

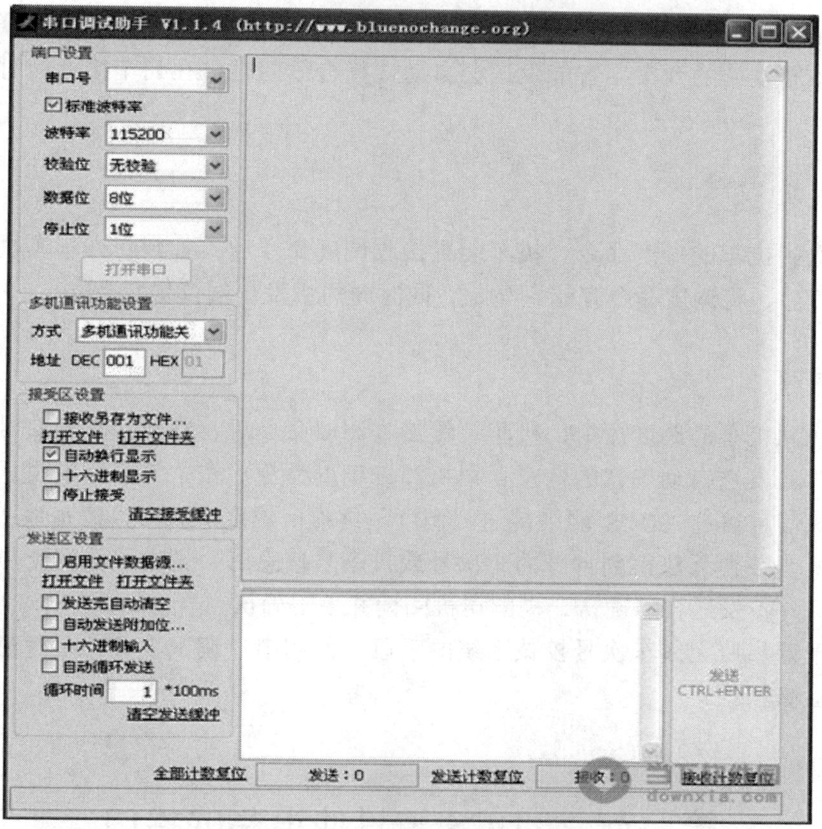

图 4-4-12　串口调试工具

四、无线调度命令传送系统

调度员可以通过系统网络和相应设备向车站、机务段、车务段等安装了 TDCS 终端的站段随时发布调度命令。

对于安装了调度命令无线传输设备的区段和机车，调度员还可以直接向机车发送命令。

无线调度命令的发送和普通命令的发送方式相同，但其发送对象为机车，并且必须通过车站转接设备转发至机车。

设备包括通信计算机、串口扩展卡、串口转换器、无线传输设备等。

传输过程包括以下三个部分的内容。

（一）发送

1. 选站

选站方式有手工和自动两种。如果选择了自动选站，系统会根据输入的车次号和列车当时的位置自动选择一个最匹配的车站转发该调度命令。

2. 发送方式

发送方式分为智能发送和立即发送，如果调度员选择了立即发送，那么该调度命令直接通过转发站发送，而不管机车是否能和转发站通信，这种方式适合于用在停靠的列车或者比较接近该转发站的列车。智能发送会自动选择合适的时机在列车接近的时候发送无线调度命令。

（二）接收

对于发送到机车的调度命令，机车装置接收调度命令后，且判断列车车次号和机车号与本列车相符后，将调度命令存储、显示，同时向司机发出阅读提示音。

（三）回执

对于发送到机车的调度命令，机车装置接收调度命令后，判断列车车次号和机车号与本列车相符时，发送自动确认的信息；司机阅读调度命令后按“签收”键发送签收信息，同样这些回执信息通过 TDCS 网络传送到调度员终端。调度员就可以清楚地了解命令的接收情况。若机车装置无法得到自身的车次号或机车号信息时，则在显示器上显示全部收到的调度命令，并不发送自动确认，提醒司机阅读并手工确认。

故障处理课参照无线车次号校核系统的手段，使用串口调试工具，发送窗口和接收窗口进行故障检修。

第五节　TDCS 与其他设备的接口

一、T/D 结合

TDCS 和 TMIS 是两个相互独立的铁路运输信息系统，但为了满足铁路运输组织要求，两个系统需要进行信息交换。T/D 结合系统的主要功能就是在确保 TDCS 和 TMIS 两个系统安全的前提下，实现 TDCS 和 TMIS 的信息共享。

（一）数据交换方式

1. 系统结构

在保证网络安全的前提下，在路局调度指挥中心实现 DMIS 与 TMIS 的连接，达到系统间信息共享的目的。采用公用的共享数据库，来完成两者间的数据交换。具体结构如图 4-5-1 所示。

为保证系统安全稳定地运行，一般采用如下的硬件配置。

（1）服务器。

UNIX 小型机，双机热备。

（2）数据库。

ORACLE 8i 以上。

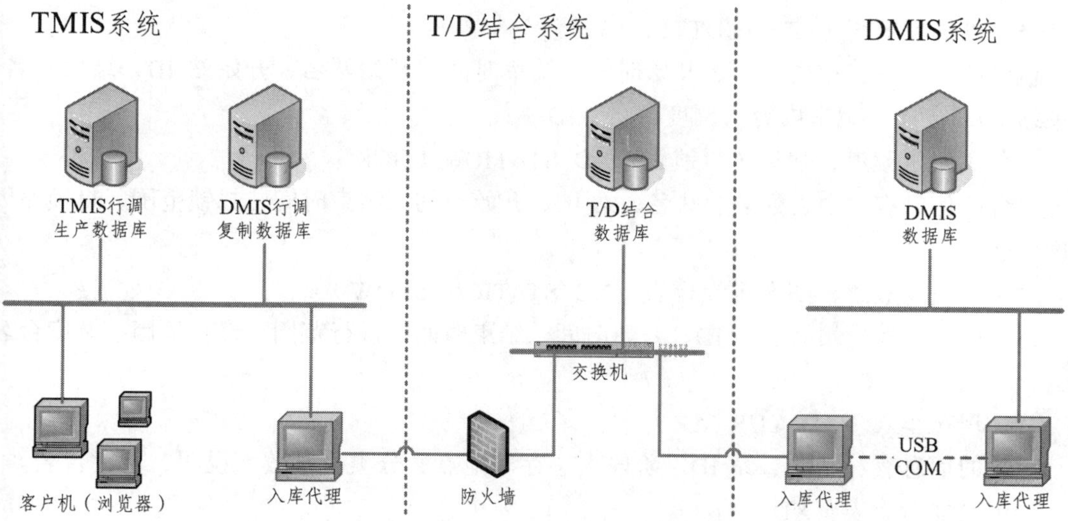

图 4-5-1　调度系统 TMIS/DMIS 结合示意图

（3）连接。

TMIS 与数据库服务器采用网络连接，加防火墙等安全技术。

DMIS 与数据库服务器之间通信自定。

2. 数据交换的方法

为了便于保证数据的安全，在数据库中建立 TMIS 和 DMIS 两个用户；DMIS 提供给 TMIS 的数据存放在 DMIS 用户中，DMIS 系统负责数据的维护操作，TMIS 系统对该用户中的数据只有读取权限；同样，TMIS 提供给 DMIS 的数据存放在 TMIS 用户中，TMIS 系统负责数据的维护操作，DMIS 系统对该用户中的数据只有读取权限。

3. TMIS 需要 DMIS 提供的数据

（1）运行图运行线（XD_TRAINLINE）。

包含的信息有：调度台、列车 ID、图定 ID、车次号、运行方向、列车类型、接入标志、交出标志。

（2）运行图时刻表（XD_ TRAINLINE_TT）。

包含的信息有：列车 ID、车站名或车站场名、站 ID、站序、股道名称、到达时间、出发时间、到达车次、出发车次、图定到达时间、图定出发时间、区间停开标记、区间到达时间、区间出发时间、停开时间长度、到达机头数、到达机头号、出发机头数、出发机头号、报点标记、行车信息、调度台名。

（3）区间封锁表（XD_SECTION_LOCK）。

包含的信息有：开始时间、结束时间、开始站名、开始站 ID、结束站名、结束站 ID、方向、原因、调度台、ID。

（4）区间慢行表（XD_SECTION_SLOW）。

包含的信息有：中文列名、开始时间、结束时间、开始站名、开始站 ID、结束站名、结束站 ID、方向、原因、调度台名。

（5）维修天窗表（XD_SCUTTLE）。

包含的信息有：中文列名、开始时间、结束时间、开始站名、开始站 ID、结束站名、结束站 ID、方向、记事内容、调度台名、ID。

（6）车站（股道，咽喉）封锁表（XD_STATION_LOCK）。

包含的信息有：中文列名、站名、站 ID、开始时间、结束时间、封锁范围、封锁原因、调度台名、ID。

（7）车站（股道，咽喉）慢行表（XD_STATION_SLOW）。

包含的信息有：站名、站 ID、开始时间、结束时间、慢行范围、慢行原因、调度台名、ID。

（8）现在车表（XD_CURCAR）。

包含的信息有：站名、站 ID、阶段点、存车地点、分类、车数、说明、调度台名。

（9）调度命令表（XD_CMD）。

包含的信息有：ID 号、调度台（DDT_NAME）、发令人、发令时间、受令处所、命令编号、命令类型、标题、内容、调度长签发姓名、调度长签发时间、下达时间。

（10）调度命令受令情况表（XD_CMD_RESULT）。

包含的信息有：ID 号、受令点、受令人、受令时间。

（11）甩挂车表（XD_ORGANIZE_CAR）。

包含的信息有：甩挂 ID、列车 ID、班次、车次、发报站名、发报站电报码、始发站、始发站电报码、终到站、终到站电报码、辆数、换长、载重、自重、总重、蓬布数、上下行、调度台名、甩挂站、甩挂站电报码、开始作业时间、作业结束时间。

（12）甩挂车表内容（XD_ORGANIZE_CAR_CONTENT）。

包含的信息有：甩挂 ID、甩挂序号、车种、车号、发站、发站电报码、到站、到站电报码、品名、载重、蓬布数、收货人、甩挂标记。

（13）数据交换状态表（RW_STATE）。

包含的信息有：写入时间、活动标记、班次。

在写入新数据前，要等待 TMIS 用户将数据全部取走后，才能写入；且在写入不同班次数据前，要判断 TMIS 是否将前一班数据读走，否则不能写新数据。具体判别见 TMIS 下的 RW_STATE 中的相关说明。

（14）数据刷新日志表（JH_REC_LOG）。

包含的信息有：调度台名、班次、刷新时间。

（15）邻台数据交换状态表（NEI_W_STATE）。

包含的信息有：写入时间、活动标记、发送调度台、接收调度台。

（16）邻台数据交换状态表（NEI_R_STATE）。

包含的信息有：写入时间、活动标记、发送调度台、接收调度台。

（17）邻台数据交换运行线表（NEI_XD_TRAINLINE）。

包含的信息有：发送调度台、接收调度台、列车 ID、图定 ID、车次号、上下行、列车类型、接入标志、交出标志、交出方向。

（18）邻台数据交换运行线时刻表（NEI_XD_TRAINLINE_TT）。

包含的信息有：列车 ID、车站名或车站场名、站 ID、站序、股道名称、到达时间、出发时间、到达车次、出发车次、图定到达时间、图定出发时间、区间停开标记、区间到达时间、区间出发时间、停开时间长度、到达机头数、到达机头号、出发机头数、出发机头号、报点标记、行车信息、发送调度台名、接收调度台名。

（19）邻台数据交换拒绝计划状态表（NEI_REFUSE_W_STATE）。

包含的信息有：拒绝时间、活动标记、发送调度台、接收调度台。

（20）邻台数据交换拒绝运行线（NEI_REFUSE_XD_TRAINLINE）。

包含的信息有：ID、车次、站名、发送调度台、接收调度台。

（22）车站报列车小编组（XD_TRAIN_BZ）。

包含的信息有：ID、车次、站名、站序、机车、司机姓名、车长姓名、辆数、换长、重量。

（23）提供新的现在车数据（XD_CURCAR_NEW）。

包含的信息有：日期、站名、站 ID、阶段点、存车地点、车种分类、到站、车数、状态、空重标记、应用车标记、调度台名。

（24）其他数据交换状态表（OTHER_RW_STATE）。

包含的信息有：写入时间、活动标记、班次。

4. DMIS 需要 TMIS 提供的数据

（1）基本图运行线（XD_TDX）。

包含的信息有：列车 ID、调度台名、车次、运行方向、列车类型、接入标志、交出标志。

（2）基本图时刻表（XD_TDX_TT）。

包含的信息有：列车 ID、调度台名、车站名+场名、站 ID、站序、股道名、到达车次、出发车次、到达时间、出发时间、基础作业标准。

（3）基本图数据更新表（XD_TDX_UPDATE）。

包含的信息有：调度台名、基本图名、启用时间、停用时间、说明。

（4）日班计划运行线（XD_TRAINLINES）。

包含的信息有：班次、列车 ID、图定 ID、调度台名、计划类型、列车车次、列车类型、运行方向、接入标志、交出标志。

（5）日班计划时刻表（XD_TRAINLINES_TT）。

包含的信息有：列车 ID、调度台名、车站名+场名、站 ID、站序、股道名、到达车次、出发车次、到达时间、出发时间、图定到达时间、图定出发时间、到达机头数、到达机头号、出发机头数、出发机头号、报点标记。

（6）区间封锁表（XD_SECTION_LOCK）。

包含的信息有：调度台名、开始时间、结束时间、开始站名、开始站 ID、结束站名、结束站 ID、方向、原因。

（7）区间慢行表（XD_SECTION_SLOW）。

包含的信息有：调度台名、开始时间、结束时间、开始站名、开始站 ID、结束站名、结束站 ID、方向、原因。

（8）维修天窗表（XD_SCUTTLE）。

包含的信息有：调度台名、开始时间、结束时间、开始站名、开始站 ID、结束站名、结束站 ID、方向、记事内容。

（9）车站（股道，咽喉）封锁表（XD_STATION_LOCK）。

包含的信息有：调度台名、站名、站 ID、开始时间、结束时间、封锁范围、封锁原因。

（10）车站（股道，咽喉）慢行表（XD_STATION_SLOW）。

包含的信息有：调度台名、站名、站 ID、开始时间、结束时间、慢行范围、慢行原因。

（11）调度命令表（XD_CMD）。

包含的信息有：ID 号、调度台名、发令台、发令人、发令时间、受令处所、命令编号、命令类型、标题、内容、调度长签发姓名、调度长签发时间、下达时间。

（12）调度命令受令情况表（XD_CMD_RESULT）。

包含的信息有：ID 号、调度台名、受令点、受令人、受令时间。

（13）数据交换状态表（RW_STATE）。

包含的信息有：写入时间、活动标记、班次、上次取数据时间。

（14）出发列车编组结构_列车编组表头（QB_SJR_BT）。

包含的信息有：入库时间、数据来源、报文标记、文件名、首尾标志、编组站略码、解体站略码、发车时间、发车时分、编组车次、运行车次、列车辆数、列车自重、列车换长、篷布合计、正文条数、发报站略码、制表者、检查者、编组站名称、解体站名称、发报站名称、经由站略码、经由站名称、整列非运用标志、列和整列车辆都不计数标志、列不计数而整列车辆计数标志。

（15）出发列车编组结构_列车编组表头（QB_SJR_BW）。

包含的信息有：入库时间、顺号、吨种、油种、车号、自重、换长、载重标志、载重、第一到站略码、终到站略码、品名、收货人、发站略码、篷布数、记事、车种代码、集装箱、重空标志、第一到站名称、终到站名称、发站名称、到局代码、到分局代码、方向号、非运用代码、路企标志、不计数标记、车流表项号、分局管内项号、计算站略码、确报 ID、整零标志、军运标志、回送标志、运非标志、施封号、货票 ID、其他标志、非运用码、车辆归属单位。

（16）邻台数据交换状态表 （NEI_W_STATE）。

包含的信息有：写入时间、活动标记、发送调度台、接收调度台。

（17）邻台数据交换状态表 （NEI_R_STATE）。

包含的信息有：写入时间、活动标记、发送调度台、接收调度台。

（18）邻台数据交换运行线表 （NEI_XD_TRAINLINE）。

包含的信息有：发送调度台、接收调度台、列车 ID、图定 ID、车次号、上下行、列车类型、接入标志、交出标志、交出方向。

（19）邻台数据交换运行线时刻表（NEI_XD_TRAINLINE_TT）。

包含的信息有：列车 ID、车站名或车站场名、站 ID、站序、股道名称、到达时间、出发时间、到达车次、出发车次、图定到达时间、图定出发时间、区间停开标记、区间到达时间、区间出发时间、停开时间长度、到达机头数、到达机头号、出发机头数、出发机头号、报点标记、行车信息、发送调度台名、接收调度台名。

（20）邻台数据交换拒绝计划状态表（NEI_REFUSE_W_STATE）。

包含的信息有：拒绝时间、活动标记、发送调度台、接收调度台。

（21）邻台数据交换拒绝计划状态表（NEI_REFUSE_R_STATE）。

包含的信息有：拒绝时间、活动标记、发送调度台、接收调度台。

（22）邻台数据交换拒绝运行线（NEI_REFUSE_XD_TRAINLINE）。

包含的信息有：ID、车次、站名、发送调度台、接收调度台。

（二）数据流图及处理流程

1. 数据流图

数据流程如图 4-5-2 所示。

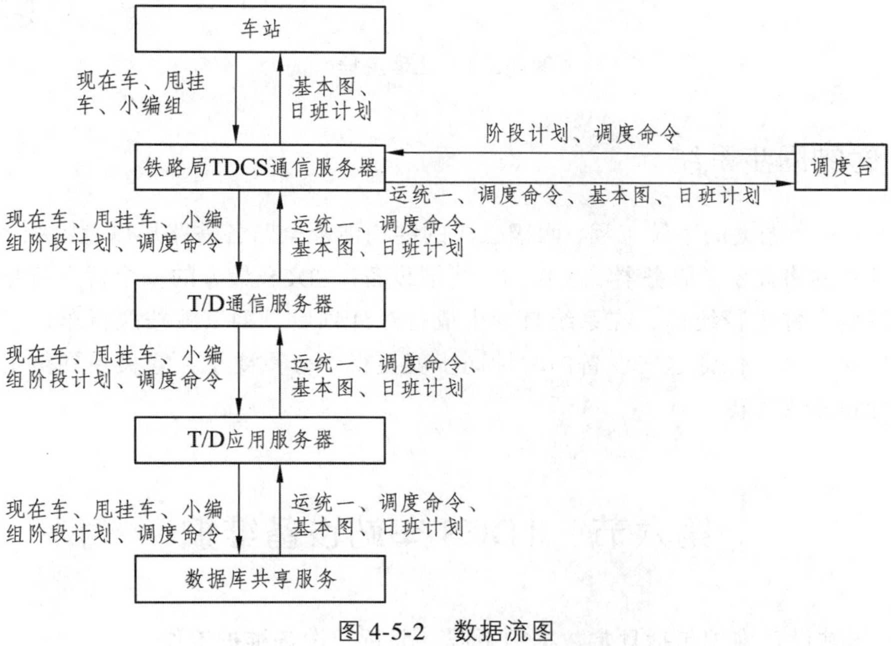

图 4-5-2　数据流图

2. 处理流程

处理流程如图 4-5-3 所示。

（三）软件系统结构

软件系统结构由以下模块组成。

（1）数据转换模块。

（2）车站站存车输入模块。

（3）车站甩挂车信息输入模块。

（4）网络串口转换模块。

（5）小编组网络模块。

（6）数据库存取模块。

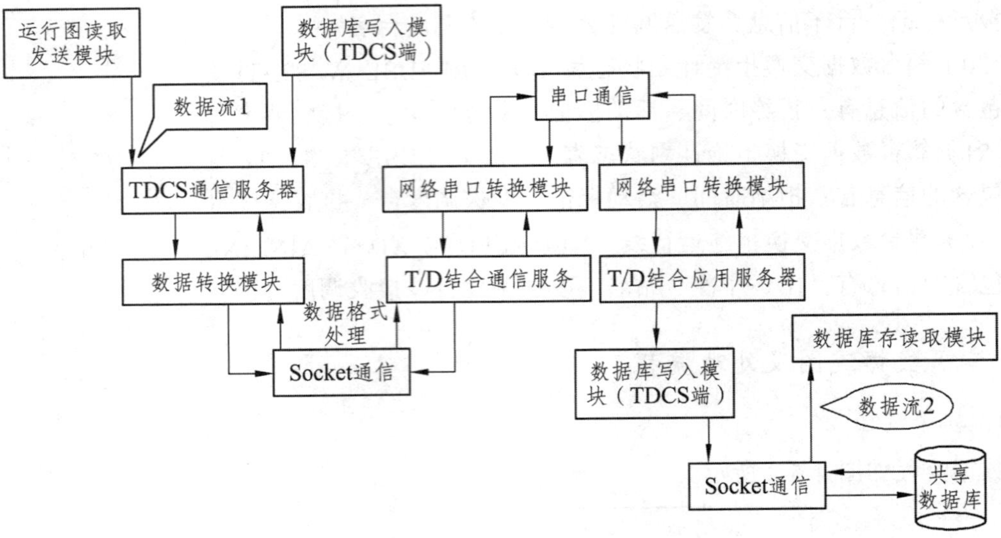

图 4-5-3　处理流程

二、时钟同步系统

TDCS 是一个庞大的系统工程，两级三层的结构涉及全路各铁路局以及沿线各车站，需要配置大量的网络设备、服务器、工作站、终端设备。TDCS 最大的一个特点就是它自动采集列车运行信息并进行统计，在系统自动生成行车计划后，列车就按照行车计划中的运行点运行。如此一来，保证这些设备的时钟同步就显得十分重要了，它关系到整个铁路系统的安全运行和高效运转。

第六节　TDCS 车站设备维护

TDCS 车站设备维护包括日常数据的下载、分析及设备维护工作。

一、铁路总公司关于故障处理及检修规定

（一）基本要求

（1）为保证 TDCS 设备的正常运行，设备的操作和使用人员要精心爱护设备，必须严格按《TDCS 系统用户手册》的规定操作设备。严禁利用 TDCS 设备从事与行车无关的事宜或输入、发布与行车作业无关的信息；禁止无关的人员操作或动用 TDCS 设备。同时，要求 TDCS 设备的各级维护人员必须认真履行岗位职责，严格按《TDCS 系统维护手册》的规定加强日常设备的维护、管理工作。

（2）TDCS 设备属于重要的行车设备，直接涉及行车安全和运输生产。所有安装了 TDCS 工作站和终端设备的行车处所，需设置《行车设备检查登记簿》，遇 TDCS 设备故障或施工、

检修时，设备使用人员与维护人员间须认真办理登、销记签认手续，并严格按《技规》《行规》的有关行车设备故障、施工、检修的规定进行办理。

（3）各级列车调度员遇 TDCS 设备停电、系统死机等设备故障时，须将故障情况在《行车设备检查登记簿》内登记，并及时通知 TDCS 维护中心值班人员。值班人员接到列车调度员的通知后，应立即到现场进行故障排除和系统恢复工作，确保 TDCS 系统的正常运行。

（4）TDCS 终端设备发生故障时，使用人员须将故障情况在《行车设备检查登记簿》内进行登记，并及时向分局列车调度员进行报告，同时通知分局维护中心的值班人员。值班人员接到有关设备故障的通知后，应及时判明情况并进行处理。远程处理故障完毕，试验良好后，维护中心人员须在列车调度员处的《行车设备检查登记簿》内办理销记手续。列车调度员根据销记内容及时通知相关终端设备的使用人员，办理设备故障排除的销记手续。当终端故障由信号工区人员排除，试验良好后，由信号工区人员在终端处所的《行车设备检查登记簿》内办理销记手续，此时车站值班员应及时向列车调度员进行报告。

（二）TDCS 设备发生故障时的处理规定

（1）遇 TDCS 设备发生系统瘫痪时，须立即转入人工铺画列车运行图的作业阶段，组织列车运行。

（2）当一个调度区段的行车调度台发生系统瘫痪时，要立即通过相邻行车调度工作站或值班主任工作站，打印已经生成的列车运行图，并转为人工铺画运行图的作业阶段，组织列车运行。

（3）遇 TDCS 设备因故停用或局部通道设备故障及车站、乘务室、机务运转调度等终端设备发生故障时，须立即转入人工作业。待 TDCS 设备恢复使用时，人工作业的原始记录按规定期限保存，不再另行补报或补输入 TDCS 系统内。

（4）对 TDCS 设备不能自动生成或错误生成的列车信息，列车调度员应及时进行人工输入或修改，遇局部信息自动采集无法实现时，要查明原因，指示相关站段使用人员（包括列车司机）及时将短缺的信息按规定输报。

（5）TDCS 设备停用或恢复使用时，车站终端设备应经列车调度员命令准许后才能停用或使用。

（三）TDCS 设备及影响 TDCS 设备使用的施工、检修作业规定。

（1）凡影响 TDCS 设备正常使用的施工、检修作业须纳入月度施工方案。

（2）因 TDCS 基层网设备的施工、检修、故障处理等作业时，按《技规》《行规》有关行车设备施工、检修的规定办理。

（3）凡 TDCS 车站基层网施工、检修作业和直接影响 TDCS 车站基层网设备使用的施工、检修作业，作业人员除在车站办理登记外，还应由列车调度员下达准许作业的调度命令 同意后方可进行作业。

凡展开影响路局 TDCS 系统使用的路局中心设备施工、检修作业时，须得到路局总调度室的同意后方可进行作业。

（4）路局 TDCS 通道按计划进行检修测试需停用时，由铁通公司提前提出检修测试要点计划，上报局运输、电务处，经批准后按有关规定进行办理。

（5）电务部门对车站信号、联锁、闭塞设备进行检修作业时，不得随意关闭车站 TDCS 基层网电源。

（6）供电部门对影响 TDCS 基层网、路局中心设备使用的供电系统进行检修作业时，须按规定提报检修计划，经局运输处批准后方可进行。

二、TDCS 车站设备维护规程

车站 TDCS 终端是适用于各车站值班员使用的车站终端设备，它是 TDCS 系统的一个重要组成部分。其主要功能如下。

（1）调度命令签收与打印。

（2）自动形成运统报表。

（3）阶段计划的自动下达。

（4）无线车次号。

（5）站间透明。

以下部分是对以南昌局等局为例的卡斯柯 TDCS 设备的维护规程。

（一）TDCS 车站设备构成

车站设备主要包括三部分的内容：（1）信息采集设备；（2）车站终端设备；（3）信息传输设备。

信息采集设备的主要功能是在局中心设备的控制下，采集车站表示信息并通过通信网络传送到局控制中心。采集设备由采集板（DIB 板）、控制板（NPC 板）、电源板组成。采集板用来采集控制台表示信息，控制板用来将采集板采集到的信息传送到局控制中心，同时将局控制中心的信息传到车站。电源板给采集设备提供工作电源。

车站终端设备由计算机、不间断电源（UPS）、打印机、音箱组成。

车站信息采集设备由 NPC、DIB 板、电源板组成。

信息传输设备包由集线器、路由器、协议转换器组成。

TDCS 车站设备布置图如图 4-6-1 所示。

（二）电源及网络系统

1. 车站 TDCS 电源系统

TDCS 电源系统包括：UPS、电源旁路电路。

UPS 及电源旁路电路原理如图 4-6-2 所示，在 UPS 输出正常时，交流接触器 J 吸起，UPS 输出通过交流接触器的 13-14、43-44 两组常开接点向系统供电。在 UPS 输出不正常时，外电通过交流接触器的 21-22、31-32 两组常闭接点向系统供电。

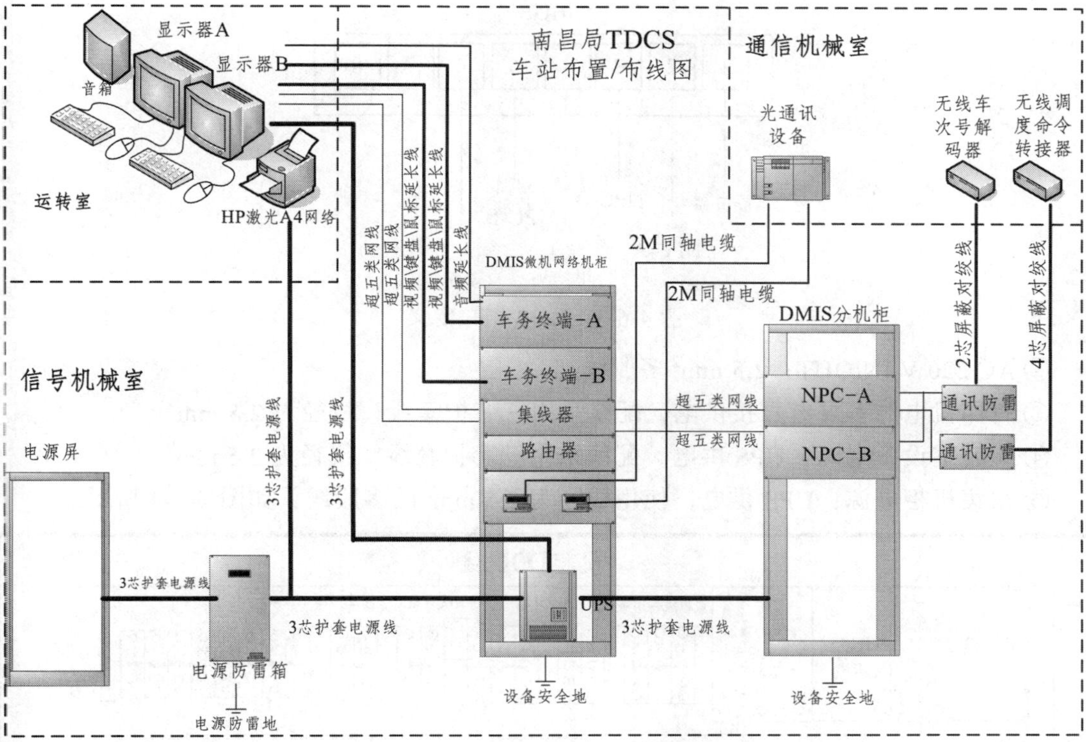

图 4-6-1　TDCS 车站设备布置/布线图

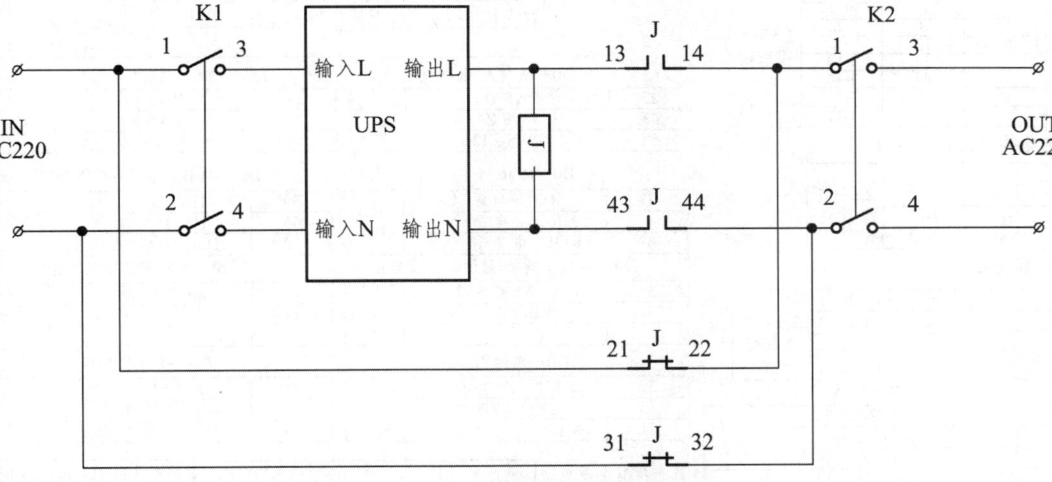

图 4-6-2　UPS 及旁路电路原理图

2. 工控机柜配线

工控机柜内设备包括：路由器、HUB 配线、协议转换器、车站 PC-A、车站 PC-B、UPS 及电源端子。

（1）HUB 配线。

HUB 配线定义如图 4-6-3 所示。

（2）外部配线包括如下部分。

① 设备地：4 mm^2 多股线。

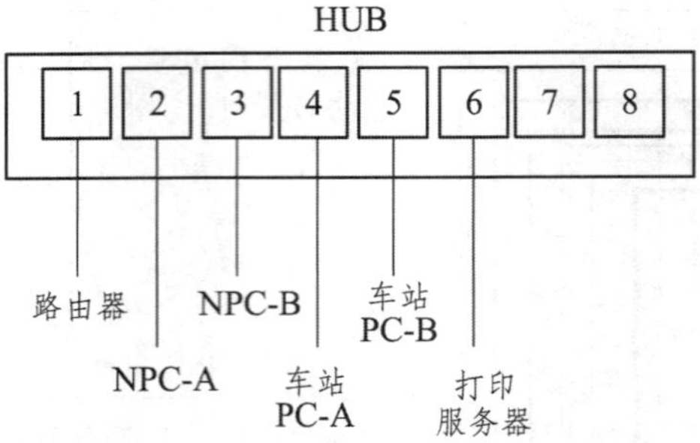

图 4-6-3　HUB 网口定义

② AC 220 V IN/OUT：2.5 mm^2 多股线。

③ 打印机电源：外电直接供电，配线采用三芯护套线，线径为 2.5 mm^2。

④ 运转室设备电源：UPS 供电，配线采用三芯护套线，线径为 2.5 mm^2。

⑤ 采集机柜电源：UPS 供电，使用线径为 2.5 mm^2 的多股线，如图 4-6-4 所示。

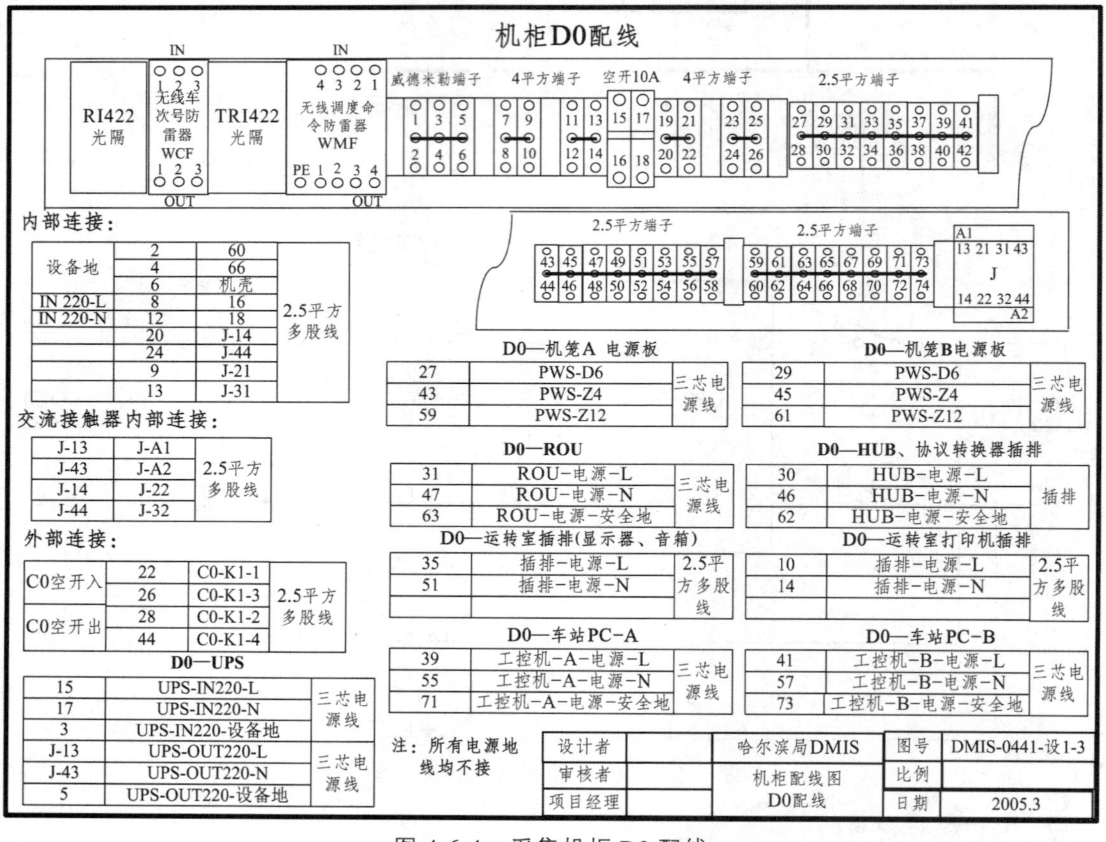

图 4-6-4　采集机柜 D0 配线

（三）分机设备维护

分机设备主要集中在分机采集机笼内，由一块电源板，一块控制板（NPC 板），几块采集板（DIB 板）组成。面板如图 4-6-5 所示。

图 4-6-5 中最左面的名叫 NPC 板，中间三块叫 DIB 板，右面的叫电源盒。

采集机柜后的背板设备连接如图 4-6-6 所示。

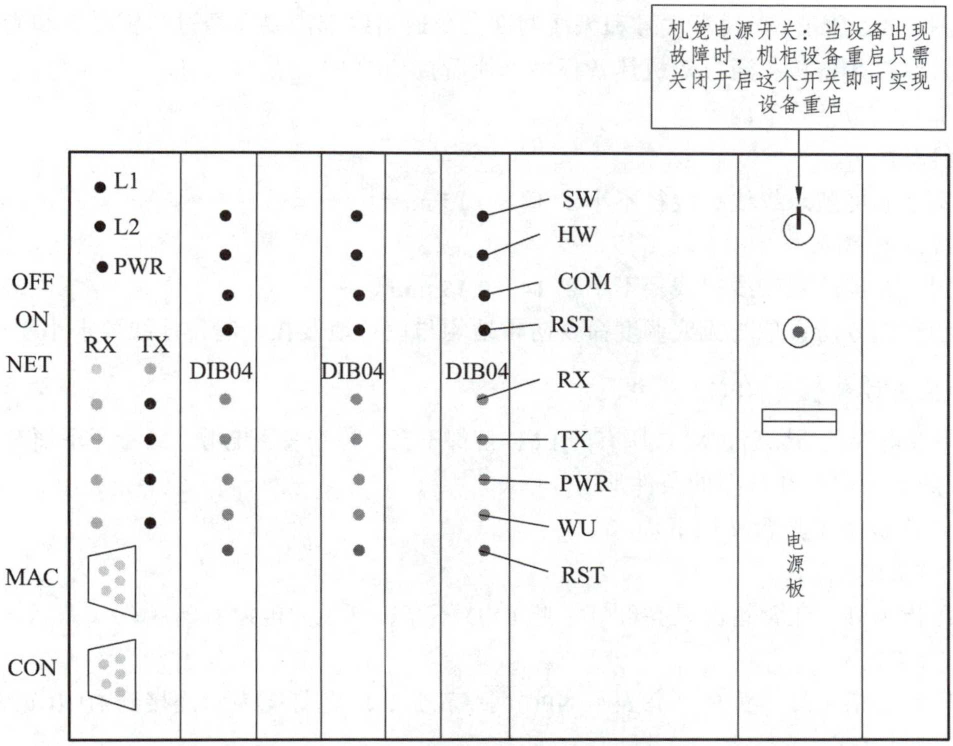

图 4-6-5　分机机笼

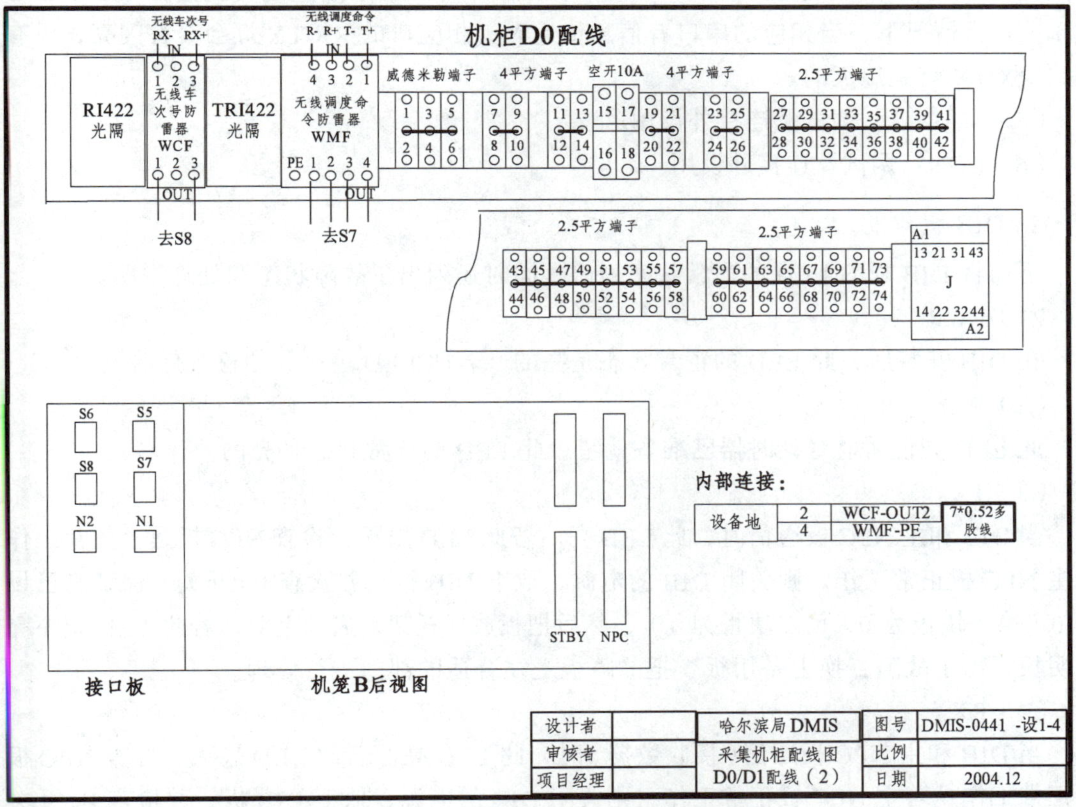

图 4-6-6　采集机柜后背板示意图

如图 4-6-6 所示，无线车次号和无线调度命令通信线都需要在经过防雷设备和光隔设备后，接入双机热备板，通过双机热备板的切换后接到 NPC 通信口。

外部配线包括以下内容。

无线车次号。

使用 2 芯屏蔽双绞线，线径不小于 14×0.15 mm^2。

无线调度命令。

使用 4 芯屏蔽双绞线，线径不小于 14×0.15 mm^2。

无线车次号防雷地与无线调度命令防雷地均与设备地接在一起，地线要求小于 4 Ω。

1. 采集控制板（NPC）维护

如果在电源接通以后，NPC 所有的 LED 灯都不亮，检查一下电源，或参考下面有关 NPC 的 LED 的显示内容和灯亮的条件。

NPC 面板指示灯含义如下。

（1）PWR。

电源指示灯，正常情况是亮红灯。此 LED 不亮，则说明电源有问题。

（2）NET。

网络状态指示灯，黄色灯亮表示 NPC 网络正常，绿色灯亮表示连接到 HUB 正常。

（3）4 个 RX、TX。

NPC 板的四个串口指示灯；NPC 板带有 4 个串口（可以通过跳线设置为 422 或 232 方式）；正常情况下，当相应的串口有信息传递时，相应口的 RX/TX 灯会交替闪亮，没有使用口 RX/TX 灯是熄灭的。

（5）MAC 口：调试及连接外设用。

（6）CON：调试及连接外设用。

2. DIB 板维护

下面将 DIB 板的 LED 的通常状态列出，同时还列出了故障状态和处理说明。

（1）PWR。

在 DIB 安装后，此 LED 的正常状态是亮的。若此 LED 熄灭，须检查保险丝。

（2）WD。

此 LED 亮说明监督计时器已准备就绪。此 LED 的正常状态是亮的。

（3）TX。

当 DIB 和主 NPC 板通信时，此 LED 亮。若此 LED 熄灭，检查 NPC 板是否正常工作：若主 NPC 板正常工作，则关闭 DIB 的电源，取下 DIB 板，并检查 ID 开关，保证它已设置到 0（第一块板为 0，第二块板为 1），然后把板放回托架，启动电源；若此 LED 仍不亮。说明板子出了故障，换上备用板，把故障板送往合适的部门进行修理。

（4）RX。

当 DIB 和主 NPC 板通信（接收数据）时，此 LED 亮。若此 LED 熄灭，检查 NPC 板是否正常工作：若主 NPC 板正常工作，则关闭 DIB 的电源，取下 DIB 板，并检查 ID 开关，保证它已设置到 0（第一块板为 0，第二块板为 1），然后把板放回托架，启动电源；若此

LED 仍不亮。说明板子出了故障。换上备用板，把故障板送往合适的部门修理。

（5）RST。

在板重新被复位后，此 LED 亮；当接收到主处理机送来的第一个信息后，此 LED 熄灭。如果上述复位过程结束后此 LED 仍不熄灭，按 RESET 按钮。如果此 LED 在复位后仍不熄灭，说明板子出了故障。换上备用板，把故障板送往合适的部门进行修理。

（6）COM。

此 LED 正常情况是熄灭的。如果亮着，表示一个通信错误。当发生错误，按 RESET 按钮。如果此 LED 在复位后仍不熄灭，说明板子出了故障。换上备用板，把故障板送往合适的部门修理。

（7）HW。

此 LED 正常情况是熄灭的。如果亮着，表示硬件错误。当发生错误，按 RESET 按钮。如果此 LED 在复位后仍不熄灭，说明板子出了故障。换上备用板，把故障板送往合适的部门修理。

（8）SW。

此 LED 正常情况是熄灭的。如果亮着，表示软件错误。当发生错误，按 RESET 按钮。如果此 LED 在复位后仍不熄灭，说明板子出了故障。换上备用板，把故障板送往合适的部门修理。

3. 信息表示维护

信息表示维护分为两种，一种为微机联锁站信息表示维护，另一种为 6502 站信息表示维护。下面分别就这两种情况进行说明。

微机联锁站：对于微机联锁站，TDCS 系统是通过 NPC 的 S7 串口与联锁维修机的串口相连来进行数据传送的。如果本站的站场信息全无表示，则可通过以下手段进行故障判断：

（1）检查 NPC 是否正常工作。

（2）检查 NPC 与微机联锁维修机间的串口线。

（3）重启微机联锁维修机。

6502 站：对于 6502 站，TDCS 系统是通过分线盘或控制台的连接线来采集信息的。如果本站某个光带表示或信号表示出现故障，则可通过以下手段进行故障判断：

（1）检查 NPC 是否正常工作。

（2）检查 DIB 是否正常工作。

（3）对照本站码位表查出出现故障现象所处的 DIB 配线端子，用万用表测量这个端子与对应电源回线间的电压，看电压是否正常（正常为 24 V 左右），如电压正常，则可能是 DIB 采集端子出现了问题；如电压不正常，则查找从 DIB 端子到采集点间的连接线是否已经断线或者混线，如连接线正常，则故障很可能出在采集的信号设备上。

（四）系统恢复（软件操作）

1. 如何退出车站 TDCS 程序恢复到 WINDOWS 桌面

请按照以下说明进行操作。

（1）选择“调试”——“系统维护”，如图 4-6-6 所示。

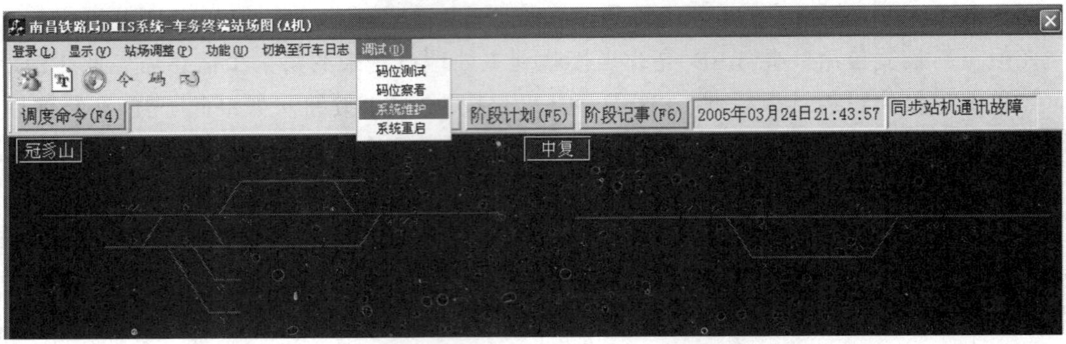

图 4-6-6

（2）在“请输入密码”对话框中输入密码：THIS IS EXPLORER，如图 4-6-7 所示。

图 4-6-7

（3）点击 OK。

（4）出现 DOS 界面和资源管理器，单击选择 D 盘，然后双击选择 stpc 文件夹，如图 4-6-8 所示。

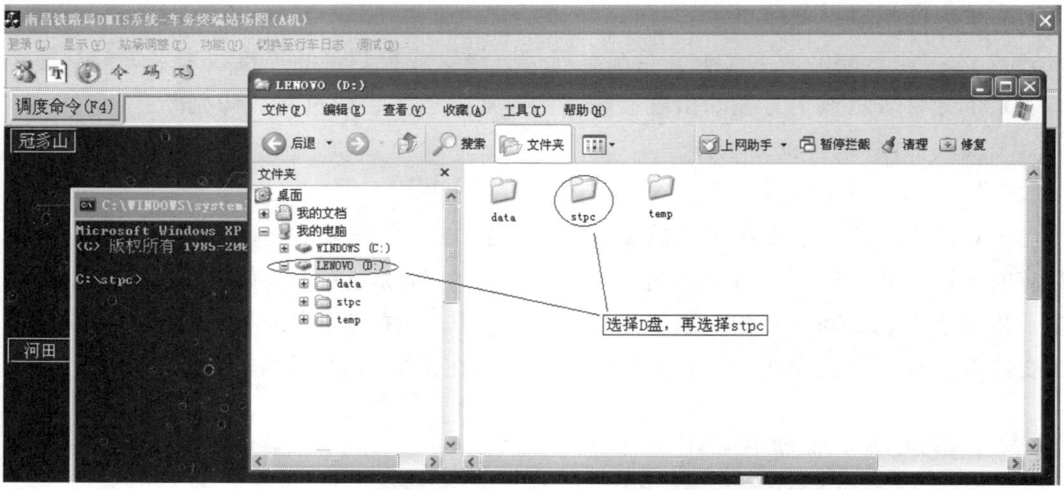

图 4-6-8

（5）进入 stpc 文件夹以后，找到 gpcres 图标，鼠标左键双击该图标，如图 4-6-9 所示。

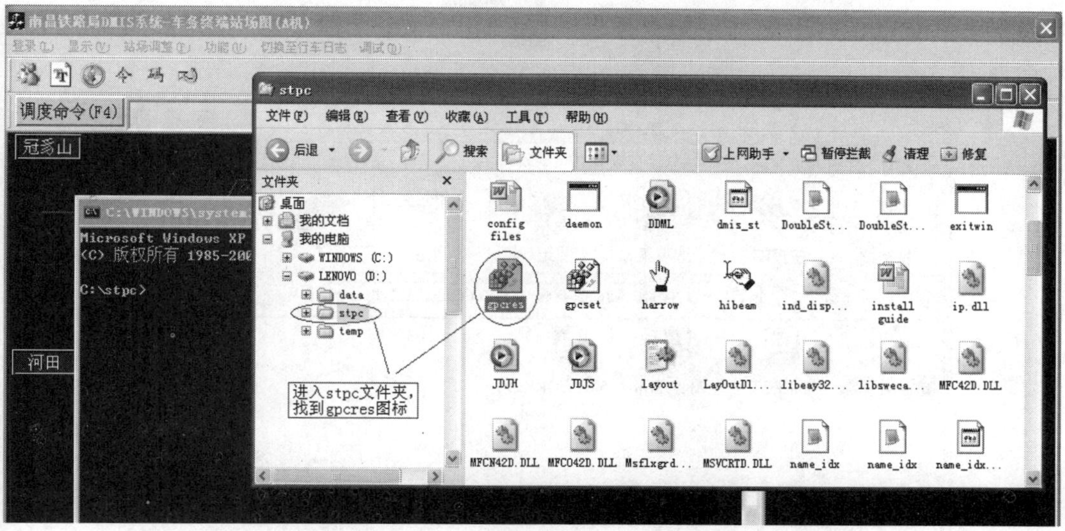

图 4-6-9

（6）点击对话框中“是（Y）”。

（7）点击对话框中“确定”

图 4-6-10

（8）同时按下键盘上的“Ctrl”“Alt”“Del”，就会出现 windows 2000 对话框。鼠标单击“注销”，确认后重新进入系统。就能退出 TDCS 系统，进入桌面。

2. 系统恢复进行完毕后

当系统恢复完毕后，电务人员须对远程控制软件 PcAnywhere 进行设置，具体设置步骤如下。

（1）选中 WINDOWS 操作系统桌面上的图标，双击鼠标左键，出现如图 4-6-11 所示的对话框。

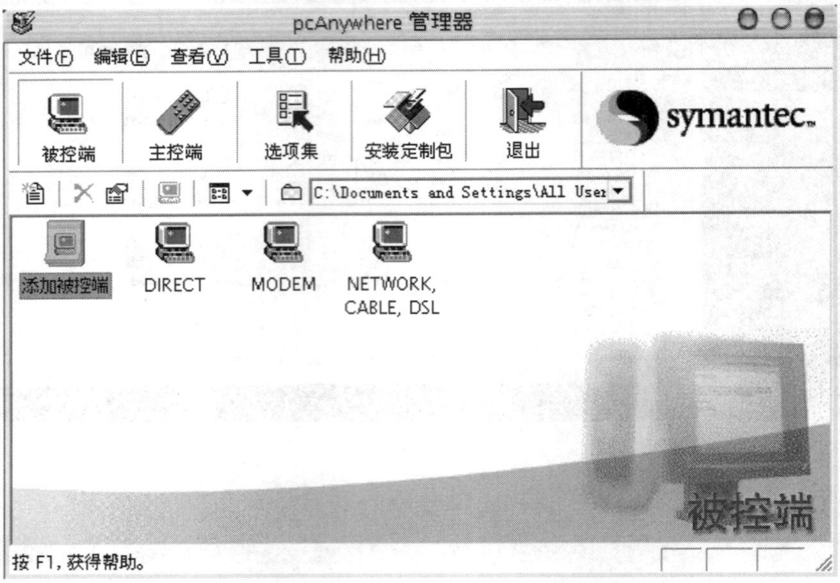

图 4-6-11

（2）双击“添加被控端”按钮，出现如图 4-6-12 所示的对话框。

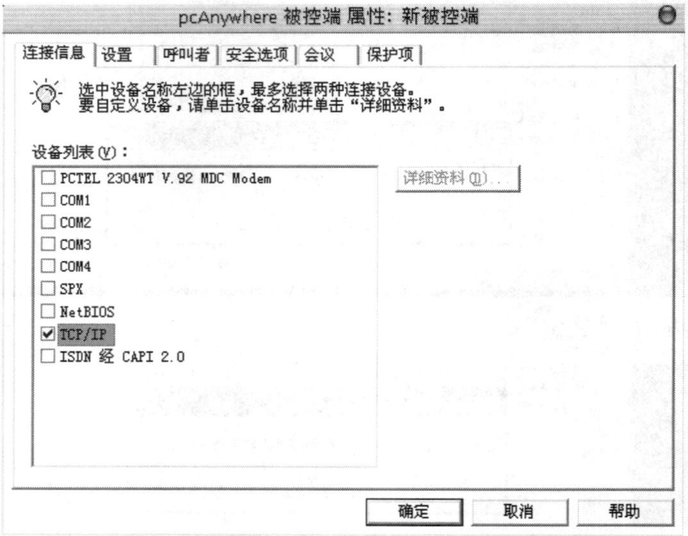

图 4-6-12

（3）在被控端“设置”对话框中，将鼠标左键移到“与 WINDOWS 一起启动（L）”选项上，点击该选项前方的选择框，直至“√”出现，如图 4-6-13 所示。

（4）选择被控端设置对话框中的“呼叫者”选项，出现如图 4-6-14 所示的对话框界面，可以对用户进行设置。

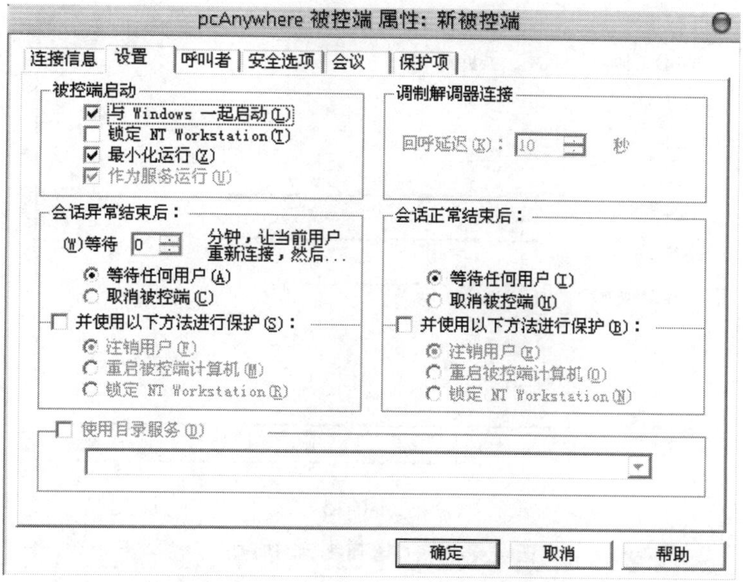

图 4-6-13

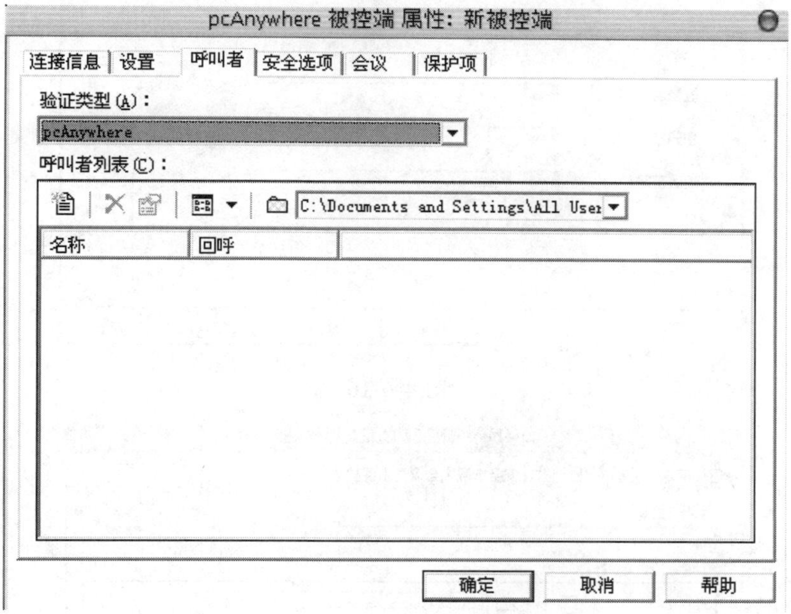

图 4-6-14

（5）下面进行 PcAnywhere 用户的添加程序，需要添加两个用户，一个是“stpc”，一个是“casco”。需按照如下步骤进行，首先单击添加用户图标，出现如图 4-6-15 所示的对话框。

（6）在“登录名”对话框中输入“stpc”，然后在“密码”对话框中输入“stpc”（显示为：****），最后在“确认密码”对话框中输入：“stpc”（显示为：****），点击“确认”按钮即可，如图 4-6-16 所示。

（7）添加好用户后，在“呼叫者列表”中出现名为“stpc”的用户，如图 4-6-17 所示。

（8）用户“casco”的添加方法同上，具体操作步骤如图 4-6-18 所示。

（9）完成 PcAnywhere 用户添加后的界面如图 4-6-19 所示。

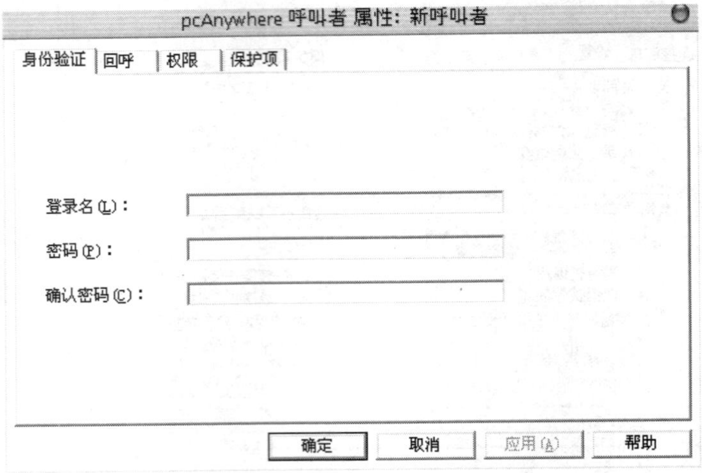

图 4-6-15

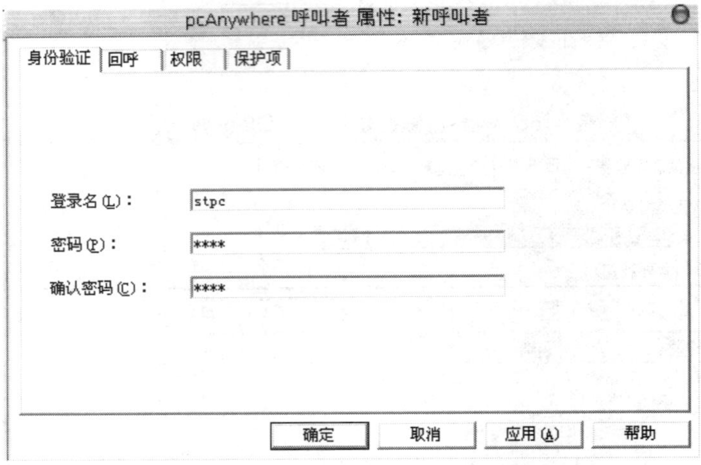

图 4-6-16

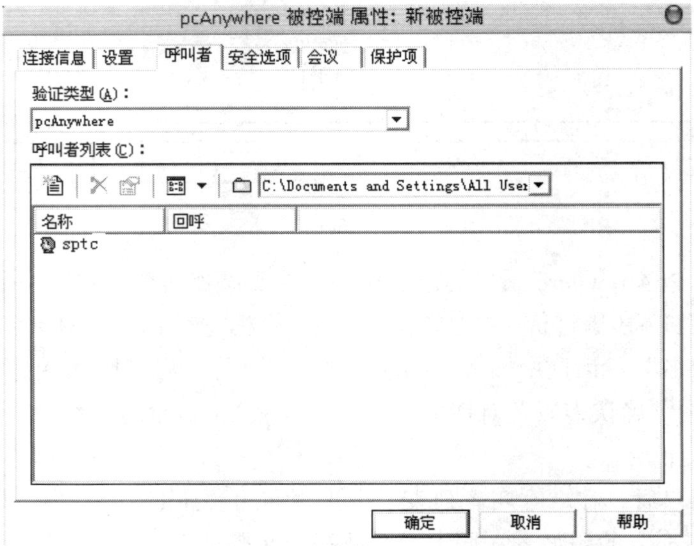

图 4-6-17

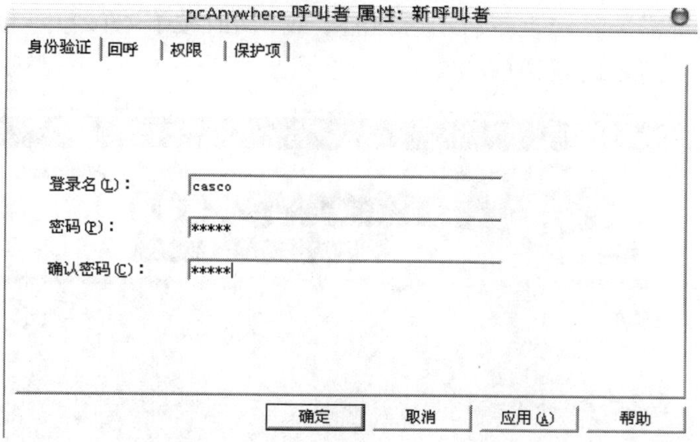

图 4-6-18

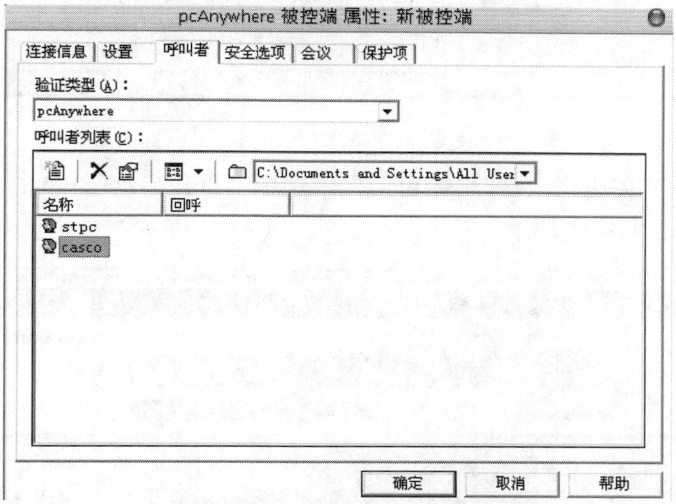

图 4-6-19

（10）用户添加完毕后，即完成了对 DMIS 系统的远程控制软件 PcAnywhere 的设置，在三菜单界面下会出现一个“新被控端”的图标，如图 4-6-20 所示。

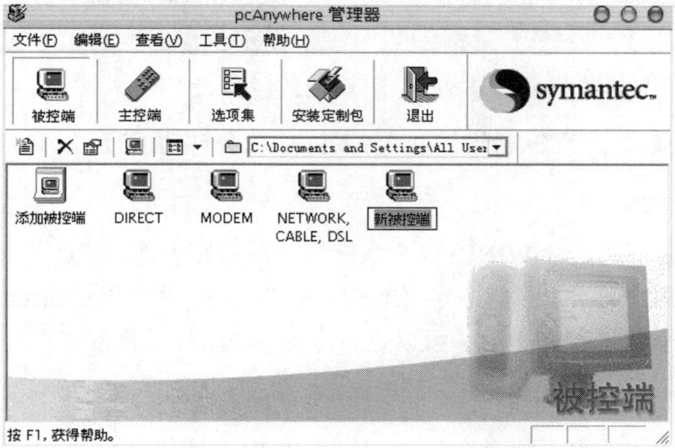

图 4-6-20

（11）该软件功能需要系统重新启动后方能生效，同时按下 CTRL、ALT 和 DEL 三个键，就会出现如图 4-6-21 所示的对话框。

图 4-6-21

（12）鼠标单击“关机”，在弹出的对话框中选中“重新启动”，单击“确定”后等待计算机重新启动，如图 4-6-22 所示。

图 4-6-22

（13）系统启动后，远程控制软件 PcAnywhere 就会自动运行。

3. 确认系统已经恢复

确认系统恢复之后，进行 WINDOWS 系统用户的添加及车站 PC 系统软件的设置工作。
需要添加两个用户：“db2”（密码：db20）和“casco”（密码：casco）。
确认上述步骤全部进行完毕后，可以进行车站 PC 软件的恢复工作。

4. 数据恢复

数据光盘中包含了线路上所有车站的 stpc 文件夹，按照每个站 A、B 机进行的备份，现场电务维护人员按照如下步骤进行即可：

（1）将数据光盘中的相应站名文件夹下的 stpc 整个目录拷贝到恢复好的系统的相应车务终端的 D:\根目录下。

（2）运行 D:\stpc\目录下的 reg.bat 文件，进行注册。

（3）在确认当前系统登录用户为“db2”后，用鼠标双击 D:\stpc\gpcset.reg，将车务终端软件信息导入注册表，实现 WINDOWS 系统重启后自运行车务终端软件，并且屏蔽 WINDOWS 登录对话框中的“锁定计算机”“更改密码”“任务管理器”这几项功能，防止车务人员进行与 DMIS 系统无关的操作。

第七节 TDCS 网络维护

一、TDCS 网络设备

TDCS 系统是通过网络来达到信息的传输通信，因此，TDCS 设备主要是指网络设备和两大子系统设备。现在介绍网络设备及其主要作用。

（一）HDSL（高速数字用户线路）

HDSL 通常应用于数字通道接口与网络设备接口距离较远的情况，通过该设备可使数据在双绞线上高速传送，传输速率可达 2 048 Kbit/s，传输距离在 4 km 左右。

（二）接口转换器（E1 Interface Converter）

E1 数字通道与路由器互联的设备，可将数字通道的 G.703 模式转换为路由器识别的 V.35 模式。

（三）中继器（RPrepeter）

是信号传送距离超限衰减过大时使用的信号再生设备，一般多用于局域网中。

（四）集线器（HUB）

集线器是增加网络连接点数量的设备，相当于多口中继器。经过 HUB 的信号，其传输带宽由所有连接端口共享，并且同时只允许一对节点设备相互通信，多用于局域网络节点设备较少的情况，使用时不能循环连接，及四个以上进行串接（5-4 法则），传输速率 10Mbit/s 以下时最大传送距离为 500 m，传输速率 100 Mbit/s 时最大的传送距离为 250 m。

（五）交换机（Switch）

交换机是增加网络节点数量的设备，但各区块端口带宽各自独立，整体传输带宽相应地成倍增加，并不受连接数量及连接距离的限制（传输距离归零处理）。

（六）路由器

TDCS 系统网络由局域网和广域网构成。路由器（Router）是组成广域网的重要设备，除了具备中继器、集线器、交换机的功能外，还具备路由（Route）寻址（Routing）的功能。

1. 路由器硬件构成

从路由器的正面看是厂家的商标（Cisco）和机器标号，并无特殊之处。

从路由器背面看有电源（Power）、开关（ON/OFF Switch）、广域网口 WAN Port（Serial0、Serial1）、局域网口 LAN Port（Ethernet0、Ethernet1 或 AUI0、AUI1）、控制口（Console）、远程联机控制口（AUX）。如图 4-7-1 所示。

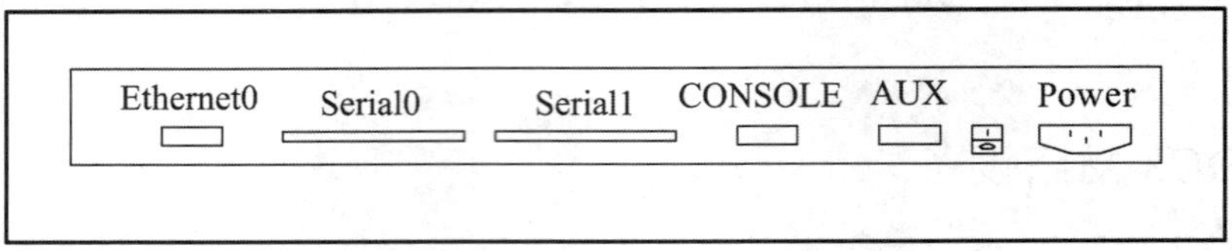

图 4-7-1　路由器背板接口指示图

2. WAN Port（Serial0、Serial1）

由于广域网联机信号以序列式方式进行传输，因此用以连接广域网络的连接端口被称为串口，各厂家的 Serial 连接头类型规格不同，Cisco 的 WAN 端口的连接接口采用 60 个接脚的 DB-60 连接头，由此连接头进行跳线接成 V.35 接口与广域网络调制解调器或其他路由器连接。

（1）LAN Port（Ethernet0、Ethernet1 或 AUI0、AUI1）。

此连接端口为路由器与局域网联机的部分，联机的局域网多为以太网，因此连接的连接头接口可以直接以 RJ-45 接头类型呈现。也有采用 DB-15 的标准接口，通过收发器（Transceiver）将 DB-15 接头类型转换成 RJ-45 接头类型。

（2）控制口（Console Port）。

此处的连接类型是 RJ-45，主要在路由器与设定者的计算机间建立联机，让用户可以登录到路由器中，进行各项设定工作，这是设定路由器时最常用的方法。

（3）远程联机控制口（AUX）。

此处的连接类型是 RJ-45，用于提供另一种登录路由器进行设定的方法。用户在远程通过调制解调器登录到路由器进行设定。

路由器是 TDCS 系统的重要设备，它相当于一台计算机，有自己的操作系统，存在配置一说。

二、TDCS 设备常见接口

（一）RJ45 接口

RJ45 接口多用于网络设备中，是用双绞线互联的一种接口，8 芯的插头仅使用其中的 1、

2、3、6 端，插头插入插孔后，平面端从左至右顺序为 1—8（对于 Ethernet 网卡，1 为 TX+，2 为 TX-，3 为 RX+，4 为 RX-，而对于 HUB，1 为 RX+，2 为 RX-，3 为 TX+，4 为 TX-）。

（二）BNC 接口

BNC 接口多用于网络设备中，是用细同轴电缆互联的一种接口。

（三）AUI 接口

AUI 接口多用于网络设备中，是用粗同轴电缆互联的一种接口。

三、其他设备与器材

（一）UPS

不间断电源系统，通常在电力系统短时间故障为保证计算机及网络设备正常工作而设。分为在线式及离线式，供电保持时间从十几分钟到若干小时不等。

（二）Cat5E 网线

按 EIA/TIA 线材分类标准生产的网络线材，由四对双绞线包裹成一条线缆，常用的黄绿两对网线每英寸（1 英寸=2.54 cm）双绞 4 次，可允许的信息传输速率为 200 ~ 300 Mbit/s。

四、TDCS 网络设备日常维护

（一）TDCS 中心行调台维护

每日查看访问终端设备的运行情况。
每月对工作台主机进行一次重新启动试验。

（二）车站站机维护

每日查看访问终端设备的运行情况。
每季度对站机双机进行一次切换试验和一次重新启动试验（如果有双机配置）。

（三）网络通道维护

通信段对 TDCS 路局子系统与车站子系统之间广域网通信传输通道按重要调度电路要求进行重点维护，确保通道畅通和电路质量。维护中心每日通过网管系统对通道运行状况进行监视。发现问题要及时告知通信段。

（四）系统维护台管理

每日通过维护台查看系统历史信息记录及故障报警信息记录，发现问题立即处理。

每日通过维护台实时监视网络通信传输通道的工作状态。

每日通过维护台监测分局调度所中心及分布在各车站设备、维护中心设备的工作状态。

（五）系统时钟管理

每周一上午 8:00 按照北京时间对 TDCS 系统时间进行人工校准。

（六）TDCS 中心机房管理

机柜、电源、网管台、维护台、培训台、通信台、T/D 结合台以及机房环境进行每日对除尘，墙角、机柜顶部、工作站等处应无尘。

每日观测并记录机房温湿度。

每日定时开启门窗通风。

每季度开展一次机房密闭性检查，房顶无渗透，窗户与管线无进水。

每季度进行一次空调过滤器清洁，使室内为负气压（排风量大于进风量）。

（七）电源设备管理

TDCS 电源设备包括 DMIS 电源屏及 UPS。

日常养护：路局 TDCS 中心每月进行两次维护，车站每月一次，按《维规》有关规定进行养护。

每季进行一次 UPS 充放电，每两年进行一次停电检修。

（八）防雷设备维护

每日目测防雷部件无变色、变形、开裂等，防雷空开工作正常，处于闭合状态。地线及防雷部件每年测试 1 次。

（九）网络安全管理

（1）严禁使用 TDCS 系统拨号访问服务器或用其他方式登陆设备研制单位远程维护中心以外的网络。

（2）严禁外部网络或终端登陆访问铁路局 TDCS 系统网络（设备研制单位远程维护中心在必要时访问除外）。

（3）严禁使用携带病毒的软盘、光盘等存储介质安装软件或备份数据。

（4）定期查看网络防火墙系统的工作状态，保持工作正常。

（5）定期扫描系统病毒，及时集中升级并更新服务器、终端的病毒防护软件。

（6）定期检查网络操作系统软件，以抵御“黑客”利用安全漏洞入侵。

（7）网络安全遭到破坏时，应立即隔离发生故障的网段或关闭系统，以保护系统和网络资源；同时利用网管系统的安全事务处理进程进行分析，并根据情况采取相应的措施。

第五章 分散自律 CTC

第一节 概 述

新一代调度集中系统是我国铁路信息化建设的重要组成部分，也是电务部门跨越式发展的一项主要内容。调度集中系统既是技术装备，也是新型运输组织方式；既是现代化铁路的重要技术，也是运力资源科学调整的重要手段。因此，研究新一代调度集中系统，加快调度集中建设，是近几年我国铁路电务事业跨越式发展的重要工作。新一代调度集中的发展，大大提高了我国铁路现代化装备水平，对促进运输组织方式改革，提高运输客货服务质量，减员增效发挥了重要作用。

一、调度集中的发展过程

（一）国外调度集中的发展

CTC 系统不但应用于单线铁路、双线铁路和多线铁路，而且在枢纽地区也得到应用。各国使用的情况如下：

日本约 3.2 万千米铁路中有 2.6 万千米的线路已经使用 CTC；1995 年开始在新干线采用综合运营管理系统（COSMOS）。

美国一个 CTC 控中心控制范围达到 5.2 万千米；美国 BNSF 公司 5.2 万千米的铁路线路只建一个调度所和 1 个信息中心，其 CTC 系统实现道岔、信号的远程控制和所有列车运行的调度指挥。

法国高速铁路、加拿大和北美的重载运输，已经全部实现了综合调度指挥。

印度、韩国铁路 70%~80%的线路实现了现代化的 CTC。

国外铁路公司以集中调度为主，大多采用中央控制方式，一般设一级调度机构。

调度中心根据列车运行图、营销计划和各编组站的车流、空车分布状态，制订调度日班计划，落实营销计划，组织按图行车。

各国的实践证明，调度集中系统是提高铁路运输效率和降低运营开支的重要技术装备之一，对于其技术经济效果，许多国家均有明确而肯定的结论，只是由于各国铁路运营情况不同，而有些差异。

1. 单导线制调度集中

外线数量多（用钢量大）和传送距离短；

2. 极性电码制调度集中

（1）美国通用信号公司。

① 单双工电码系统（Simplex Duplex Coded System）。采用三根或二根导线传送不同极性的直流脉冲来构成控制和表示电码。

② 同步式极性电码系统（Syncrostep System）。

动作原理与电报类似。

③ 适合小容量运用的快码系统（Quick Coded System）。

④ K 型电码系统。

取消了继电器接点。

（2）意大利。

同美国基本类似。

（3）德国。

由脉冲变压器产生正负极性来编码。

（4）瑞典。

其表示脉冲数及持续时间根据对象所在的组数有所变动。

3. 时间电码制调度集中

电码由不同持续时间的直流脉冲组成，电码传输速度为 100 ~ 200 Baud。由于采用偏极线路继电器，作用距离增加。

4. 频率电码制调度集中（随着电子元器件的发展）

在音频范围内选择特征频率传送“0”“1”信号，电码传输速度提高到 1 200 ~ 2 400 Baud。表示信息传送方式较普遍地采用周期扫描制。

5. 计算机辅助调度集中

它不仅用作人工操纵的系统，而且能实现自动控制列车进路、列车自动跟踪、列车交会和越行的预测以及行车数据的处理、显示和打印等功能。

第一套调度集中设备于 1927 年 7 月 25 日在美国纽约中央铁路斯坦利（Stanley）—伯威克（Berwick）间 59.5 km 单线和 5.3 km 双线铁路上安装运用。

联邦德国和罗马尼亚在 1951 年，挪威在 1952 年，新西兰在 1954 年，丹麦在 1956 年，意大利在 1957 年，日本在 1958 年，南非、芬兰和波兰在 1960 年，巴基斯坦和荷兰在 1961 年都相继安装了电子化调度集中。

6. 各国调度集中系统的特点

（1）美国铁路调度集中系统的主要特点如下。

调度集中系统均采用双套设备，以确保 CTC 系统的高安全性、高可靠性和高可用性。

全美有多家 CTC 的研发单位，但每个铁路运营公司只采用一种统一的硬件和软件。

在美国各铁路运营公司的管辖范围内，调度指挥系统采用统一的硬件和软件配置。

为满足运输调度指挥的需要，调度集中系统功能齐全，显示内容丰富、灵活，显示界面充分体现了人性化的理念。

编组站采用单独的调度控制方式，并能与 CTC 实现信息交换。

美国铁路 CTC 系统设计充分考虑了系统的实用性及维护管理的经济性。

CTC 的主要功能正在向智能化、系统化、综合化的方向发展。

（2）法国铁路调度集中系统的主要特点如下。

高速线调度指挥组织形式不一。

东南线和地中海线（东南轴线）由国家调度中心与 CTC 控制中心两级管理，国家调度中心直接负责调度指挥工作。

北方线和大西洋线实行国家调度中心、铁路局调度中心、CTC 控制中心三级管理，铁路局调度中心负责指挥。其中，行车调度系统核心采用 CTC 技术，并分别于 1981 年、1989 年、1993 年、1995 年、2001 年在巴黎东南线、巴黎蒙帕纳斯车站、里尔、巴黎、地中海线建成 CTC 控制中心。

（3）西班牙铁路调度集中系统的主要特点如下。

铁路运输调度采用了类似于日本的综合调度方式。

分别于 1992 年、2003 年在马德里阿托查车站、马德里建成马德里—巴塞罗那高速线综合调度系统。

西班牙高速铁路马德里调度中心在欧洲最近才投入运营，配有先进的计算机和通信设备，对管辖范围内的线路实行集中控制、统一管理。

（4）德国铁路调度集中系统的主要特点如下。

主要采用分散区域中心的调度方式。

德国铁路路网公司有一个中央调度中心（设在柏林）和七个区域指挥中心（柏林、汉诺威、杜伊斯堡、法兰克福、慕尼黑、卡尔斯鲁厄和莱比锡地区）。

中央调度中心负责长途客运和重点货物列车运行监控，同时协调七个区域调度指挥中心间的关系。

区域调度指挥中心对管辖区域的所有列车进行调度指挥，每个区域指挥中心通过以 CTC 为核心的列车运行调度系统对列车进行指挥。

（5）日本铁路调度集中系统的主要特点如下。

铁路实行分区域公司化管理，各公司相互独立，采用集中、综合调度指挥。

1964 年后，共分 4 次，日本在东京建成东海道、山阳新干线综合调度 COMTRAC 系统。

1995 年 11 月，建成东北、上越新干线综合调度 COSMOS 系统；1996 年后建设大阪 COMTRAC 备用中心。

1999 年建成九州综合调度中心（既有线）。以东日本公司为例，新干线采用全高速封闭运营模式，高速线与其他线路完全分开，列车开行密度大。调度指挥采用 COSMOS 综合调度系统，以运输计划为基础、以列车运行管理为核心、以良好的设备状态为保证，在运输计划、行车调度、通信信号、牵引供电、动车组运用、综合检测维修、安全监控和客运服务等方面实现了高度自动化集中管理。

日本高速铁路运营控制管理中心由 COMTRAC 过渡到 COSMOS 的主要目的是为了实现更大范围的集中和统一管理，将基地管理、维护作业等全部交由调度中心管理。通过集中管理得到最大的经济利益。

目前国外列车调度指挥自动化系统基本分为三种类型：

第一类是以日本为代表，通过构建各专业综合调度系统以适应高速客运专线的特点和需求。

第二类为德国模式，其调度系统是以地区为中心建立调度控制中心，而不是以高速线为中心。

第三类是以法国和西班牙为代表，以线路为目标建立控制中心，基本沿袭既有铁路的传统模式。

（二）我国调度集中系统的发展

（1）1958年，仿制苏联的极性频率制调度集中。

（2）1963年，宝鸡——凤州间91 km的单线铁路上开通。

（3）1965年，郑州——开封间单线铁路开通极性频率调度集中，于1978年停止使用。

（4）1961年，沈阳——铁岭间71 km。

（5）1964年，锦州——大虎山105 km，频率电码制调度集中。

（6）于1966年开始生产DD1型。

（7）DD-4型CTC系统、CTC4000型全微机调度集中系统。

（8）自20世纪七十年代起，DD-1、DD-2、DY-1、D4、D5型调度集中系统。

（9）1991年12月23日，CTC-4000调度集中系统并在柳圆——哈密调度区段开通运行。

（10）2002年11月，ITC-2000型调度集中在西宁分局哈尔盖——格尔木调度区段开通运行。

（11）2003年6月，铁科院D6型秦沈客运专线调度集中系统投入运行。

我国铁路行车调度控制系统的发展，经历了继电系统、半导体分立元件、集成电路和微机化四个阶段。

由于种种原因，我国铁路的调度集中发展缓慢，70年代投入使用的调度集中，有的已停止使用，有的仅用其表示部分，所剩无几。目前调度监督在国内应用较多，而调度集中目前只有一些客运专线在正式使用，如表5-1-1和表5-1-2所示。

表5-1-1　传统调度集中

时间	调度集中类型
20世纪60年代	极性频率调度集中
20世纪70—80年代	（频率）电子式调度集中DD-1型、DD-2型、DD-3型
20世纪80—90年代	计算机化调度集中DD-4型、DD-5型、CTC4000型

表5-1-2　新一代分散自律调度集中

生产厂家	型号
卡斯柯	FZK-CT 2007年1月胶济线开通
北京交大微联公司	FZJ-CTC 2006年底大秦线开通
北京通号研究院	FZT-CTC 通号公司研制

新一代调度集中系统与我国铁路路情紧密结合，“以 TDCS 为平台，以调度指挥为核心，以行车指挥自动化为目标，实现铁路运输指挥现代化”。

二、传统调度集中存在的主要问题

传统调度集中在我国铁路的运用过程中大多效果不好，究其原因主要如下。

（一）智能化程度不高

只是简单地将车站值班员的既有工作内容转移给了调度员，调度员不能摆脱老三件，未能将调度员从烦琐工作中解脱出来，反而加大了调度员的工作强度；另一方面，又摆脱不开对车站值班员的依赖，许多工作仍然依靠车站值班员来完成，不能实现运输组织的根本变革。

（二）交放权过于频繁

由于传统调度集中只负责列车的集中指挥和控制，对调车作业未采取任何技术措施，只要车站一进行调车作业，就要出现中心控制与车站控制权力的交接问题，并且交放权的手续繁杂，过程麻烦，不适应我国铁路路情，严重影响系统使用的积极性。

（三）车次号技术存在一定的问题

车次号是调度集中的基础信息；但传统的调度集中在列车车次号自动输入、自动校核、自动跟踪的技术问题没有得到完全解决，造成车次号丢失或车次号错误，影响调度集中系统的正常使用。

（四）可靠性水平低

传统调度集中基于当时的技术水平，技术落后，质量不高，故障频频发生，再加上信号设备基础质量不高，使系统的可用度不高。系统经常的停用带来针对运用管理上的调度命令频发，增加了各级的工作量。调度集中设备上道，使各级运输生产指挥部门没有感到益处，反而带来麻烦。

（五）无线通信手段不能满足要求

调度集中是基于调度所对列车进行集中指挥和调度管理的系统，它不同于传统的调度员—车站值班员—司机（车长）的运输组织模式，它是调度员对列车（司机）的直接指挥与管理；因此必须保证调度指挥中心对列车（司机）的直接指挥；必须具备调度员与司机直接良好的通信能力。以往的无线列调在这一方面是存在不足的。

由于传统调度集中存在上述几个主要问题，调度集中上道没有给各级运输管理部门带来明显好处，反而带来多种麻烦，使得现场对采用调度集中进行列车集中指挥和调度管理没有积极性；再加上当时对运力资源调整改革、减员增效的认识不足，导致调度集中没有明显效果。

三、新一代调度集中的主要特点

（一）新一代的调度集中是智能化系统

智能化就是通过计算机软硬件技术（含 DMIS 技术），通过对实际运输生产中的调度指挥工作流程进行优化处理，并转化为计算机控制程序，使运输组织指挥实现智能化、自动化，最大限度地解放调度员烦琐的工作；新一代调度集中将在目前 DMIS 的基础上，实现列车运行计划自动调整，实际运行图自动描绘；调度命令多媒体下达（可根据列车运行计划执行情况自动向有关列车发送信息），事件自动记录，为统计分析提供原始数据，将使行车调度员彻底摆脱“老三件”，调度员可将主要精力放在行车计划管理、调整上，确保列车按图运行，安全正点高效运行，提高运输效益。

（二）新一代调度集中是分散自律系统

分散自律就是基于 DMIS 系统的现代计算机技术、网络技术、信息处理技术和智能化软件；实现以日班计划图、列车运行调整计划（阶段计划）为主轴、为框架，将阶段调整计划下传到各个车站的分散自律机中自主执行；新一代调度集中系统将没有中心控制权与车站控制权之分，只有指令来源不同之分，通过列车运行阶段调整计划进行来自多处指令的自律，科学合理地解决中心控制与车站控制（含调车作业）的矛盾；新一代调度集中只存在非常站控模式，正常情况下不存在控制权转换问题；车站参与的控制只能影响进路选择，而不能影响列车运行调整计划的执行，除非是特殊情况。

（三）新一代调度集中不仅面向列车作业，同时解决沿线调车作业的问题

新一代调度集中要面向我国路情，不仅要完成对列车作业的集中控制，还要解决沿线车站调车作业的集中控制。因此，新一代调度集中和传统调度集中不同，它不但要采集列车进路信息，还要采集调车进路信息，并对于现场设备的状态完整如实地显示。通过采用分散自律技术，在阶段计划的控制下，解决以往因调车作业带来的频繁交放权问题，实现中间站调车作业的集中控制。由本务机（含小运转）担当的调车作业原则上由调度中心负责编制作业计划，实现集中管理；设有调车机的调车作业计划由车站负责编制，并通过新一代分散自律机约束检查后具体执行，凡涉及列车作业相关进路的调车作业指令，在执行变成命令前，必须经过空间与时间上的冲突检查，在确保不影响列车作业的基础上，才可得到执行。

（四）新一代调度集中不但适应有人车站，也要适应无人车站

经研究得出结论，新一代调度集中依靠先进的计算机技术、网络技术和智能化技术，通过对现行运输过程的优化，实现调度指挥中心对列车运行的直接集中管理与调度指挥，实现以列车运行为主、沿线调车作业为辅的行车指挥自动化，强化干线运输能力的调控手段。在配套子系统到位的情况下，例如在无线通信系统、车次号校核子系统、无线调度命令传送系统、列车编组顺序电子信息的基础上，增加取代车机联控的自动预告系统；则完全可以在没有客货运业务的中间车站实现行车、调车作业控制无人化。新一代调度集中既是行车指挥现代化技术装备，也是现代铁路运输组织模式，将大大促进我国铁路运力资源

的调整和改革工作，将从技术措施上保证关停部分车站、实现减员增效的战略部署。

（五）充分体现 TDCS 平台的基础作用

TDCS（DMIS）系统的建设已取得明显进展，实现了列车运行阶段计划自动调整、实际运行图自动描绘、调度命令自动下达、行车日志电子化，许多区段已经实现甩图，行车调度工作在信息层次基本实现了现代化。除此之外，随着 TDCS（DMIS）的建设铁路沿线初步具备了信息网络，这为新一代调度集中研究和装备奠定了重要基础。经研究得出如下结论：在 TDCS（DMIS）基础上建设新一代调度集中，原有 TDCS（DMIS）技术装备不但不废弃，还需进一步按照行车指挥控制的要求进行强化，功能要进行进一步补充。在已有 TDCS（DMIS）的基础上建设新一代调度集中，并加快建设步伐。

（六）新一代调度集中将充分体现高可靠性的技术特点

高可靠性就是采用冗余系统配置和高质量的软硬件产品，使系统的可用度达到先进水平，并通过故障弱化措施，突破以往的技术误区，从而大大提高系统的可用度。新一代调度集中系统采用高性能、高质量、高可靠的计算机设备，服务器、工作站、数据库以及网络设备，从中心到车站全部是双套冗余配置。广域网采用了迂回、环状、冗余设计，对于新建客运专线、高速铁路又特别提出了可使用独立的光纤以便满足不同光缆敷设路径这一高要求。对电源和通道同步提出了高性能配置和雷电防护要求；应满足铁路总公司颁布的电磁兼容和防雷标准。在调度中心设置网管工作站，通过网络拓扑技术以及故障诊断技术，可以将网络上每一节点的状态进行实时监控。与此同时，专门设置了电务维护工作站，用于监视系统的运行状况，对中心控制工作站、车站自律分机的所有操作命令、设备运用状态、故障报警信息进行分类、记录和输出。采用远程维护服务器，用于远程紧急技术支持，在维护人员授权的情况下，可以进行异地远程修复及其他技术支持。新一代调度集中明确要求具有自我诊断、运行日志保存、查询和打印等功能，并实现维护专家系统功能，真正实现系统维护工作现代化。

（七）新一代调度集中达到了标准统一的设计原则

我国铁路信号发展的经验告诉我们，技术装备的标准越规范、制式越统一、技术越成熟，技术发展就越顺利。因此铁路总公司要求在调度集中的研制过程中，必须做到统一标准、统一制式。

新一代调度集中系统标准统一的内容，主要有：系统基本功能统一、网络结构统一、用户协议统一、系统软硬件平台统一、无线通信接口统一等，特别是面向车务操作的人机界面做到了全面统一。

四、新一代调度集中主要系统功能需求

（一）设备控制范围

管辖范围内面向列车控制的所有车站信号、联锁、闭塞设备应纳入调度集中控制范围。

作业控制范围如下。

（1）调度集中控制范围内所有中间站的列车作业、调车作业均应纳入列车运行调整计划管理。

（2）其他车站的列车作业、本务机担当的调车作业原则上纳入调度集中系统计划管理。

（3）调车机担当的属于同一联锁系统控制范围内的调车作业应纳入调度集中分散自律约束控制。

（4）运行图中规定的本务机摘挂、换挂，补机摘挂等调车作业应纳入调整计划管理。

（5）列车作业与调车作业在空间上设有隔开设备的车站，如调车作业复杂的区段站，其列车作业范围的进路控制、编组站的外包线进路控制应纳入调度集中自动控制；对于到达场、出发场、直通场的列车作业宜纳入调度集中自动控制。

（二）新一代调度集中将本着采用一切技术手段解决运输所需要的主要功能的精神，为车务系统进一步创造更良好的工作平台

如有人车站的车务终端应具有列车运行调整计划相关局部计划显示功能，要能够显示本站及周边相关各 2 个车站局部调整计划的内容；对站间透明功能也扩展到本站及周边相关各 2 个车站的站场、区间等作业信息。调度集中系统应具有人工办理试排进路的功能；条件具备时，也可利用列车运行空档自动办理，并可为进路指令的执行做好开放信号准备。

（三）系统瘫痪后的故障软化措施

（1）自动选排进路。

车站自律机自动选排列车进路应遵循的基本原则是：基本进路优先于变更进路。如果货运列车的接车基本进路和变更进路都无法选通时，系统自动改选其他进路，否则自动选择引导接车进路。对于客运列车，变更进路、改选其他进路以及引导接车进路，必须经调度员同意后方可变更。

（2）锁定自动通过功能。

（3）自动重复开放信号。

（4）信号自动开放及引导信号按钮长时间按压问题。

（5）积极探讨解决轨道电路分路不良的问题。

（6）停电系统恢复。

（7）车次号强化措施。

车次号的列车自动跟踪结果、列车运行计划、无线车次校核信息三项应保证完全一致。如不一致时应立即报警。

（四）调度集中系统的控制信息层次

依据不同处理阶段分为计划、指令和命令三个层次。计划是指形成指令队列前处理阶段的信息；指令是指自律机存储的进路操作信息；命令是指自律机经触发后输出的进路操作信息。指令转为命令的触发时机原则上应遵循列车运行调整计划制订的时分，且应提前

若干时分。实际执行中必须考虑列车类型、区间闭塞类型、邻站发车时刻、区间走行时分和完整到达停稳以及上一列车发车进入区间的条件等因素；同时要考虑信息处理、进路办理的时间以及列车的速度等因素，科学合理进行确定。

每个层次间的安全措施：必须通过合法性、时效性、完整性和有无冲突性的检查。

不同指令的优先级：车站自律机指令执行的优先级为调度员的直接操作、车站值班员的直接操作、列车运行调整计划。

（五）车机联控

调度集中系统条件下的车机联控模式为指路行车。应通过无线通信的数据传输方式，向司机提供车机联控信息，并与车载设备配套，自动以语音、文字的方式传达给司机。

1. 对于自动闭塞

列车在进入第一接近区段时，以第一接近区段的占用为车机联控信息的发送时机。

2. 自动站间闭塞或自动闭塞发生故障时

本站列车在前站开出时，以前站的离去区段占用或前站发车进路出清作为车机联控信息的发送时机。当系统未收到回执信息时，由本站在列车进入接近区段时再次发送车机联控信息。在具备 GSM-R 无线移动通信系统的条件下，应通过图文形式向司机提供：站名、车次，进路开放状态、进路中的道岔最小辙岔号或限制通过的最大允许速度等信息，有条件时也可提供包括站场显示、站内列车车次号等在内的信息。

五、新一代调度集中尚需研究解决的主要问题

（1）研究解决无人车站（指行车人员）非正常接发列车作业问题，制定 CTC 下列车、调车作业办法。车站无人化后，以往需要人工介入的安全保障体系，必须重新制定 CTC 下的安全保障体系，特别是非正常条件下的接发列车作业。初步研究，在非正常情况下，一些作业仍需现场人员参与才能确保行车安全。

按照专业相近、作业关联、管理直接、设置合理的原则，对原有岗位、职能和作业方式重新进行调整和划分。在无人车站现场行车设备发生异常，导致非正常接发列车时，机车乘务组、工、电部门都将是现场安全保证的参与人。同时可以考虑合理设立工、电、车应急处理综合中心，及时处理紧急情况。

（2）调度集中是以调度中心直接指挥列车运行和调度管理为主的现代铁路运行方式，因此必须保证调度员与列车司机之间良好可靠的通信联络，这是调度集中开通的必要条件。此外，DMIS 无线调度命令可视（行车凭证）、无线调车机车信号、列车接近预告（替代车机联控）、列车停稳、调车作业通知单无线传送、调车作业请求确认等功能和信息均已成为新一代调度集中系统的重要组成部分，这些对无线通信在传输速率、误码率和通信时间上都提出了更高的要求，也是无线通信传输的重要内容、因此，无线移动通信在新一代调度集中的作用日益重要，这也将大大促进我国铁路 GSM-R 装备的决心和工作步伐。

第二节　分散自律CTC的系统结构、基本功能

一、系统简介

TDCS是CTC的基础，CTC是TDCS的功能增强和延伸。TDCS以实时监视和列车运行计划（运行图）管理为功能主体，CTC以车站控制、自动按图排路和行车指挥自动化为功能主体，TDCS为CTC提供列车运行计划、车次跟踪状态、信号设备状态等重要信息，CTC对TDCS的可靠性提出了更高要求。

（一）分散自律调度集中系统实施条件

车站电气集中联锁或计算机集中联锁、区间自动闭塞或自动站间闭塞，TDCS系统，列车无线数字传输系统，车次号校核系统，列尾检查装置，调车无线机车信号和监控系统。

（二）分散自律CTC主要功能

（1）列车运行实时显示及区段透明。
（2）车次号追踪及早晚点显示。
（3）列车到发点自动采集及实际运行图自动描绘。
（4）行车计划自动调整与下达。
（5）调度命令与阶段计划下达。
（6）列车速报、甩挂车作业及站存车信息。
（7）临台间信息交换及分界口信息显示。
（8）车站行车日志自动生成。
（9）车站站间透明及语音提示。
（10）列车作业和调车作业实现分散自律控制。
（11）信号设备集中自动控制。
（12）列车进路的智能选路/排路。
（13）中间站调车作业纳入。
（14）无线列车进路预告。
（15）无线调度命令/行车凭证发送。
（16）进路智能冲突检测/防错办。
（17）《站细》数据库纳入集中控制。

二、系统结构

CTC分散自律调度集中系统从系统构成看，由调度中心子系统、车站子系统、网络子系统三部分构成；从运输指挥模式看，由调度中心及车站两级构成。CTC系统结构如图5-2-1所示。

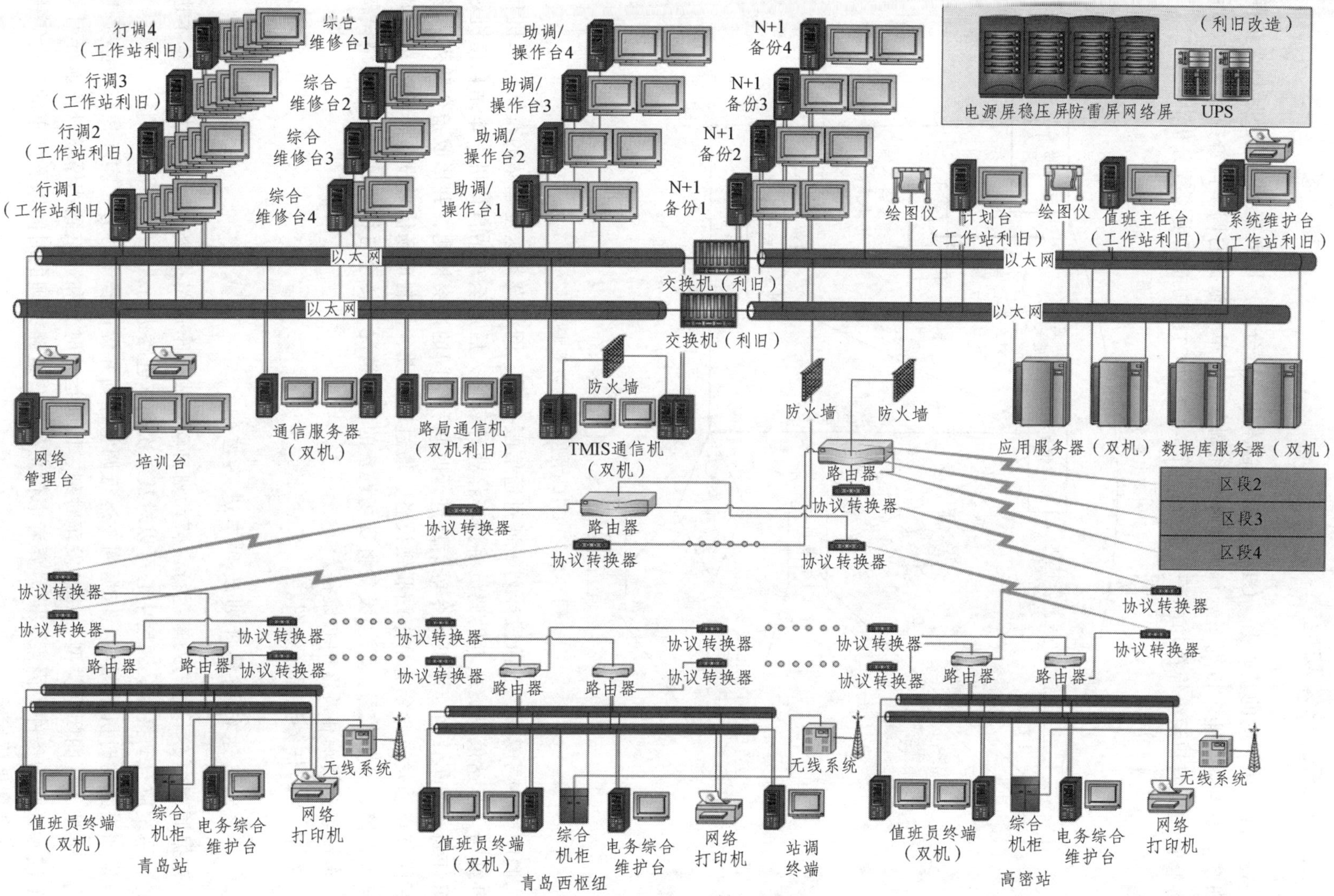

图 5-2-1　CTC 系统结构图

三、系统的总体功能

在分散自律原则的基础上，CTC 系统的总体功能可分为：以列车运行调整计划为依据的列车监督控制功能、以列车运行调整计划和调车作业单为依据的调车监督控制功能、综合维修管理功能和系统维护功能等几部分。图 5-2-2 为 CTC 功能实现流程分析。

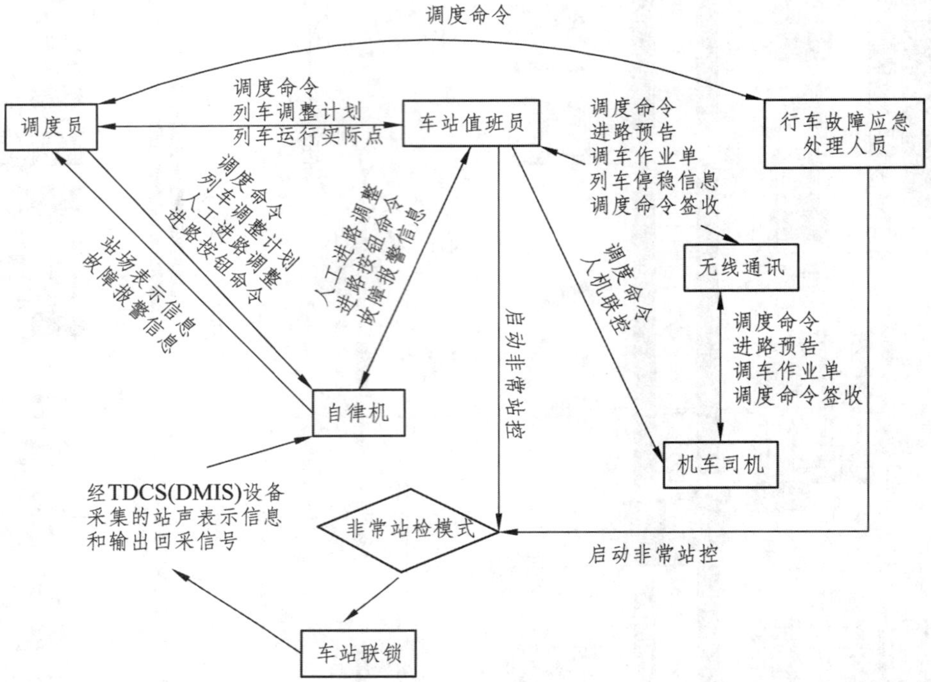

图 5-2-2　CTC 调度系统功能原理

调度员将调度命令、阶段计划等通过通信服务器、网络设备送至车站的车站自律机和车务终端，车站值班员或者助调员将调车作业计划输入后送至车站自律机，车站自律机对列车计划、调车计划、调度命令等信息进行时间和空间的冲突检测，并形成指令队列，按照时间节点触发成命令送给车站联锁设备，通过联锁设备控制现场信号设备，给列车、调车排列进路，开放信号。联锁设备将现场设备的实时情况上传至自律机，并通过网络设备送至车站车务终端和调度中心设备。

图 5-2-3 为任务流程分解图。

（一）列车运行调整计划及列车进路控制

依据调度中心下达的列车运行调整计划自动生成列车进路指令。因故无法排列基本进路时，系统应自动报警。调度中心可以对某一次列车进路进行人工干预。

排列进路的时机，原则上依据列车运行调整计划并提前若干时分。实际执行中必须考虑列车类型、区间闭塞类型、邻站发车时刻、区间运行时分和完整到达停稳以及前行列车发车进入区间的条件等因素，同时要考虑信息处理、进路办理的时间以及列车的速度等因素，科学合理地确定。

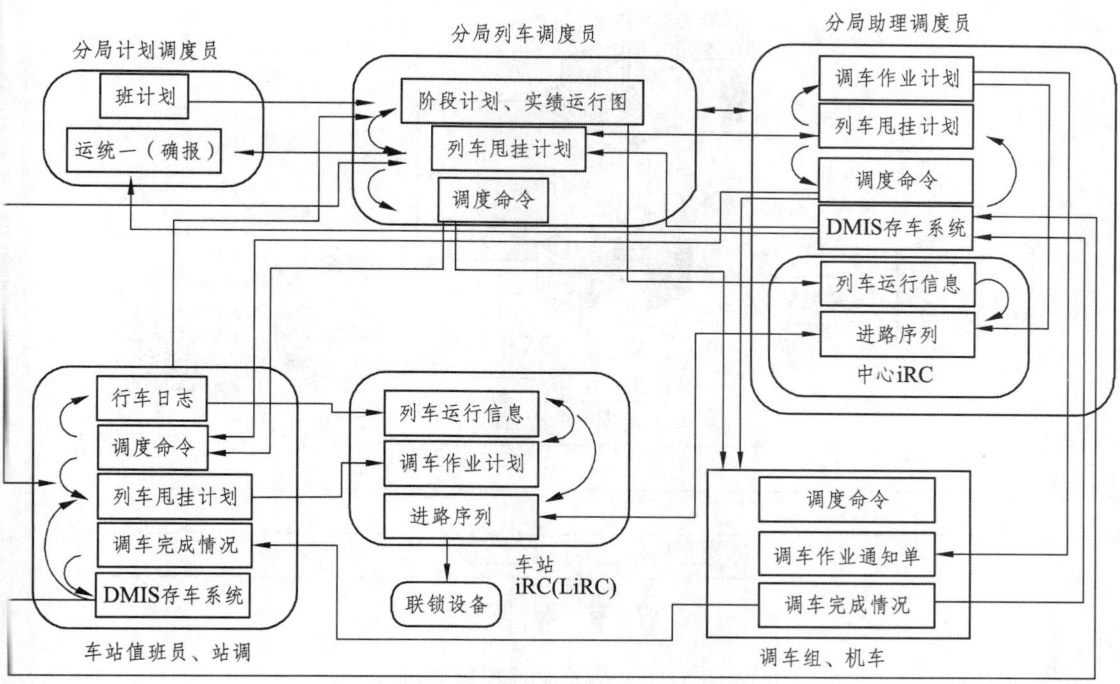

图 5-2-3　CTC 调度任务流程分解图

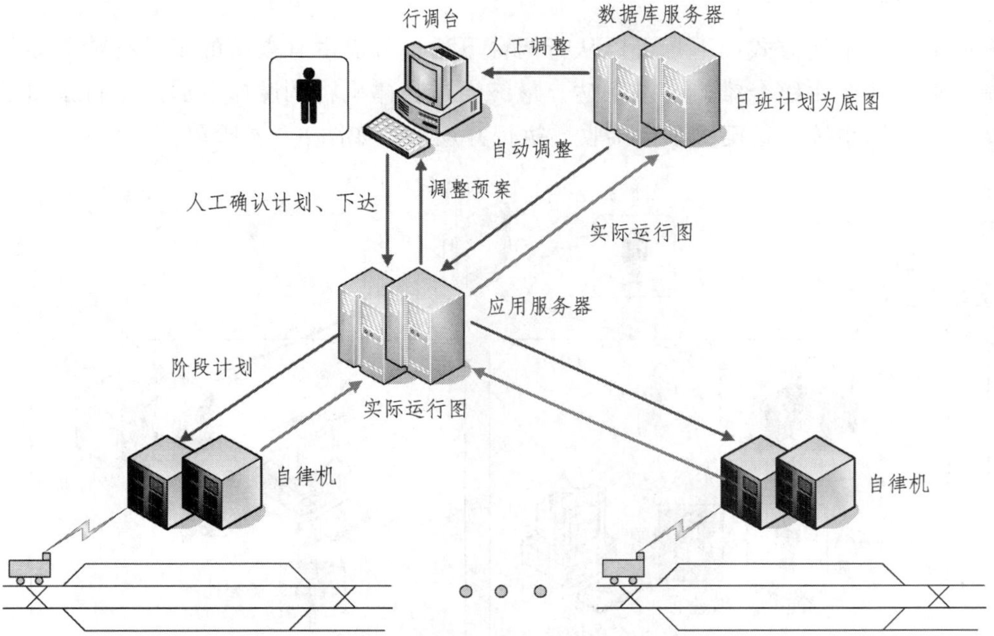

图 5-2-4　列车运行调整计划流程图

（二）调车进路控制

基本原则：调车作业不得干扰列车作业。以设备自动选路为主，助理调度员/车站值班员人工干预优先。原则上无人车站的调车作业由调度中心办理，有人车站的调车作业由车站办理。故障情况下，设备提出预案，人工选择确认后执行，进路控制流程如图 5-2-5 所示。

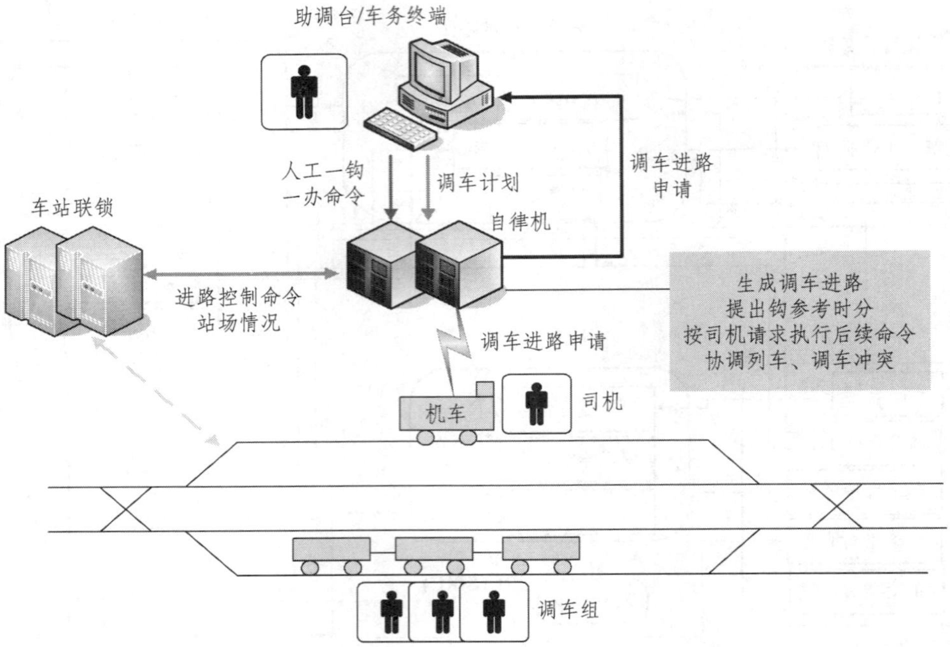

图 5-2-5 调车进路控制流程

（三）调度命令流程

调度命令的下达方式如下：可以从行调台下达；可以由有人站的车务终端下达；对于无人站的调度命令由综合维修终端下达。最终通过自律机将调度命令通过串行接口送至无线调度命令传送系统，送至机车台接收、执行并反馈，如图 5-2-6 所示。

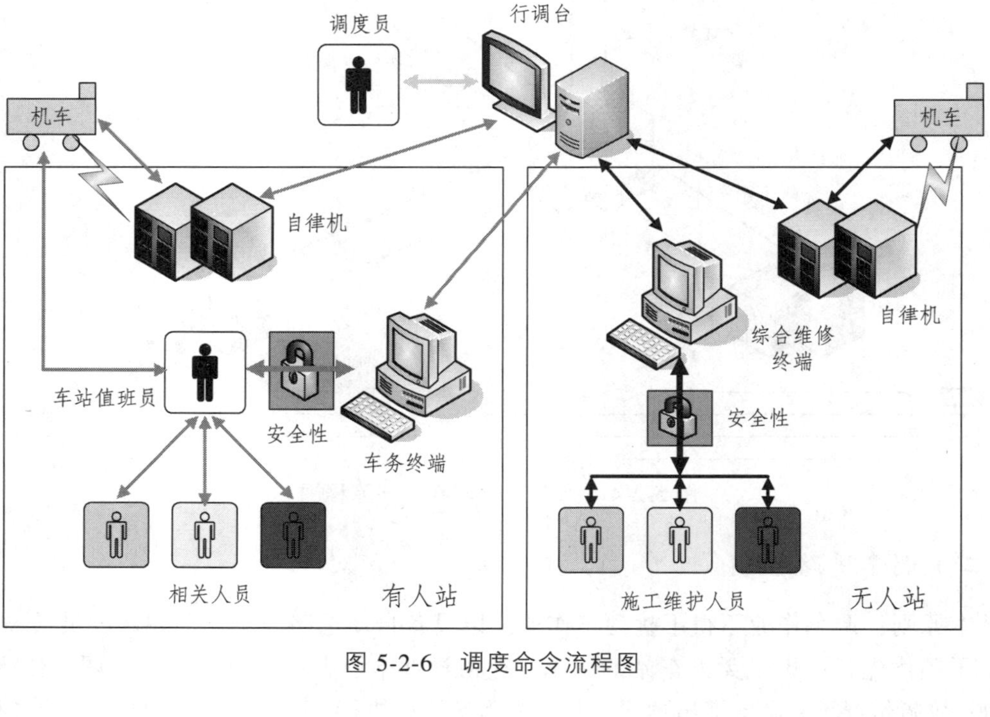

图 5-2-6 调度命令流程图

四、软件系统结构

调度集中系统的核心技术是程序化进路控制（Programming Route Control，简称 PRC），其功能是根据列车运行调整计划，自动生成列车进路指令。

简单地说就是自动确定进路的始端和终端按钮（包括变通按钮），并根据车次号追踪结果适时地将进路操作命令下达联锁设备，以排列进路 。

调度集中是调度中心对所辖区段内的信号设备进行集中控制，对列车运行进行直接指挥、管理的重要技术装备，它在计算机、网络、通信硬件平台上，采用智能软件处理技术，以列车运行调整计划控制为中心，智能化分散自律设计为原则，兼顾列车与调车作业的高度自动化控制系统。系统功能、结构如图 5-2-7 所示。

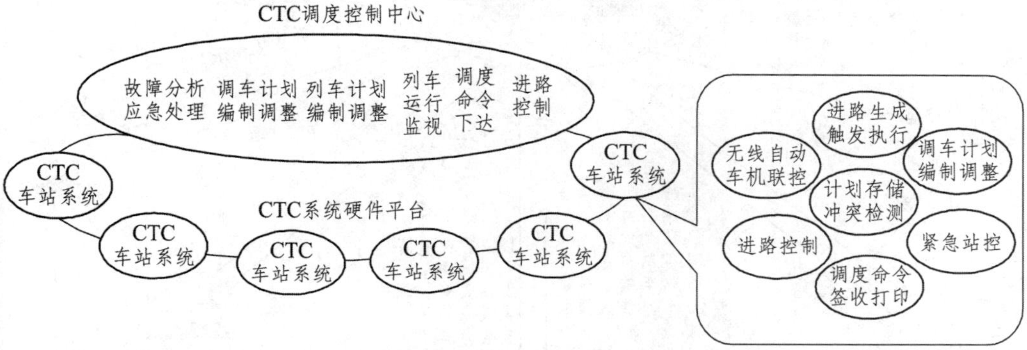

图 5-2-7　CTC 的软硬件结构

CTC 系统软件系统结构图如图 5-2-8 所示。

第三节　网络子系统

网络子系统采用通用的网络和接入设备按 IP 网的方式组成，由调度中心局域网、车站局域网、站间广域网组成，如图 5-3-1 所示。

一、调度中心局域网

调度中心网络系统由两台高端 CISCO 公司的网络交换机作为局域网网络主干，采用 TCP/IP 网络协议，构成双冗余网结构的交换以太网，调度所设备以及总机房设备之间采用以太网交换机和智能集线器连接。每台交换机有 48 个 100 M 口，服务器、客户机与交换机之间采用 100 M 的以太网。

调度中心双冗余网的结构在系统稳定性、可靠性上均极大地优于普通的双网络结构。普通双套网络结构，对于每一个网络节点对应的是两个不同的硬件节点与软件节点，即在软件上每一个网络节点对应的是两个独立的 IP，要实现两套网络的热备，必须依赖专用软件对两个不同的 IP 进行不断的侦听，同时，网络上双倍的 IP 地址也使应用软件的复杂性极大地提高，从而使系统稳定性与可靠性降低。

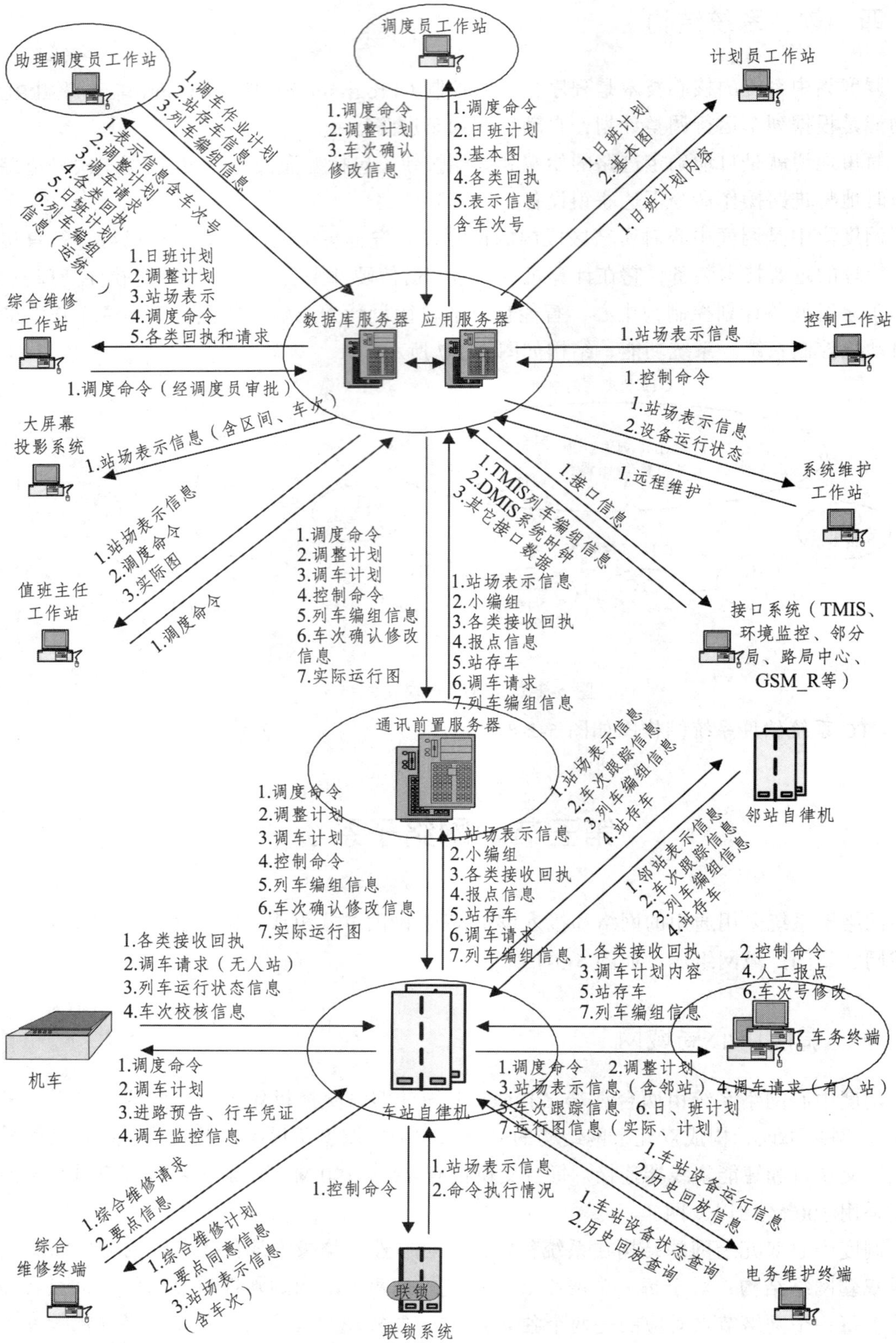

注：红色圈表示从功能角度来看，系统的重要组成部分。

图 5-2-8　CTC 软件系统结构图

双冗余网的结构，对于每一个网络节点对应的是两个不同的硬件节点，单节点内部把两个不同的硬件节点系统虚拟为一个软件节点，即一个 IP 地址，在双套网络之间的切换在每个节点内部系统中完成，不需要专门软件支持，同时也极大地降低了应用软件的复杂性，从而使系统的稳定性与可靠性增强，CTC 网络结构如图 5-3-2 所示。

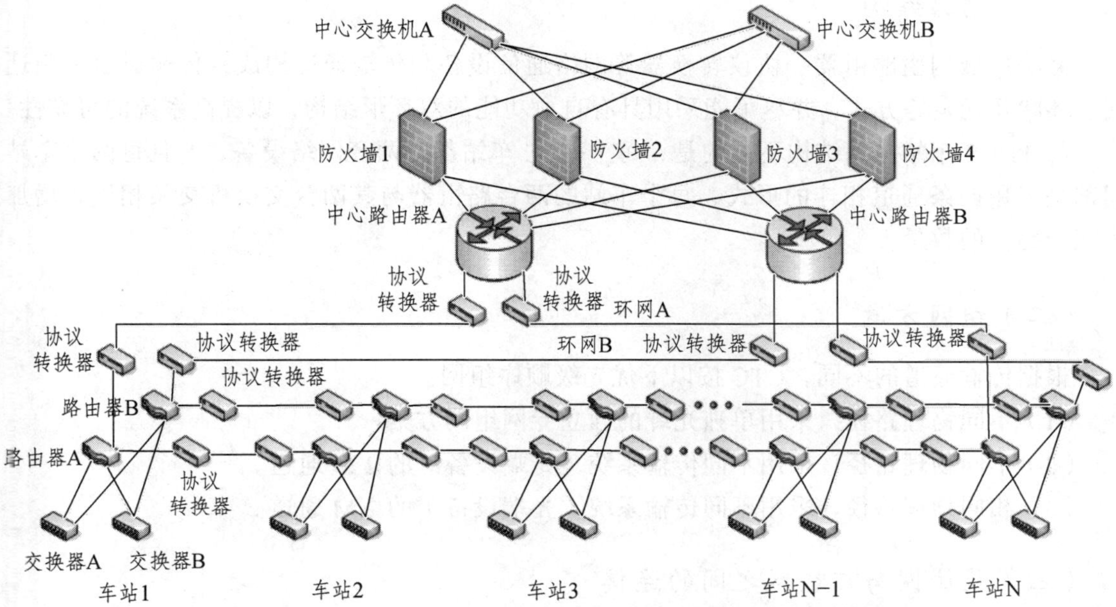

图 5-3-1　分散自律调度集中系统网络结构示意图

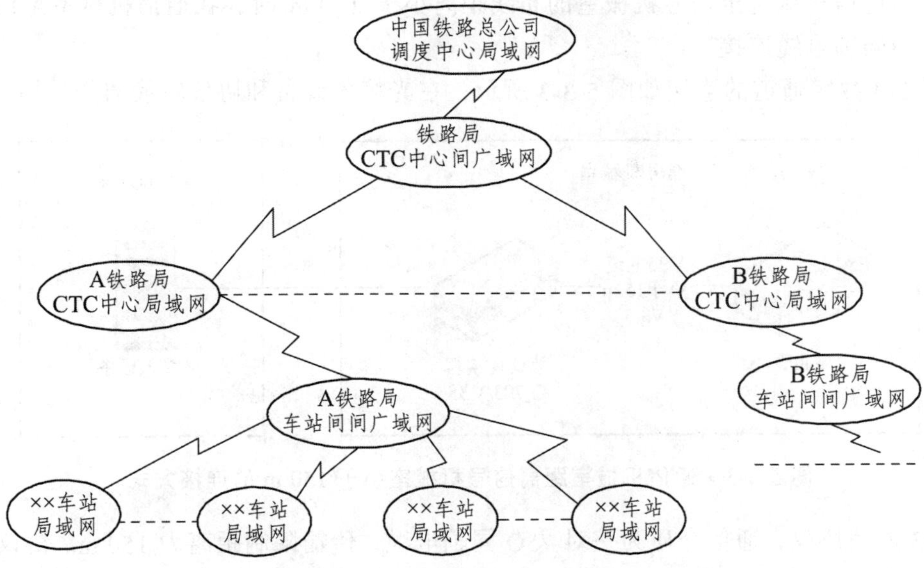

图 5-3-2　CTC 网络结构

二、车站局域网

车站网络系统同样遵照调度中心网络模式，由 2 台 CISCO 公司的网络交换机作为局域网网络主干，采用 TCP/IP 网络协议，构成双冗余网结构的交换以太网。

三、站间广域网

（一）网络结构

系统广域网由路由器、协议转换器等网络通信设备和传输通道构成，传输通道采用迂回、环状及冗余等方式，并尽可能采用具有自愈功能的双环形结构，以提高系统的可靠性。

与 TDCS 车站网络结构不同的是，每个 CTC 车站都有两套网络设备，并且每两个车站间都是采用两条通道相连的形式，每个车站的两台路由器与其两台交换机交叉相连，增加了冗余路径的数量。

（二）组网方案

根据传输通道的不同，CTC 按以下优先级顺序组网。

（1）不同物理路径，采用单独光纤的独立专网组网方案。

（2）不同物理路径，采用不同传输系统（光端设备）的 2 M 通道。

（3）相同物理路径，采用不同传输系统（光端设备）的 2 M 通道。

（三）局域网与广域网之间的连接

下面列出三种应用较多的局域网与广域网的连接方式。

（1）当通信机械室至信号机械室的布线距离小于 150 m 时，在通信机械室至信号机械室之间采用同轴电缆连接。

一路 2M 数字通道的连接如图 5-3-3 所示，在光接入设备和协议转换器间采用。

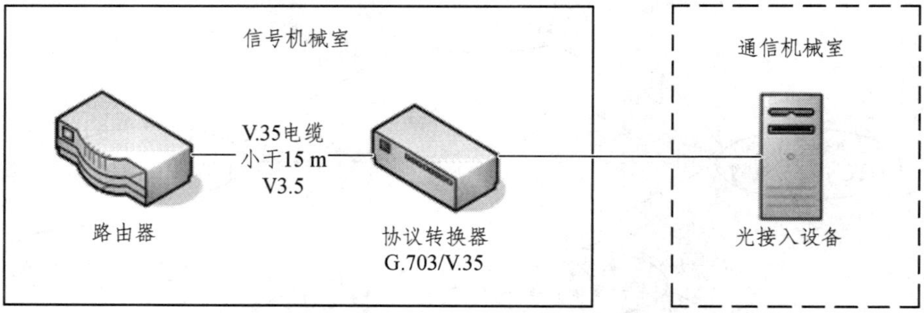

图 5-3-3　通信机械室距离信号机械室小于 150 m 的连接方式

G.703 通信协议，通信介质为一对 75Q 同轴电缆，传输限制距离为 150 m。协议转换器将 G.703 协议转换为 V.35 协议，提供一个 V.35 接口到路由器的端口上。

（2）当通信机械室至信号机械室布线距离大于 150 m 且小于 5 000 m 时，在通信机械室至信号机械室之间采用实回线连接。

一路 2 M 数字通道的连接如图 5-3-4 所示，当通信机械室至信号机械室布线距离大于 150 m 时，超过了 G.703 的传输距离限制，需增加一对 HDSL 来延伸传输距离。

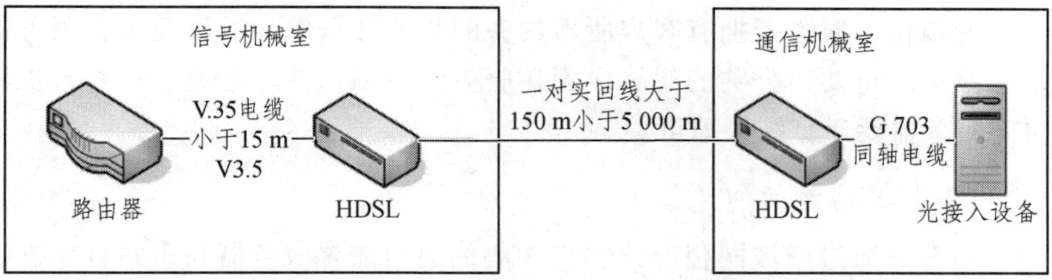

图 5-3-4　通信机械室距离信号机械室 150 m ~ 5 000 m 的连接方式

（3）最好的方法是在通信机械室至信号机械室之间采用光缆连接。

如图 5-3-5 所示，信号机械室和通信机械室之间采用光缆连接，光缆两端分别接入 PDH 设备。一般一路 2M 数字通道采用一对光芯（即一收一发）进行连接。通信机械室光接入设备与 PDH 设备之间采用同轴电缆连接。信号机械室内 PDH 设备与协议转换器采用同轴电缆连接，通过协议转换器转换为 V.35 协议接入路由器。

这种方法造价高，但可以解决由于通信和信号不共地而引起的通信误码率高的问题。由于光传输距离非常远，所以这种连接方法不受通信机械室至信号机械室布线距离的限制。

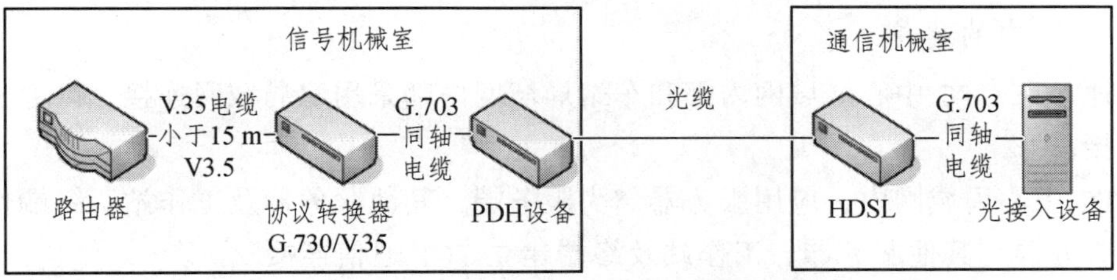

图 5-3-5　通信机械室距离信号机械室光缆连接方式

四、系统网络通信

（一）系统信息传输的基本要求

（1）整个通信系统保证多客户通信时，不能死锁，保证通信的可靠性。

（2）在主备切换、备机同步等过程中均不能发生丢帧、重帧、错帧、乱序等现象，保证通信的时效性。

（3）在最大负荷下，数据间通信时延不大于 1 s。

（4）在网络通信中断后又恢复时，通信应用程序应具有自动恢复连接的功能。

（5）各 IP 地址及客户数可灵活配置。

（二）客户/服务器（Client/Server，简称 C/S）通信模型

C/S 是基于 TCP/IP 协议的一种网络化通信模型。CTC 车站子系统只要有运行图信息，就能独立工作，车站自律机完成各自的任务。对于 CTC 中心来说，车站子系统之间是并行工作的，相互间不存在什么依存关系。因此，CTC 中心和车站之间的通信采用 C/S 通信模型是最为合适。

而对于 CTC 中心子系统内部和车站子系统内部之间的通信也符合 C/S 模式。客户/服务

器处于不平等的地位，服务器拥有客户所不具备的软硬件资源和运算能力，服务器提供服务，客户请求服务。重要而公共的运算设置在服务器一端，客户端设置一些人机界面等，需要运算时向服务器要运算结果即可。

1. CTC 中心与车站之间的通信

CTC 中心与车站通过广域网相连，CTC 中心的通信前置服务器与车站自律机建立 TCP 通信连接。CTC 中心与车站通信示意图如图 5-3-6 所示。通过 CTC 中心子系统和车站子系统间的信息交换，CTC 中心实时地得到列车在线信息，各个车站实时地得到 CTC 中心发布的运行图信息。

2. 车站自律机间的通信

各个车站子系统之间是互相平等的，各自负责本站的自律控制任务，不存在依附关系，可以自主运行，但是它们相互之间要交换信息。

车站自律机间的信息交换通过相邻的车站自律机之间直接建立的 TCP 网络通信连接来实现。

3. 局域网内的通信

一般地，在 CTC 中心局域网内部和车站局域网内部采用双局域网连接，以 C/S 模式建立通信连接。

在 CTC 中心局域网内，应用服务器作为服务端，其他服务器及工作站、终端作为客户端，应用服务器与其他服务器、工作站及终端建立 TCP 通信连接。

CTC 中心的通信前置服务器收到来自车站的数据后，转发给应用服务器，由应用服务器分发给某个或某几个工作站设备；CTC 中心向车站发送数据时，首先由某个工作站将数据提交给应用服务器，由应用服务器转发给通信前置服务器，再由通信前置服务器分发给相关的车站自律机。

（三）双网通信

1. 如图 5-3-6 所示，CTC 中心的通信前置服务器主机分别通过双环与车站自律机主机建立两条逻辑连接。

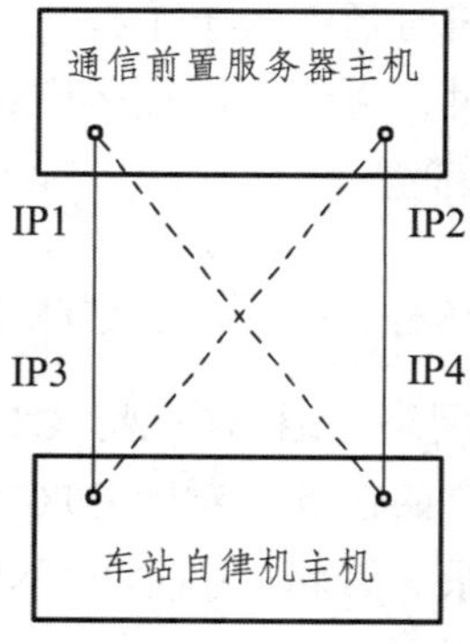

图 5-3-6　前置服务器与自律机的双网结构

2. 双网卡数据同时发出

在车站向CTC中心或CTC中心向车站发送数据时,同一包数据从不同的网卡同时发出,在传送过程中，如有一份数据由于中途网络故障不能到达目的地时，目的地可以采用另一份数据进行运算。当然，如两份数据被同时送到目的地时，可以采用先到目的地的那份数据，后到的数据可被丢弃。这也是提高网络通信可靠性很重要的一个措施。

3. 数据被发送前，做时间戳标记

为了使得目的地能够很好地标识两份数据是完全相同的，可以在发送数据之前，在两份数据包中打上相同的时间戳标记。目的地在收到数据包时，可根据数据内容和时间戳来判断两份数据是否一致，从而决定是否丢弃。

CTC 的通信协议应遵守铁路总公司的相关标准。传输层协议采用的是面向连接方式的TCP 协议，数据协议本身就可保证数据传输的可靠性。

五、系统网络管理

（一）网络管理体系结构及管理模式

1. 总体结构

中国铁路调度指挥管理系统网络划分为三层：核心层、区域层和接入层。铁路总公司节点为核心层，铁路局节点为区域层，核心层和区域层共同构成调度指挥管理系统广域网的骨干网，铁路沿线信源点（沿线各站、场、段）为接入层，接入层为基层网。中国铁路调度指挥管理系统主要包括 TDCS 和 CTC，其中 TDCS 和 CTC 在区域层和接入层是分别独立组网，在核心层和区域层之间是 TDCS 和 CTC 共同组网。

CTC 的网络管理是指对组成网络的各种硬软件设施的综合管理，以充分发挥这些设施的作用，并保证网络向用户提供可靠的通信服务。

与 TDCS 相比，CTC 对网络系统的要求更高，网络性能的好坏直接影响系统是否可以有效、正确地运转。

2. 管理模式

（1）管理范围。

① 铁路总公司网管中心主要管理铁路总公司中心网络设备和铁路总公司中心与各铁路局之间的广域网设备。

② 铁路局网管中心主要管理本铁路局 CTC 中心的 CTC 网络设备、本铁路局 CTC 中心与铁路总公司中心之间的广域网设备、本铁路局 CTC 中心和 CTC 车站之间的广域网设备、CTC 车站局域网内的网络设备。

③ CTC 车站网管主要负责管理车站局域网的网络设备。

（2）软件结构。

① 铁路局节点网管中心网管系统软件结构

铁路局中心节点（二级节点）网管中心只管理属于本节点范围内的网络。

② 铁路总公司网管中心网管系统软件结构

铁路总公司中心节点网管中心网管软件结构和二级节点网管中心网管软件结构大体上是一致的。

（3）各级网管之间的关系。

按照前述的体系结构，铁路总公司网管中心与各铁路局网管中心之间无论是在逻辑上还是在物理上，都是相对独立的。每一个铁路局网管中心只管理本区所的广域网络、车站的局域网和中心局域网络的网元设备，而不“知道”其他铁路局以及铁路总公司网管中心的存在。铁路总公司网管中心从各铁路局网管中心收集上报数据，这样，就存在其清理和复制进程与铁路局网管中心之间的连接，也即各铁路局的网管中心都置于铁路总公司网管中心的管理之下。

（二）网络管理功能

CTC 网络管理和 TDCS 网络管理一样，网络管理包括拓扑管理、安全管理、故障管理、配置管理、性能管理、网络测试、主机管理等功能。

1. 拓扑管理

拓扑管理能够快速自动发现管辖区域内的网络节点，自动生成铁路总公司、铁路局、车站各自所连接的广域网拓扑结构图，并真实反映各个铁路局之间的网络连接情况。

2. 安全管理

安全管理为用户提供了灵活的工具，以便鉴别用户及其数据，控制用户对资源的存取，同时对网上的机密信息实施保护。

安全管理分为网络的安全管理和安全的网络管理。

3. 故障管理

故障管理用于检测网络环境中的异常操作和现象。故障管理主要涉及故障检查、故障诊断、故障修复及故障记录等四个方面的内容。通过对管理信息的分析和处理，网络管理人员可以发现问题，并通过跟踪分析和故障隔离等多种方法，逐步确定故障的原因和位置，并进行错误报警和实施有效的隔离。

4. 配置管理

配置管理是用户最常用到的网络管理的基本功能。配置管理负责控制网络的配置信息，它提供有关的工具手段，使网络管理者可以生成、查询和修改网络各部分的运行参数和条件。

网络的配置信息通常包括网络设备的拓扑关系、域名、IP 地址、运行参数、备份条件和配置更改条件等内容的所有管理范围内的所有设备的任何静态和动态信息。配置管理就是通过修改被管对象（是一个逻辑概念，既可以是软件又可以是硬件）的属性来控制被管对象，保证网络的正常运转。

网络配置管理包括定义配置信息、设置和修改管理对象的属性值、定义和修改管理对象间的关系、定义和更改管理域、通过网络发布新软件等。

5. 性能管理

系统提供完整的网络性能分析和性能监测。系统提供性能阈值的设定功能、性能告警、性能数据的采集功能、性能数据的统计分析功能；系统根据用户要求的每条广域链路性能进行监测，根据业务系统服务器的性能进行监测。

性能管理是指对通信网中的网络元素的性能及网络通信的性能进行管理。该项管理网络的性能，并通过控制网络元素的性能来控制网络的整体性能，确保网络不会出现过挤的情况，为用户提供更好的网络通信服务。通过该功能，网管人员可非常方便地检查网络性能参数，包括现时的数据和历史数据。

6. 网络测试

为了简化管理人员工作，IP Net Manager 提供了一系列自动工具帮助管理人员套断和排除网络故障及进行网络测试。这些工具是：连通性测试、路由跟踪、时延关系测试，以及仿真终端等。

7. 主机管理

主机管理的对象为分布于 TDCS 业务网络的各个局域网之中，运行着关键业务应用的三机系统，包括各种应用服务器、工作站等，其操作系统平台涉及 SUN Solaris、HP-UX、LINUX、Windows 2000、Windows XP 等。

主机设备管理的功能范围包括主机运行状况的监视、系统故障和告警的处理以及系统性能的管理。

（三）分散自律调度集中系统网络安全

所谓网络安全，就是防止网络资源及用户被非法使用、被非法访问以及被非法侵扰和破坏。分散自律调度集中系统是铁路重要的行车指挥和控制设备，是铁路正常生产组织和调度指挥的核心系统，一旦受到黑客攻击、感染病毒，将会导致系统瘫痪，打乱正常的运行秩序，直接涉及行车安全。为确保分散自律调度集中系统的网络安全，必须装备网络安全系统。

分散自律调度集中系统虽然建立在一个封闭的专用网络结构中，但其所有资源是网络用户可以共享的，除自律机要求遵守“故障-安全”原则外，其他设备都不具备。因此，系统必须有效地防止黑客入侵，保证系统不被破坏或信息泄密。

分散自律调度集中系统在建立和使用的过程中，需进行大量的系统测试、软件移植、修改和维护工作。由于误接设备、违章使用等造成系统的“病毒”感染而导致系统瘫痪或设备损坏，严重影响了行车调度指挥的安全，因此，必须杜绝此类事件的发生，避免造成行车事故或运输秩序混乱等严重后果。

网络安全系统分类如下。

（1）防火墙及入侵检测系统。

（2）网络防病毒系。

（3）动态口令身份认证系统。
（4）安全漏洞评估系统 。

六、无线通信网络系统

FZh-CTC 型分散自律调度集中无线通信网络系统由两部分构成分别是无线车次号校核系统和调度命令无线传送系统。

（一）无线车次号校核系统

FZh-CTC 型分散自律调度集中系统对于无线车次号系统的要求更高，除了能传输既有的车次号、机车号和列车简单编组外，必须能传递列车停稳信息。

（二）调度命令无线传送系统

调度命令无线传送系统由 DMIS 设备、无线列调设备、DMIS 无线车次号车站接收解码器、TAX2 型机车安全信息综合监测装置（以下简称 TAX2 箱）、DMIS 无线车次号数据采集编码器（以下简称 DMIS 车次号编码器）、调度命令车站转接器（以下简称车站转接器）、调度命令机车装置等构成，如图 5-3-7 所示。

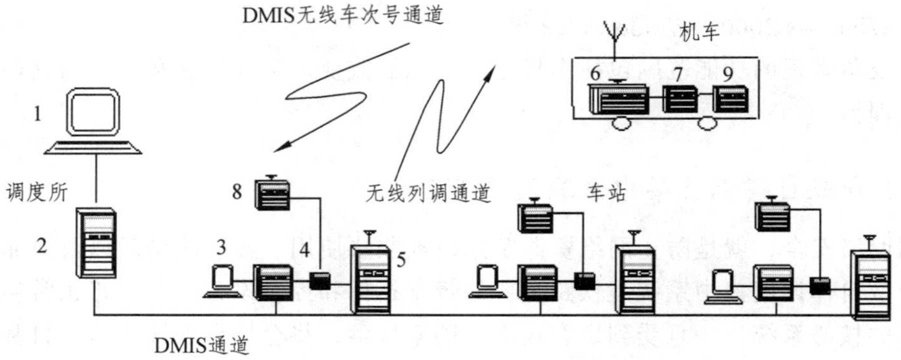

图 5-3-7　调度命令无线传送系统构成示意图

1—行车调度台；2—DMIS 总机；3—DMIS 车站设备；4—车站转接器；5—无线列调车站台；6—无线列调机车台；7—机车装置；8—车次号解码器；9—监控装置

第四节　行车调度指挥中心设备

调度中心子系统是 CTC 系统中完成行车指挥功能的核心，主要任务是完成数据的综合处理与存储，车站和交接口的运行监视、运行统计，阶段计划与调度命令的下达等工作，同时也提供了在非常情况下的人工控制功能及调车作业计划的编制、调车作业进路控制等功能。

调度中心子系统主要由以下设备组成：系统服务器（包括数据库服务器、应用服务器、通信服务器、时钟服务器）、调度员工作站、助理调度员工作站、控制工作站、值班主任工作站、综合维修工作站、培训工作站和系统维护工作站等。中心设备布置如图 5-4-1 所示。

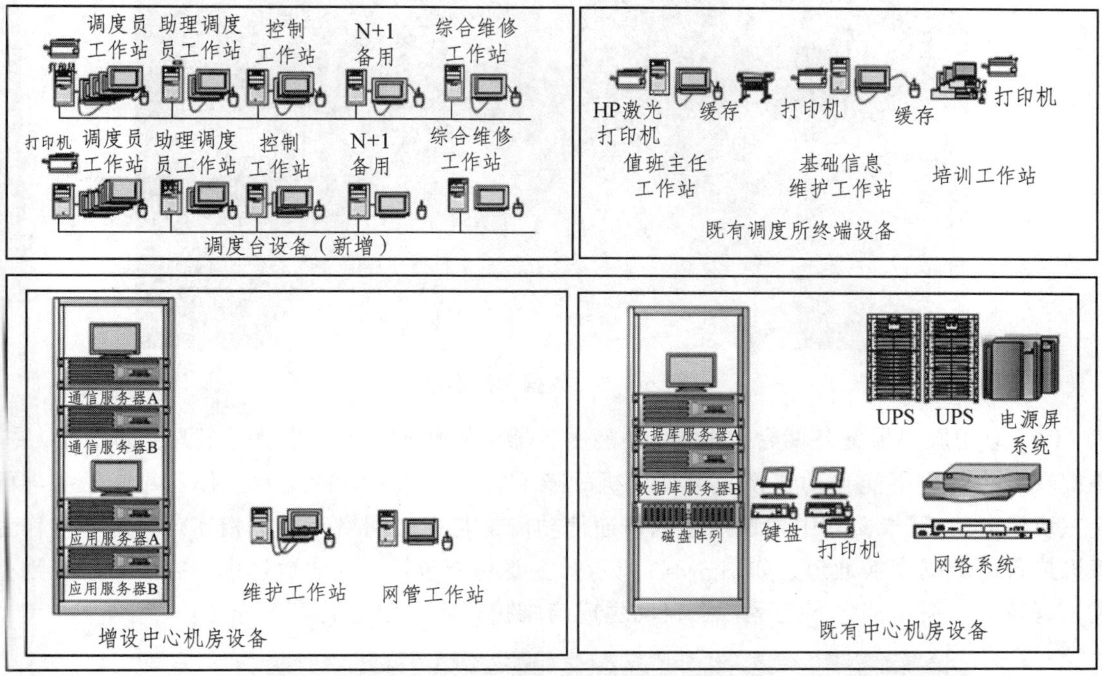

图 5-4-1　中心子系统设备组成

在中心局域网上，配置网络打印机和绘图仪，作为各种电子记录、统计报表和运行图的输出设备。

一、中心机房设备

（1）数据库服务器为运行在 UNIX 操作系统下的集群系统，由两台高性能 IBM 服务器及共享磁盘阵列组成，采用 Oracle 数据库平台构建 CTC 中心数据库，如图 5-4-2 所示。数据车服务器主要完成系统所有数据的存储工作。两套服务器连接共享磁盘阵列，共享磁盘阵列配置多路电源，磁盘阵列中的所有磁盘均能带电拔插，故障盘更换时不需要停机，RAID 组中的磁盘更换后能自动同步和恢复数据，使数据具有高度安全性。

Oracle RAC 原理：在一个应用环境当中，所有的服务器使用和管理同一个数据库，目的是为了分散每一台服务器的工作量，硬件上至少需要两台以上的服务器，而且还需要一个共享存储设备。同时还需要两类软件，一个是集群软件，另外一个就是 Oracle 数据库中的 RAC 组件。同时所有服务器上 OS（Operating System）都应该是同一类 OS，根据负载均衡的配置策略，当一个客户端发送请求到某一台服务的“listener”后，这台服务器根据我们的负载均衡策略，会把请求发送给本机的 RAC 组件处理，或者会发送给另外一台服务器的 RAC 组件处理，处理完请求后，RAC 会通过集群软件来访问我们的共享存储设备。

图 5-4-2　数据库服务器

（2）应用服务器配备两台 IBM 高性能服务器，实现阶段计划辅助行车调度的功能，主、备机在故障情况下能自动切换，保证单机故障不影响整个系统的正常工作。每个服务器配置三块 100 M 网卡，其中两块用于网络通信功能，与中心网络交换机相连，另外一块作为双机热备的数据交换通道，如图 5-4-3 所示。主要功能包括：存取数据库，完成阶段计划生成、调整、冲突检测，实迹运行图自动生成与维护管理，消息转发等应用。

图 5-4-3　应用服务器

基本操作—查看状态

（1）程序采用了后台运行的方式，并没有直接的界面。

（2）以 ctc 用户在/home/ctc/cad/tools/目录下运行 show 命令（或者直接输入："ps x | grep svr"）查看各任务状态。

cad 安装在/home/ctc/cad/目录下，有如下子目录：

Run：运行目录。

Config：配置目录。

Log：日志目录。

Data：回放数据目录。

Input：基础数据目录。

Tools：常用工具目录（非必需）。

应用服务器日志文件如图 5-4-4 所示。

名称	功能	运行目录	启动命令	关闭命令	日志目录	日志名称
ctcdaemon	热备看护	ctcdaemon/	start	stop	ctcdaemon/	daemon_yyyymmdd.log
commsvr	通信中枢	commsvr/	startvr	stopvr	commsvr/	cmsvrlog_yyyymmdd.log
svr_rt	调监	cad/run/	start_rt	stop_rt	cad/log	rt.log（当前）
svr_replay	回放记录	cad/run/	start_replay	stop_replay	cad/log	replay.log（当前）
svr_tg 按照调度区段独立，xx 为调度台号	运行图	cad/run/	start_tgxx	stop_tgxx 如：关闭 1 号调度台命令为 stop_tg01	cad/log	tgxx.log（当前） 如：1 号台对应日志为 tg01.log
svr_mdb	基本图、日版计划、列控命令、电力状态	cad/run/	start_mdb	stop_mdb	cad/log	mdb.log（当前）
svr_db	存车、速报、记事	ctc/cad/run/	start_db	stop_db	cad/log	db.log（当前）
svr_hsty	历史数据	cad/run/	start_hsty	stop_hsty	cad/log	hsty.log（当前）
svr_sdb	用户管理、登录	cad/run/	start_sdb	stop_sdb	cad/log	sdb.log（当前）

图 5-4-4　应用服务器日志文件

注：1、表格内所有用户均需要以 ctc 用户运行，所有运行目录和日志目录均在/home/ctc/目录下。
2、红色标注通常不需要手工运行。

（3）通信前置服务器配备两台高性能服务器，用于完成调度中心与车站子系统之间的信息交换。每套服务器配置两块自动镜像并且可热插拔的 SCSI 硬盘，确保数据存储的可靠性。如果硬盘发生故障，可以采用在线的方式更换。每个服务器配置三块 100 M 网卡，其中两块用于网络通信功能，与路局网络交换机相连，另外一块作为双机热备的数据交换通道。

CTC 系统的通信前置服务器用于中心和车站通信的数据转发，其配置为双机，A/B 机不分主备，即不存在主备切换的问题。其界面如图 5-4-5 所示。

自律机的主机图标显示为绿色，备机图标显示黄色，如果自律机没有登录上来则显示红色。如果车务终端登录上来的话，则显示绿色，没有登陆则显示为“打叉”的状态。采集状态正常的话也显示绿色，如果不正常则显示“打叉”。

CTC 通信前置服务器安装在 C:\dmis\run 的目录下，共有两个目录：

run：数据和日志。

dll：程序。

CTC 通信前置服务器的日志记录在 C:\dmis\run 的目录下。

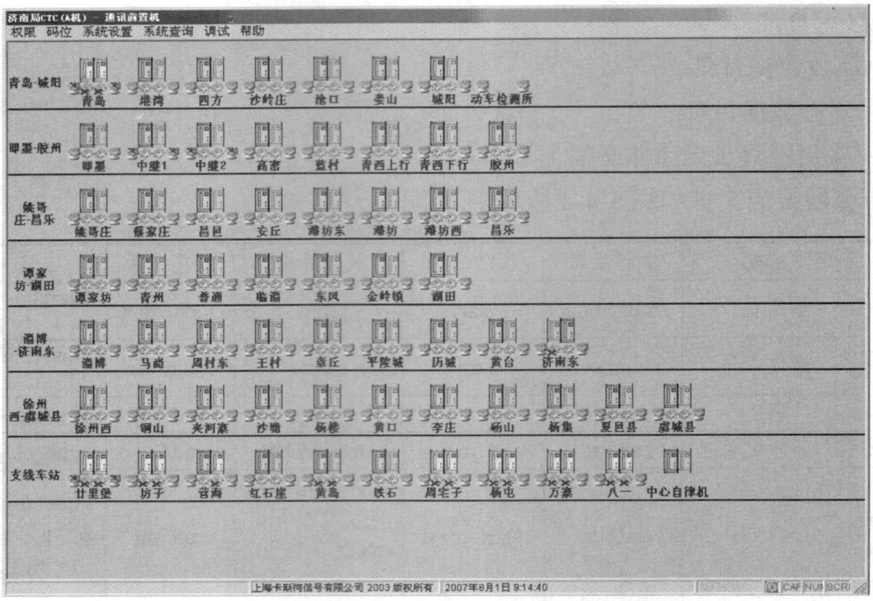

图 5-4-5 通信前置服务器

（4）整个系统中设置一台时钟服务器，在时钟服务器中安装有 GPS 时钟授时仪，该服务器通过串口与 GPS 授时仪相联，以获取精确的卫星时钟基准，为整个 FZh-CTC 系统提供统一的时钟源信息。时钟服务器上有时钟校对程序，保证 CTC 网络系统中所有的车站终端和调度终端每隔一段时间（时间可以设定）向时间服务器校时，这样每个终端都是 GPS 时间。校时采用网络校时协议（NTP），这种协议考虑到了终端与时间服务器之间传输数据的时间。

（5）接口服务器（与铁路总公司 TDCS/CTC 中心接口、与相邻 CTC 接口、与 TDCS 接口、与 TSRS 接口、与 RBC 接口、与 GSM-R 接口、与信息处 TD 中间库接口、与投影系统接口服务器等）、复示终端查询服务器、对外信息提供服务器（与运调系统接口服务器等）。

① 通过既有中心 D/T 结合系统，通过串口与 TMIS 系统交换信息，以 TCP/IP 方式接入系统网络。TMIS 向 CTC 传送基本图、日班计划、运统一及调度命令、调车作业计划等信息。CTC 向 TMIS 传送站存车信息、甩挂车信息、小编组信息、阶段计划及调度命令等信息。

② GSM-R 接口服务器。

GSM-R 接口服务器与 GSM-R 系统接口。GSM-R 作为无线综合通信平台，CTC 可通过 GSM-R 实现进路自动预告、无线调度命令传输（含行车凭证）、无线调车作业单传输、无线调车机车信号和监控、无线车次校核、列车停稳以及列车完整性报警等功能。

③ 无线闭塞中心（RBC）接口服务器。

④ CTC-TSR 接口服务器。

日志文件位于 c:\DMIS-TMIS 通讯机\run 目录下

系统日志文件位于 c:\TMIS-DMIS 通讯机\run 目录下，日志文件名称一般为日志文件记录的日期。

日志文件分为 Alarm 和 log 两种，log 主要是记录操作数据库失败或者错误的日志记录。记录内容为时间，错误原因，错误代码及执行数据库操作错误的数据库 sql 代码；Alarm 文件记录数据交换的详细信息，其中包括读取、导入数据时间，结果。

图 5-4-6　时钟服务器

对于操作数据库错误信息、数据库连接状态（连接、恢复）、主备机状态切换及状态变换等一些重要报警信息，记录前面有“★”标识，通过搜索日志文件可查看详细信息。

对于读取确报信息，日志文件前带有“☆”标识，通过搜索日志文件可查看详细信息。

对于读取、发送邻台计划及邻台拒绝计划信息，日志文件信息中带有“******”标识，通过搜索日志文件可查看详细信息。

对于读取发送调度命令、列车小编组、站存车信息，日志文件信息中带有“^^”标识，通过搜索日志文件可查看详细信息。

图 5-4-7　接口服务器

（6）网络安全防护设备。

调度集中网络子系统是基于 TCP/IP 协议的网络系统，与专用网络相比较，具有较高的开放性和互联性，使整个系统具有很好的可扩展性和强大的接口功能，同时也提出了更高的网络安全防护要求。

漏洞评估主机网络版杀查毒软件可以随时监控网络上每台安装有 Microsoft Windows 系列操作系统的计算机，一旦发现病毒立即查杀。同时，与其他系统联网时，不采用 TCP/IP

协议，而使用带光电隔离的 RS-232、RS-422、RS-485 等串行通信方式相连。

（7）电源及防雷设备。

根据现场实际条件也可以把电源室设备安装在中心机房；调度中心电源系统采用集中供电的方式。电源室设备由防雷屏、转换屏、稳压屏、UPS 电源屏组成。系统具备两路独立电源，单独设置具有无缝自动转换、稳压和隔离功能的模块化智能电源屏，并配置两套互为热备的在线式 UPS 电源设备，采用免维护蓄电池，中心可持续供电时间为 40 min。

CTC 中心机房及调度所采用集中供电方式。设备包括专用电源屏（见图 5-4-8）、电源防雷模块和 UPS。单个 UPS 的容量需为 30 kVA。

UPS 供电状态信息由 CTC 网络维护终端通过串口方式采集。当 UPS 的供电中断，并且电池的消耗达到一定程度时，UPS 将通过标准协议通知网络维护终端，并由其通知 CTC 中心系统其他设备安全关机。当供电恢复时，系统设备能够自动启动。

CTC 中心采用独立电源供电，容量为 30 kVA。

图 5-4-8　CTC 中心电源屏

CTC 中心另配防雷屏（柜）一套，用来统一摆放通道防雷模块。防雷设备安装在网络柜的最底层，对广域网的数字通道提供防雷保护。

（8）电务维护工作站。

在系统维护工作站上以图形的方式显示以下信息。

① 调度集中服务器，通信服务器和相关调度台工作站的工作状态。

② 车站 CTC 自律机，车站值班员终端的工作状态。

③ 车站采集/输出板的工作状态及码位状态。

当系统维护工作站所监控的设备出现故障时，给予语音或文字报警。

分散自律调度集中机房维护人员在维护工作站上可进行分散自律调度集中系统基础数据的维护和更新操作。

系统维护工作站配备有一套高性能计算机，主要用于系统设置、调试和技术支持；在授权的情况下，具有远程维护与技术支持的功能。同时具有监视系统的运行状况的功能，对系统、现场设备运用情况，操作命令，报警信息进行记录、分析、回放、输出和打印，运行信息的记录保存时间为 13 个月。

（9）网管工作站。

网管工作站配备为一套带双屏显示的高性能工作站，配高可靠网管软件。

网络管理工作站提供监督分散自律调度集中中心局域网和分散自律调度集中广域网运行状况的功能。以图形方式显示网络拓扑图和广域网通道状态。当所监控的网络设备发生故障时，给予语音或文字报警，工作界面如图 5-4-9 所示。

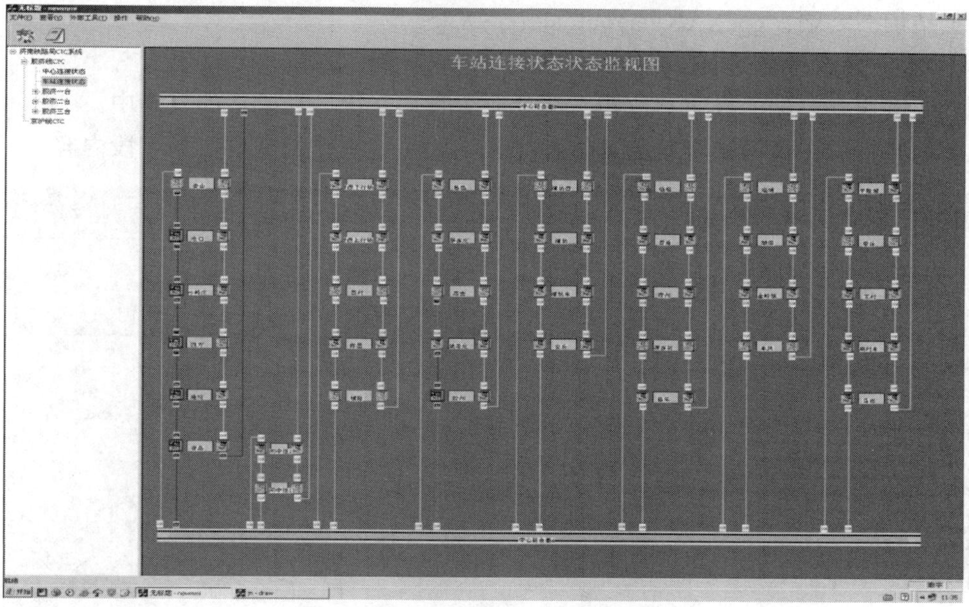

图 5-4-9　网络管理工作站界面

二、调度大厅设备

（一）调度员工作站

负责铺画运行线，组织施工，发送施工调度命令等。负责监视车辆运行情况。

列车调度员工作站是列车调度员的工作平台，使用分散自律调度集中系统的列调工作站所提供的界面来完成调整和下达列车阶段计划，维护实迹运行图，下达调度命令以及与相邻区段列车调度员交换信息。

列车调度员工作站的显示器用来显示实际运行图界面、调度命令界面，站场基本运行图界面等。列车调度员工作站采用双机互备，当主用设备发生故障时，可取代故障设备，保证系统能连续正常工作。调度员台运行图如图 5-4-10 所示，调度员台站场图界面如图 5-4-11 所示，调度员台调度命令界面如图 5-4-12 所示。

1. GPC（调度台应用软件）目录结构

在安装目录 D:\CTC_GPC_TD 下，有以下五个子目录。

（1）data：存放 GPC 所需数据。

（2）dll：存放 GPC 的运行图终端和调监终端等程序。

（3）log：日志目录。

（4）xml：运行图数据保存目录。

（5）DCMD（调度命令管理系统）：存放调度命令的数据和程序。

2. GPC（调度台应用软件）日志文件

（1）日志文件安放在 log 下，各个终端分别记录日志。

（2）运行图终端：gpcXXX_wintg_alarmXX.log。

（3）站场图终端：gpcXXX_layout_alarmXX.log。

（4）XXX 为该终端的 gpc 号数字，XX 为当天日期。

（5）调度命令终端的日志存放在“调度命令管理系统”目录下的目录中。

（6）这些日志记录了调度员的具体操作和一些关键操作的重要数据字段内容。

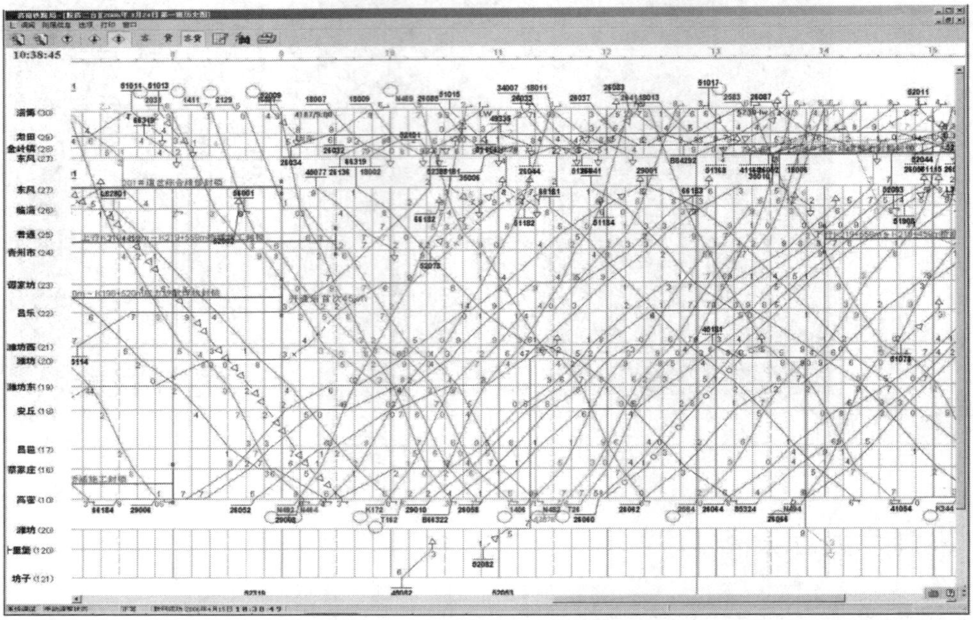

图 5-4-10　调度员台运行图界面

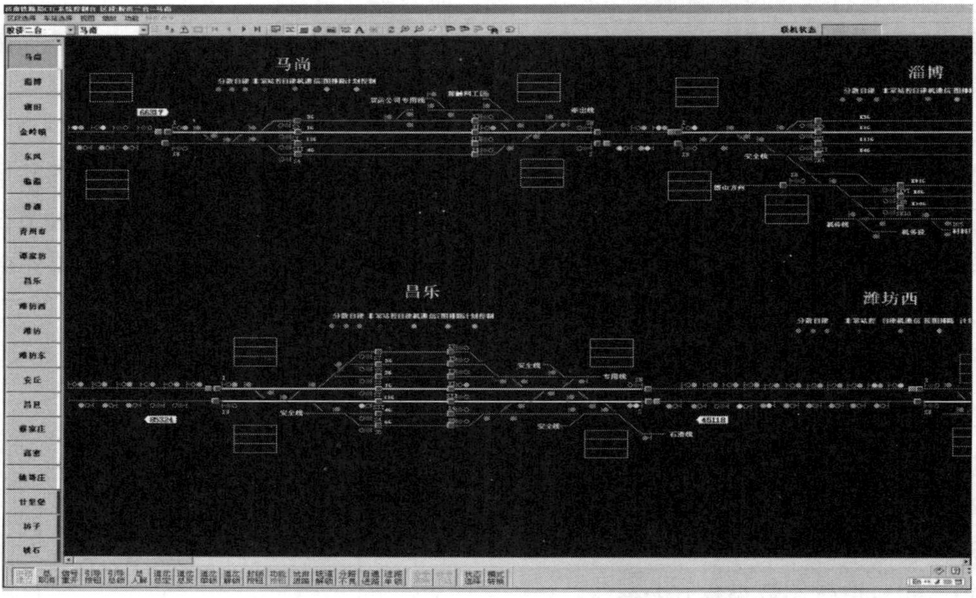

图 5-4-11　调度员台站场图界面

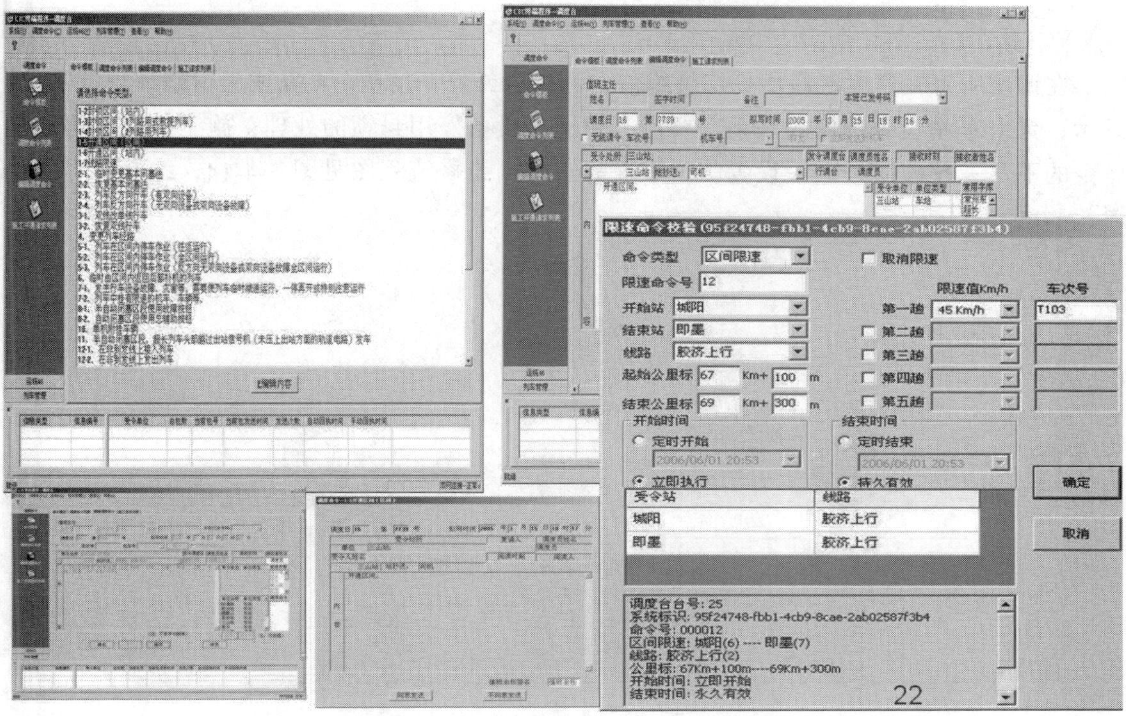

图 5-4-12　调度员台调度命令界面

（二）助理调度员工作站

调度中心采用操作员工作站与助理调度员工作站合一的方式，助理调度员还要完成操作员工作站的工作。

本工作站监督各站进路序列情况及进路办理情况，及时处理一些需人工干预的接发列车作业。工作站采用双机互备，当主用设备故障时，可取代故障设备，保证系统的连续正常工作。

工作站的显示器可以分别显示管辖范围内每个车站进路操作控制界面和列车运行图界面，如图 5-4-13 所示。

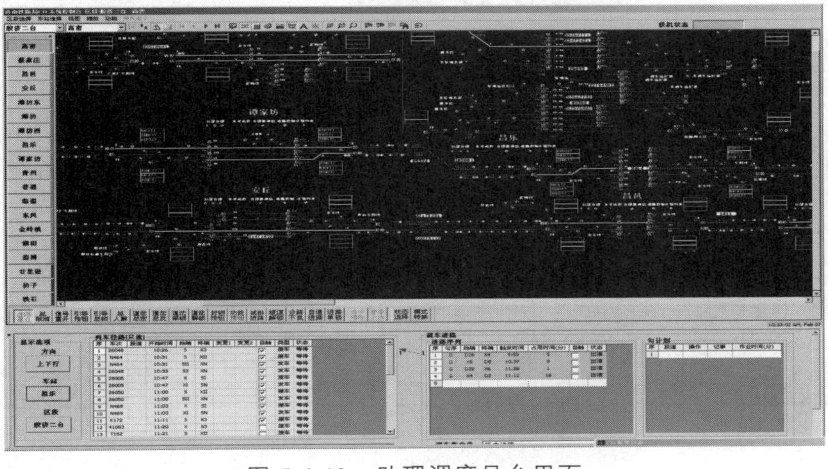

图 5-4-13　助理调度员台界面

（三）综合维修员工作站

在调度所每一调度区段增设综合维修台和综合维修调度员。可完成天窗修计划的制定、下达；无人车站设备维修的联系、要点、登记；设备停用封锁的处理；施工、限速等调度命令的下达；超速防护区段设置临时限速等工作。维修流程图见图 5-4-14，维修台界面见图 5-4-15。

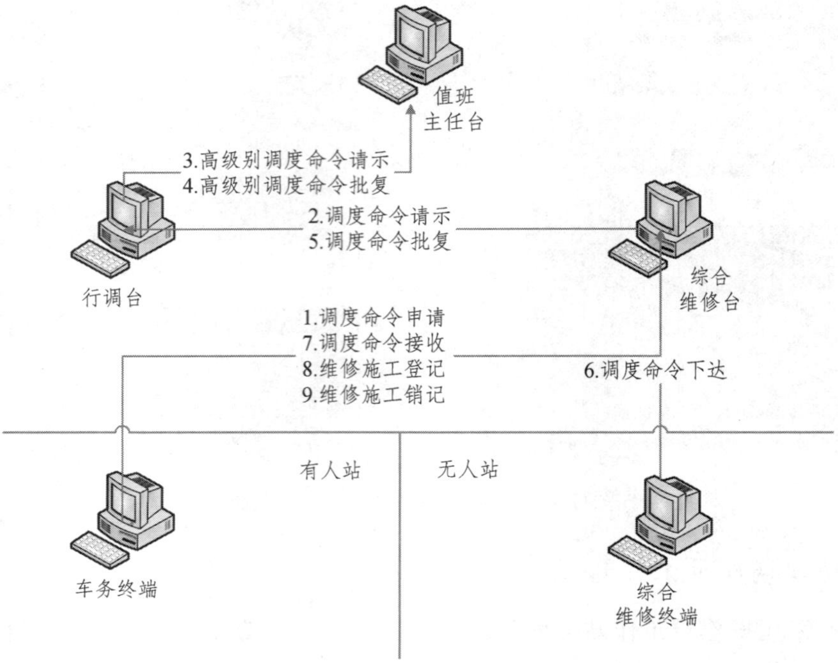

图 5-4-14　综合维修员维修流程图

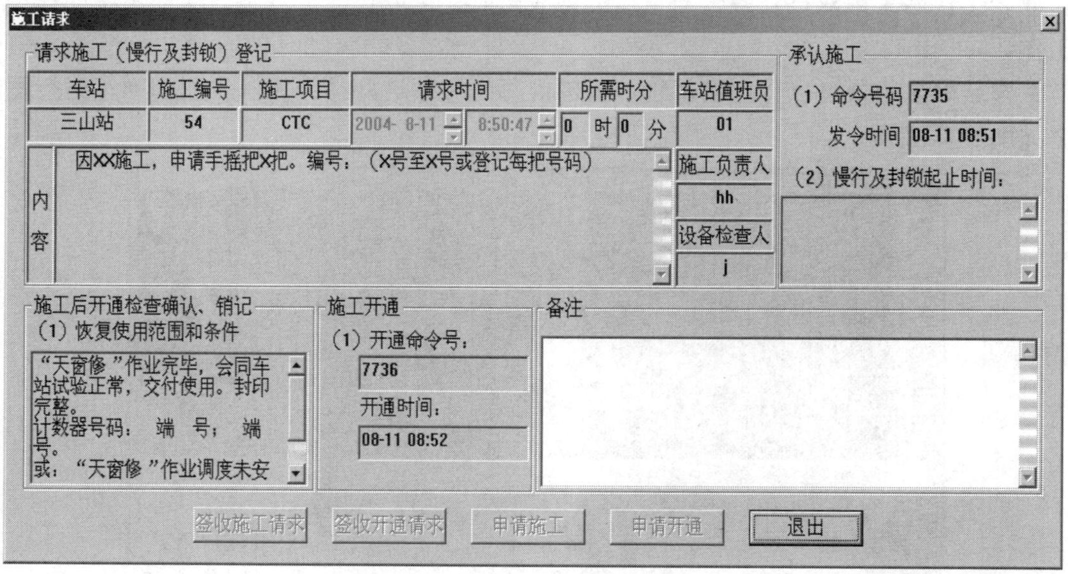

图 5-4-15　综合维修台界面

（四）值班主任工作站

值班主任工作站由配备了双屏显示器的高性能工作站组成，用于完成对管辖各调度区段行车信息的监视与调度命令的签发等任务。

值班主任工作站的主要功能如下。

（1）了解调度集中区段的列车实际运行图。

（2）了解车站接发车作业情况和调车作业情况。

（3）发布调度命令及其他管理信息，值班主任工作台如图 5-4-16 所示。

图 5-4-16 值班主任工作台

（五）基础信息维护工作站

基础信息维护工作站可实现基本图信息维护，行调台基础信息维护（包括站场设备信息、区间运行信息、通用模板信息、车次种类信息），系统配置信息维护。

（六）培训台工作站

培训台工作站多台高性能商用机组成，并根据实际需要配置多屏显示，为调度所各级行车指挥人员提供岗位技术培训。这几台机器上安装相应的应用软件，在中心建立一套专供培训使用的数据库，并在应用服务器的数据库内按照一个调度台的规模配置所需信息。在仿真培训环境内，操作人员可模拟值班主任向行调台发送日班计划、调度命令等信息，也可模拟行调台铺画阶段计划，并向车站下达阶段计划、调度命令等信息，仿真环境内的站场设备状态，都与现场实际设备状态一致，在仿真培训环境内使用应用软件，不会影响正常系统的使用，培训工作站如图 5-4-17 所示。

（七）调监显示工作站

用来显示站场基本运行图界面等。列车调度员工作站采用双机互备，当主用设备故障时，可取代故障设备，保证系统的连续正常工作。

图 5-4-17　培训工作站

（八）打印机和绘图仪

调度中心的一台网络绘图仪，作为共享设备，执行各工种的实迹运行图的绘制和其他相关报表的绘制任务。

图 5-4-18　网络绘图仪

（九）N+1 备份工作站

作为调度台的备份工作站，上面存有调度台各个终端的程序和配置，当某个终端出现故障时，此工作站可以直接顶替发生故障的终端使用。

第五节　CTC 的车站设备

CTC 车站设备分布在信号机械室和车务运转室，设备布置情况如图 5-5-1 所示，为了加强车站设备的可靠性，车站子系统设备，包括信息采样输出控制接口、车站自律机、数据传输网络和操作终端，各部分均采用双套冗余设计。

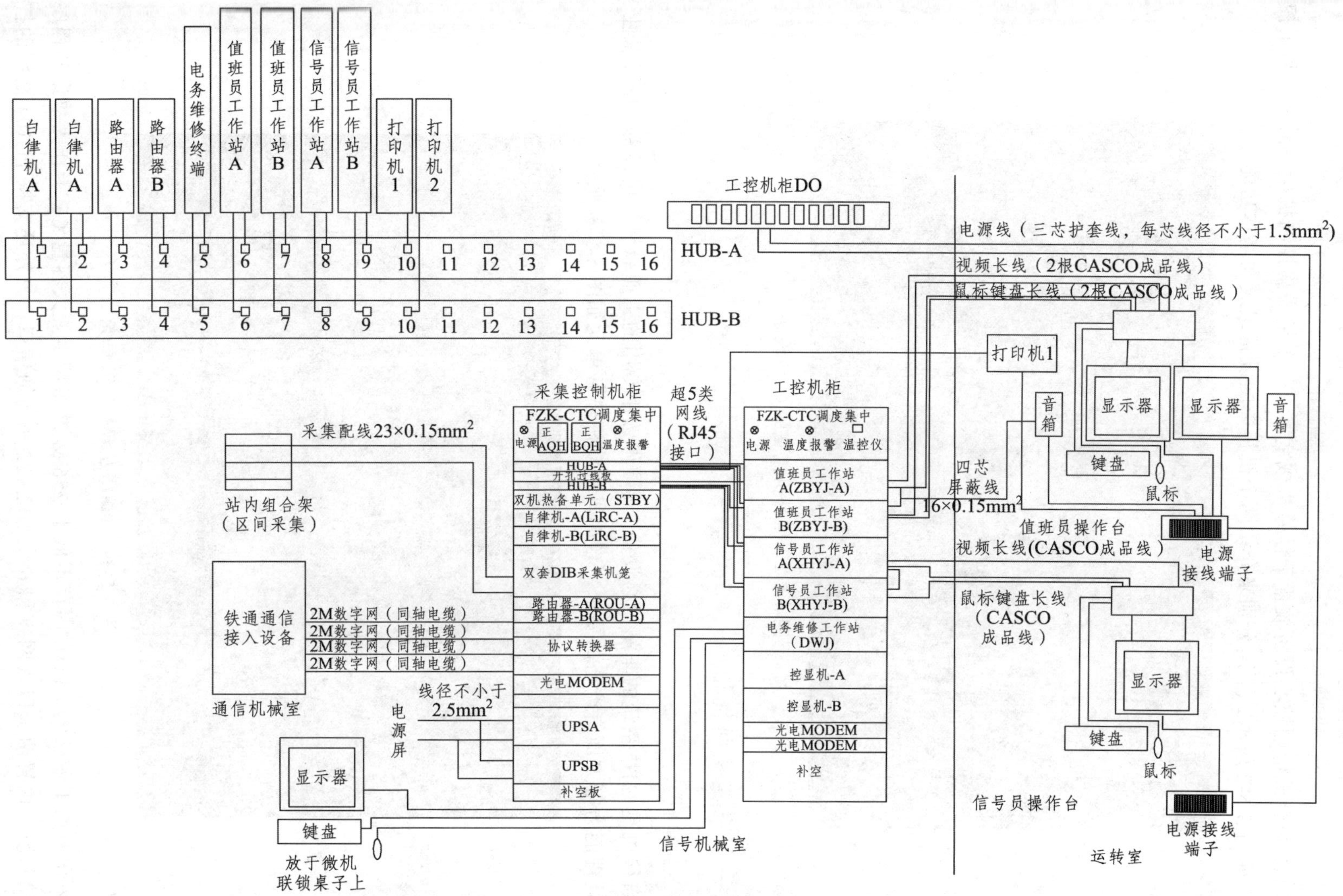

图 5-5-1　车站设备分布图

一、信号机械室设备

CTC 两个机柜的核心设备放置于信号机械室内，一个是采集控制机柜，另一个是工控机柜，如图 5-5-2 所示，下面分别来介绍两个机柜中的设备组成和基本功能。

图 5-5-2　信号机械室的 CTC 设备

（一）采集控制机柜

1. 自律机

自律机是 CTC 系统的车站核心设备，其硬件选用专用的工业级计算机设备，在可靠性、数据处理能力等方面有严格的要求，自律机及双机热备单元如图 5-5-3 所示。

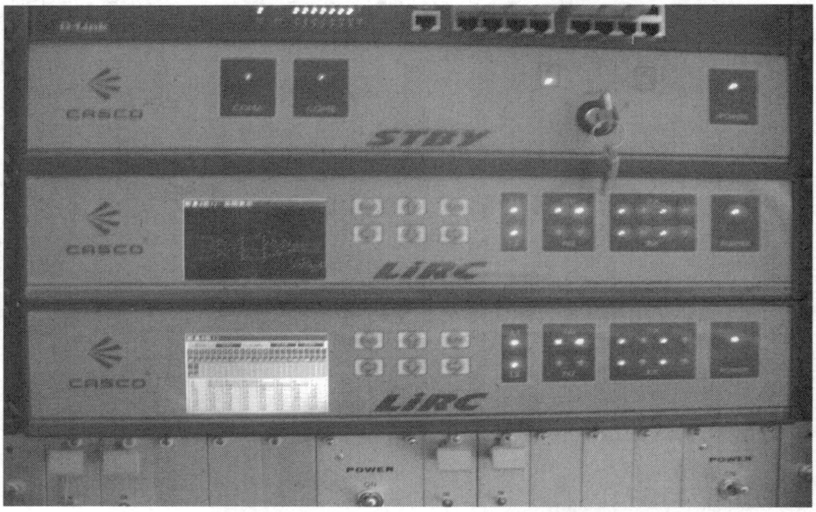

图 5-5-3　自律机及双机热备单元

采用专用工业级的 CPU、内存不低于 256 M 并采用工业大容量 CF 卡作为数据和程序的存储介质、内置两个以太网口和 6 个 232/422 串行通信口，另外还支持 PC104 总线的扩展。车站自律机的操作系统则是特殊定制的实时、多任务操作系统，在软件设计上保证高效、简洁、严密，且经过完整全面的测试。

图 5-5-4　新型自律机

自律机的主要功能包括如下。

（1）接收、存储调度中心的列车运行计划，并可以自动按计划进行进路排列，驱动联锁系统执行。

（2）接收调度中心和本地值班员（信号员）的直接控制操作指令（按钮命令），经与列车计划以及联锁关系检查后，确认无冲突后驱动联锁系统执行。

（3）对信号设备的表示信息进行分析，确认进路的完整性和信号的正确性，并能对不正常情况进行处理。

（4）对车次号进行安全级管理。

（5）接收邻站的实际和计划运行图。

（6）接收调度中心和本站值班员的进路人工干预，并调整内部处理流程。

2. 信息采集装置

信息采集子系统是整个 CTC 系统的基层采样、预处理系统，也是 FZh-CTC 系统的重要组成部分。信息的隔离采样，在硬件上采用双机热备、软件自动倒机模式；在内部逻辑处理上，采用对交流信号的高速处理，完成在信息采样方面的故障-安全性处理。

3. 网络接口设备

网络接口设备与双套自律机系统安装在同一机柜中，选用基于开放式 TCP/IP 协议的设备，国际统一标准的交换机、路由器、协议转换器设备；成熟的商用软件、众多的厂商支持使整个系统产品生命周期变得更长。

4. UPS 电源设备

电源、防雷设备是 CTC 系统车站子系统的基础性设备。整个车站 CTC 系统的电源来自专用的智能电源屏，采用双路电源无缝切换技术，实现对两路电网输入的无缝切换；同时提供电源屏系统监控接口，使得车站子系统核心设备随时掌握本身电源系统的状态；UPS 采用双机热备，能自动切换。

电源防雷设备安装在 CTC 电源屏的输入配线柜中，通道防雷设备安装在 CTC 自律机系统机柜的底层，保证系统免受雷电危害，如图 5-5-5 所示。

图 5-5-5　电源与防雷设备

（二）工控机柜

值班员终端、信号员终端是车务运转室的值班员、信号员操作使用的，但设备由电务人员负责维护，因此将值班员终端、信号员终端的输入输出设备（显示器、鼠标键盘）通过 KVM 延长器延至车务运转室供值班员和信号员操作使用。

1.（值班员终端）车务终端

车务终端采用工业控制计算机组成双套冗余热备系统；是对车站自律机中指令及命令人工干预的输入平台。每台单机通过双以太口组成一虚拟端口连接在车站双网中，除完成本站行车日志的自动生成、调度命令签收等 DMIS 的功能外，还能完成调车作业计划的编制、申请以及调车进路和其他特殊进路的办理等功能。

2. 电务维护终端

电务维护终端使用工业控制计算机，主要工作有：监视系统的运行状况，对所有操作控制命令、设备运用情况、车站码位查询、微机监测的相关功能、故障报警信息和车站网络运行状态等进行分类存储、查询和打印，如图 5-5-6 所示。

图 5-5-6　工控机柜中的电务维护终端

3. 信号员终端

车站信号员终端主机设置于车站信号机械室内，一般配置双液晶显示器，并采用双机热备模式。

二、车务运转室设备

车务运转室设备如图 5-5-7 所示。

（a）工作台界面

（b）接线图

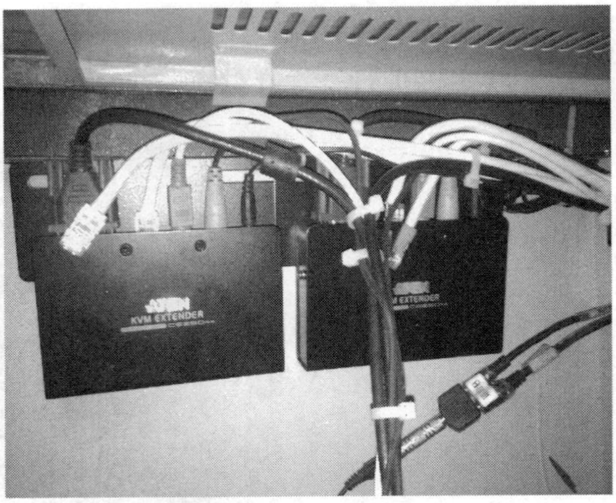

（c）KVM 延长器

图 5-5-7　车务运转室设备

（一）值班员终端输入输出设备

车站值班员工作站的功能主要包括如下内容。

1. 站场功能

站间透明（本站和邻站站场图表示）；按钮操作。

2. 行车图表

行车日志生成、查阅和打印；运行图生成；阶段计划接收签收；历史行车日志查阅和打印。

3. 行车控制

本站 CTC 按钮操作；调车计划显示和操作；调车进路序列控制；进路序列显示和操作。

4. 限速功能

往列控中心发送限速命令。

5. 其他

用户管理、登录和注销；调度员调度命令接受、签收、查阅和打印；阶段记事接受和签收；现存车上报；编组上报；速报信息接收和上报；车站调度命令上发；会让计划生成；双机信息同步。

报警：日志文件生成；行车信息报警；行车异常报警；信号设备、系统故障报警；重要行车操作查询；

帮助：版本信息；常用功能操作帮助；

（二）信号员终端输入输出设备

信号员终端输入输出装置是在分散自律调度集中控制状态下，信号员用来辅助值班员控制车站信号设备，主要作用是办理调车作业和监督列车进路序列的正确性。

（三）KVM 延长装置

KVM 延长装置用于将工控机输出的视频和键盘鼠标信号传送至运转室。与安装在运转室的两台显示器和鼠标键盘相连。即主机与显示器分置，值班员只能在显示器上操作，不能开关主机。

三、通信机械室设备

除上述设备外，车站 CTC 车站系统还包括无线车次号校核系统、调度命令无线传送系统。两套系统是属于无线通信设备的，因此放置于通信机械室内。

无线车次号校核子系统，通过标准接口与车站自律机相连接。

调度命令无线传送子系统，其地面设备包括运转室的无线列调设备与车站转接器，通过标准接口与车站自律机相连接。

具体内容将于本章第七节进行详细讲解。

第六节　综合维修管理和系统维修监视

CTC 系统的维护一般由电务段信息设备车间担当，工作内容包括设备管理、日常维护、故障处理等。以下从软件维护、站机硬件维护、网络维护三个方面进行说明。

一、软件的部署和维护

分散自律调度集中系统功能是由很多功能模块共同完成的。为保证电务段在施工配合及维护工作中有序按规定安装程序、配置数据文件，必须统一软件及配置存放目录。当主机系统出现故障时（如蓝屏、黑屏、死机，重启机器仍不能恢复时），须用交接时提交的系统维护盘（或光盘）对系统进行恢复。

下面介绍各软件模块的功能。

（一）自律机

1. 工作原理及功能

CTC 系统中，对位于每一个车站上的自律机来说，它接收来自系统各处的指令和数据信息，选择合适的时机将指令下达给站场联锁设备。自律机同时也担负着汇总站场信息，向整个 CTC 系统提供数据的任务。同时自律机还具备一套完整的自律规则，与系统其他终端配合可实现进路自动选排、进路人工选排、远程操控、车次追踪、自动报点、进路预告、调度命令上机车等一系列功能。根据《站细》和《技规》，及时发现违反规定的列/调车计划和人工操控，保障行车安全。

自律机主动连接通信服务器、电务维护终端、下行两个邻站自律机。

2. 配置文件部署结构（以 A 机为例）

在 CTC 系统中，与自律机模块相关的配置文件共有四个，如图 5-6-1 所示。

（1）SLM.ini：该配置文件仅用于重定向到实际的配置文件。

（2）XX 自律 A/B 机.ini：该配置文件是某站自律机所需要的各种数据、参数的集中存放地。

（3）SLM.exe：可执行程序文件。

（4）Service.ini：通信模块配置文件。

其实 A、B 机的配置文件内容基本相同，只有系统参数配置表、系统 SID 不同，其他均相同；在自律机文件夹中应放置与本站相关联的邻站自律机配置文件，目的是为了车次的追踪和校核工作。

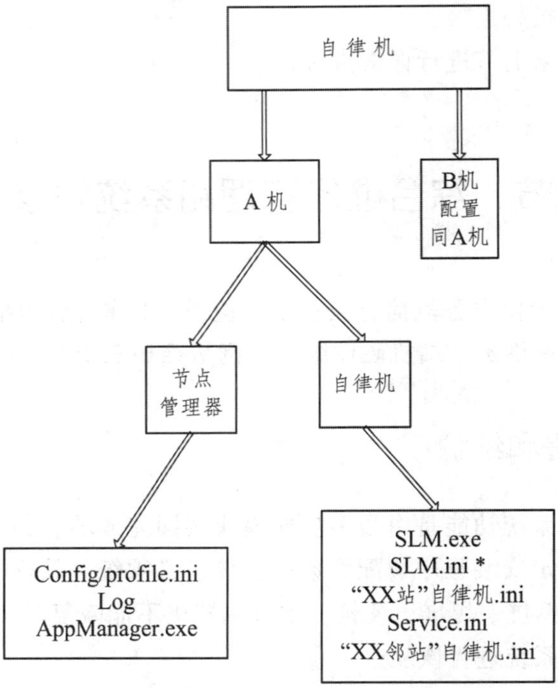

图 5-6-1　自律机软件的配置文件

（二）节点管理器

为避免在应用程序的运行过程中，由于内部错误或其他原因可能导致的应用程序运行故障，从而影响客户的正常使用，系统使用双机切换的方式予以解决。系统将主、从两台计算机连接在一起，以虚拟 IP 的形式向客户提供服务，在一台计算机应用程序发生故障时，将应用迁移到另一台机器上，从而保证向客户提供连续的服务，提高关键性部位的可用性。节点管理器模块就是为了实现这个目的而设计出来的。

1. 节点管理器启动过程

双机启动，节点管理由配置文件设定主、从节点及其相应的启动参数，启动已向其注册的应用程序，通知应用程序机器目前所处的状态，如果机器状态为主节点，则启用虚拟 IP 地址，以供应用程序使用该 IP 地址进行网络通信，对于从节点，则不提供虚拟 IP 地址，否则将造成 IP 地址冲突。节点管理器在初始启动过程中，自身节点状态的判定首先是根据对方节点管理器的状态进行，这就要求节点管理器之间要能够进行正常的心跳通信。

节点管理器初始启动时，心跳通信处理逻辑如表 5-6-1 所示。

表 5-6-1　心跳通信处理逻辑表

A 机 （配置为主节点）	B 机 （配置为备节点）	处理机制
启动	启动	A、B 机在启动时，初始化自身状态为“未知”，因此，A、B 机通信恢复正常后，将会发生状态冲突，此时，A 机由配置文件中的相应参数将自身状态设置为主节点，并创建虚拟 IP 地址，B 机由配置文件中的相应参数设置自身状态为备节点
启动	已启动， 正在运行中	（1）A 机根据 B 机的状态设置自身的状态（若 B 机为备机，则设置自身状态为主机，否则，设置自身状态为备机）； （2）B 机状态保持不变
已启动， 正在运行中	启动	（1）A 机状态保持不变 （2）B 机根据 A 机的状态设置自身的状态（若 A 机为备机，则设置自身状态为主机，否则，设置自身状态为备机）

当节点管理器之间不能进行正常的心跳通信时，节点管理器将不能收到对方的心跳信息，该状态持续一定的时间后，将会发生心跳超时，此时，系统将根据是否作降级处理，自动设置自身状态（若降级处理标志为真，则节点管理器的状态为从，否则为主，并创建虚拟 IP 地址）。

2. 节点管理器运行过程

节点管理器在其运行过程中，根据应用程序定时报告的状态信息，监视各应用程序运行情况，如果在其所管理的应用程序中，有一应用程序的运行情况不正常或在设定的超时时间到时仍未报告其运行状态，节点管理器会进行故障切换，首先删除虚拟 IP 地址（如果存在），向对等节点管理器发送相应的故障切换命令，关闭本宿主主机有运行状态不正常的应用程序，并重新启动坏掉的应用程序进程。对等节点根据接收到的故障切换命令，设定自身的节点状态，并向发送节点发送切换完成的指令，发送方接收到切换完成的指令后，设定自身的节点状态。在故障切换完成后，状态为主机的节点管理器将向本地局域网广播 ARP 数据包，以查看本地网络中是否存在设定的虚拟 IP 地址，如果存在虚拟 IP 地址，则该虚拟 IP 所在的宿主应用程序，将删除该虚拟地址，以便由节点状态为主机的节点管理器创建并保留虚拟 IP 地址。

节点管理器在开始运行以及整个的运行过程中，可能会检测到应用程序发生的各种异常情况，针对每种异常情况，节点管理器所采取的处理机制也会有所不同，同时，节点管理器心跳链路不能正常通信时，自身也会按照一定的规则加以处理。对各个异常情况及其相应的处理机制进行如表 5-6-2 所示的说明。

表 5-6-2　节点管理器处理逻辑

主节点（假定为 A 机）	备节点（假定为 B 机）	处理机制
应用程序运行异常	应用程序运行正常	（1）主节点（A 机）切换自身状态为备节点，删除虚拟 IP 地址，重新启动出现异常的应用程序； （2）备节点（B 机）切换自身状态为主节点，创建虚拟 IP 地址
应用程序运行异常	应用程序运行异常	（1）主节点（A 机）保持自身状态不变，只重新启动异常的应用程序； （2）备节点（B 机）保持自身状态不变，只重新启动异常的应用程序
应用程序运行正常	应用程序运行异常	（1）主节点（A 机）保持自身状态不变； （2）备节点（B 机）保持自身状态不变，重新启动出现异常的应用程序
手工切换		（1）主节点（A 机）切换自身状态为备节点，删除虚拟 IP 地址； （2）备节点（B 机）切换自身状态为主节点，创建虚拟 IP 地址
	手工切换	（1）主节点（A 机）切换自身状态为备节点，删除虚拟 IP 地址； （2）备节点（B 机）切换自身状态为主节点，创建虚拟 IP 地址

注：（1）如果应用程序配置为备机不启动，其宿主系统为备机状态时，系统假定该应用程序运行正常，在节点状态切换时，如果其宿主系统状态为主机，将启动该应用程序，否则，将关闭该应用程序。
（2）系统将应用程序发出的状态切换指令等同于手工切换，其处理机制也与手工切换相同。

3. 数据结构

目前，在 CTC 系统中，节点管理器只有在双机热备的情况下才使用，而它们的数据结构和配置方法完全相同，唯一不同的是配置文件 profile.ini 内的配置项目不同。

profile.ini：系统参数配置信息。根据管理的程序不同，配置有所不同，但方法相同。

Log：系统日志存放文件夹。

AppManager.exe：节点管理器程序。

4. 运行正常的检查

当按照前文所述的方法安装完成后，在启动节点管理器后，被管理的程序将被启动，启动界面如图 5-6-2 所示。如果不能启动，首先查看各程序安装目录是否按照要求进行设置；然后检查各模块的名称是否正确。由于系统在开通前已经过调试验证，配置文件都已确认为正确，所以在处理此故障时，一般不再考虑配置文件发生错误的可能性。

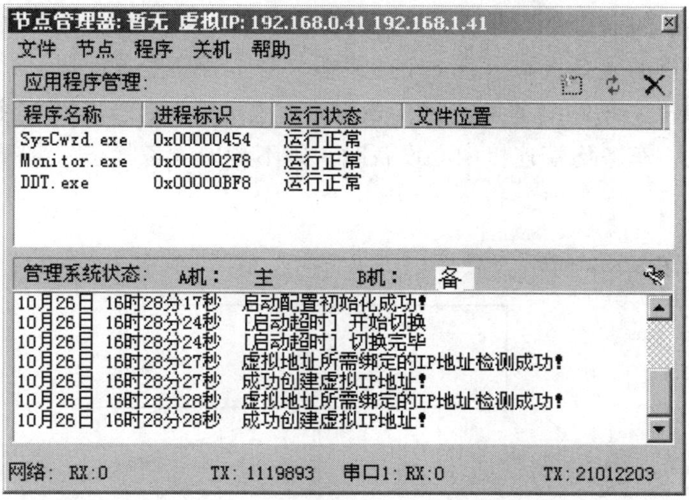

图 5-6-2 节点管理器软件界面

图 5-6-2 中，：主备倒机按钮，当人工按动此按钮后，A/B 机的主备状态就会立即切换。

：新建任务按钮。

：重启程序按钮，当需要重启管理器管理的某一个程序而又要保持当前的主备状态时，可以选中该程序并点击此按钮。

：关闭程序按钮。当需要关闭某一个程序时，选中该程序点击此按钮后立即重启，但此时的主备状态将发生变化。

如果节点管理器之间不能进行正常的心跳通信，此时，主备两个节点管理器将会出现心跳超时，系统对于心跳超时的处理如下：切换自身状态为主机（如果当前节点状态为主机则不设置自身状态），如果当前系统中不存在虚拟 IP 地址，则创建虚拟 IP 地址，并在内存映射文件中设置当前节点状态。如果系统设置为降级处理，则系统自身状态将切换为备机，虚拟 IP 地址也将删除。

如果在节点管理器不能进行正常通信期间，应用程序发生异常情况或执行手工切换，系统执行节点管理器通信正常情况下的状态切换处理，但是，在心跳超时时间到时，系统还将会作心跳超时切换。

（三）行车日志

1. 系统原理和功能

车务终端系统是为配合调度所行车调度而设计出来的。主要功能是实现调度所行调台和车站的信息交互，即行调台的调度命令、阶段计划下达、车站的报点、甩挂车作业和现存车上报；记录列车运行日志，即替代中间站的运统二或区段站编组站的运统三。

系统由 13 个功能模块组成，包括：用户管理模块、班次管理模块、调度命令、阶段计划、行车日志、行车凭证、列车速报（小编组）、甩挂车（详细编组）、现存车、车辆编辑、维修登销记、运行图、辅助管理。

车务终端可在 Windows 2000 系列产品上运行，车务终端的主备状态由节点管理器负责管理。

附注：车务终端的运行离不开节点管理器的支持，车务终端在与其他设备进行连接时，需要节点管理器提供的主备状态信息（车务终端自身不管理主备状态），具体而言，当车务终端连接车站自律机、车站电务终端时，必须处于主机状态，车务终端主备通信时，只有备机才能连接主机，车务终端连接中心设备时，则不考虑主备状态。

2. 数据结构

数据结构图如图 5-6-3 所示。

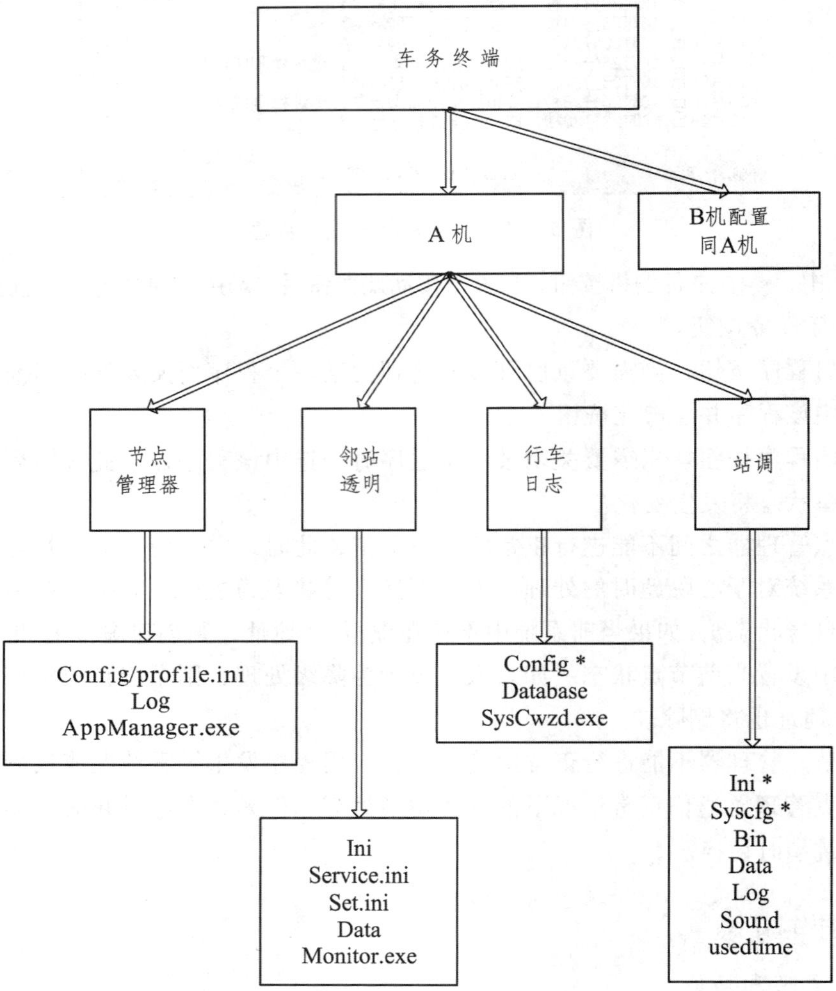

图 5-6-3　车务终端数据结构图

Config 配置文件存放文件夹，其中包括：

Authenticate.cfg：动态口令配置文件。

Profile.ini：行车日志系统配置参数。

Public.ini：主要是区间信息配置文件。

Schecmd.ini：调度命令申请配置参数。

Service.ini：通信模块配置文件。

出站（跟踪）调车通知、红色许可证、绿色许可证：模板文件固定格式不用配置。

Database 数据库存放文件目录名称和有效内容如表 5-6-3 所示，其中包括以下内容：

t_bcxx.msl（班次信息）、t_lcsb.msl（列车速报）、t_sgbzbt.msl（甩挂编组报头信息）、t_sgbzclxx.msl（甩挂编组车辆信息）、t_sgbznr.msl（甩挂编组编组单）、t_user.msl（用户信息）、t_xcc.msl（现存车信息）、t_lastlogin.msl（上次用户登录信息，该数据库文件可自动生成）。

表 5-6-3 数据库文件进程解释

目录名称	存放内容
command	调度命令、调度命令申请、调度命令上车信息
credence	行车凭证
maintainlog	维修登销记
phaseplan	阶段计划
plan	日班计划
worklog	行车日志、报点信息
backup	同步文件备份
DbLog	未同步数据记录
Log	日志文件
config	配置文件

路径：文件夹 config 位于应用程序所在目录下。其他文件夹位于应用程序所在目录\database\下；

SysCwzd.exe：行车日志程序

3. 运行是否正常检查

在按照配置文件和软件安装要求配置完成后，运行程序将出现如图 5-6-4 所示的界面。

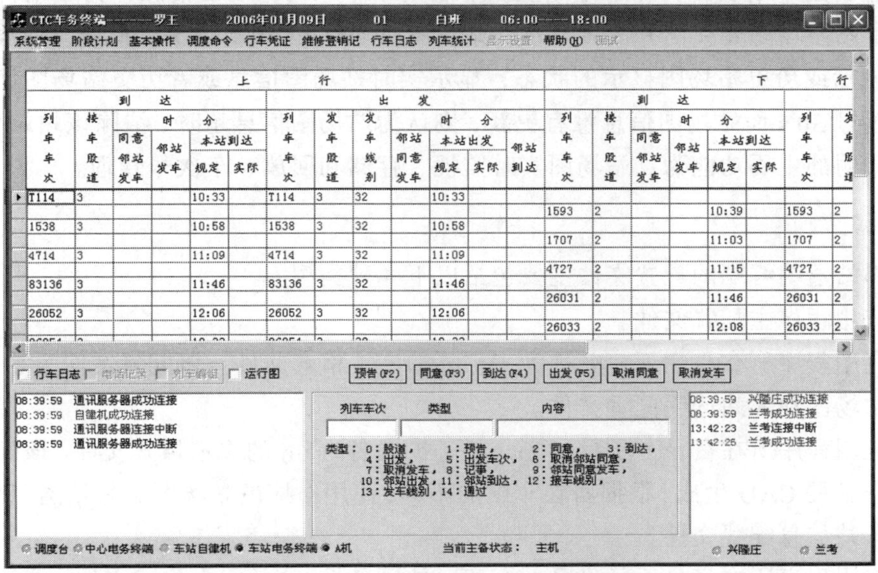

图 5-6-4 行车日志软件界面

此时应查看：（1）调度台、中心电务服务、车站自律机、车站电务终端、备机（A或B）以及相邻两站的指示灯，正常状态下都应该是绿灯；列空A/B机正常显示为一绿（主机）一黄（备机）；（2）查看行车日志界面的左下角和右下角的信息提示窗口的信息提示，正常状态下应显示：通信服务器、自律机、调度台、中心电务服务连接成功；A、B机信息同步成功；与本站相邻站连接成功（两站）；（3）调看程序的各菜单的功能应正常。

其中各指示灯的含义如下：

（1）调度台。

当行车日志接收不到阶段计划、调度命令，申请不到编组信息、报点信息无法成功上报时，首先查看该灯是否为绿灯。如果是绿灯表示连接正常，否则表示连接中断。

（2）中心电务服务：当在电务维护上查看不到某个站的设备工作信息时，首先查看该指示灯是否为绿灯。如果是绿灯，表示连接正常，否则表示连接中断。

（3）车站自律机：当行车日志的报点信息不能自动打点、邻站透明无站场信息、收不到无线车次号等情况出现，应首先查看此灯是否为绿灯。如果是绿灯，表示连接正常，否则表示连接中断。

备机（A或B）：当主备机之间的信息不能同步时，应首先查看此灯是否为绿灯。如果是绿灯，则表示连接正常，否则表示连接中断。

相邻两站的指示灯：当邻站的报点信息、预告信息打不上时，应首先查看此灯是否为绿灯。如果是绿灯，表示连接正常，否则表示连接中断。

注：在查看程序是否能够正常运行时，必须要保证当前主备状态为“主机”，只有这样才能查看所有指示灯的状态。

（四）邻站透明

1. 工作原理及功能

邻站透明是车站设备，显示本站及相邻各两个车站的站场图信息，为车站行车提供监视信息，本站站场图要突出并放大显示。站场图每500 ms刷新一次，根据应用程序处于实时站场图显示或历史站场图显示的状态，显示实时站场图信息或者历史站场图信息。当站场图时间超过30 s而站场图信息没有更新，则认为站场图信息超时，清除该站站场图信息。

邻站透明的主要功能为：站场图实时监视、存储和回放、车次号管理。

2. 数据结构

车站邻站透明终端的配置文件主要包括以下4种类型。

（1）应用程序主配置文件。

位于应用程序所在目录下，名称为set.ini的文本格式文件。该配置文件为手工配置。

（2）站场图和邻站透明配置文件。

位于应用程序所在目录下子目录map下，扩展名为ini的文本格式文件。该配置文件由站场图制作工具CAD生成，根据所在车站的不同，使用对应的站场图和邻站透明配置文件。

（3）车站信息配置文件。

位于应用程序所在目录下子目录info下，扩展名为ini的文本格式文件。该配置文件为手工配置。

（4）站场图历史记录数据库文件。

位于应用程序所在目录的子目录 data 下，扩展名为 mdb 的 access 格式数据库文件。其中 map_org.mdb 为站场图历史记录数据库文件的原始表结构文件，不包含任何数据内容。程序运行时会根据当前日期由 map_org.mdb 生成 map_xxxxxxxx.mdb 格式的历史记录数据文件（其中 xxxxxxxx 为和“20051028”一样格式的日期年月日）。

配置文件如下。

Set.ini：系统应用程序主配置文件。

Service.ini：通信模块配置文件。

Monitor.exe：邻站透明程序。

Data：站场图历史记录数据文件。

ini：该文件夹下有 info 和 map 两个文件，info 文件夹下存放的邻站的车站信息配置文件和区间信息表配置文件；map 文件夹下存放的相邻车站的站场图文件。

3. 检查运行是否正常

程序在正常运行后，将出现如图 5-6-5 所示的界面。程序界面下面的指示灯应全部为绿灯，而且收、发指示灯在正常情况下应处于闪动状态；站场图显示正常，并且有相应的车次号存在且可以调整和修改，能够进行人工校核；站场图的存储和回放功能应能够正常使用。

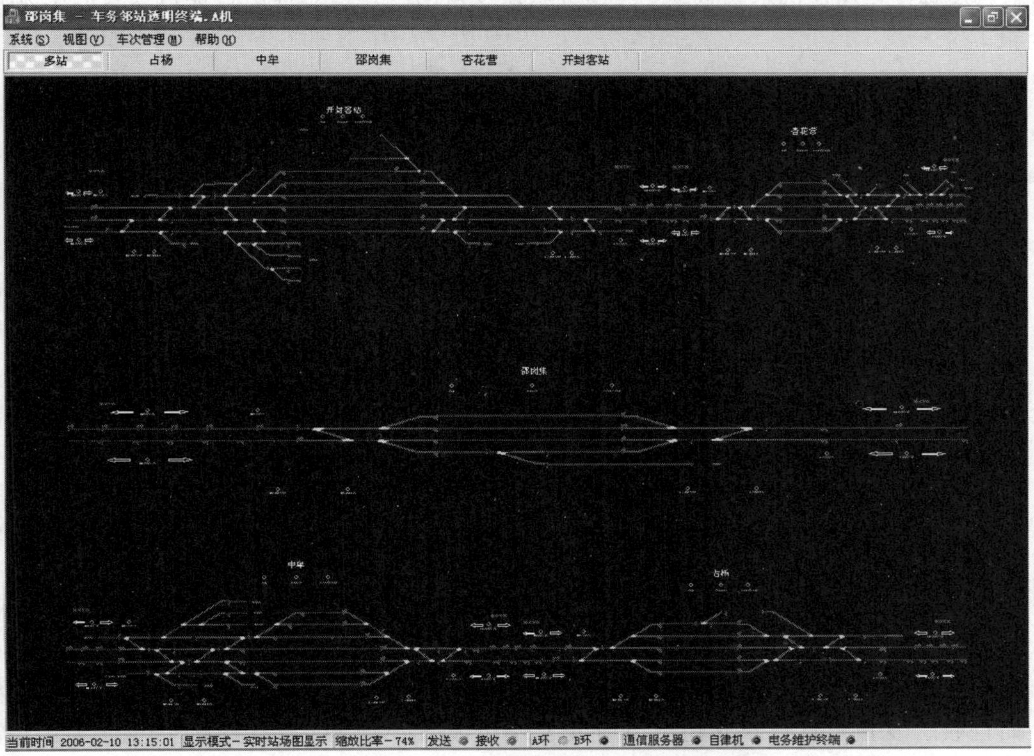

图 5-6-5　临站透明软件界面

4. 出现问题的处理方法

在正常使用时，可能会出现站场图丢失、车次号丢失或假车次等情况。

处理方法如下。

（1）对于站场图丢失，首先查看状态指示灯亮的是否正常；如果不正常，可以重启邻站透明程序，重启后程序会重新建立连接。

（2）对于车次号丢失或假车次，可以通过车务邻站透明程序中的车次管理，进行人工修改。

注：对于邻站透明来说，车务邻站透明的权限最高，在它上面可以进行车次管理的添加和删除、分路不良设置等；而电务和综合维修上的邻站透明只能查看和回放站场信息而不能修改。

（五）电务维护终端

1. 工作原理和功能

中心电务维护服务：主要用于监视、记录系统中各节点的工作状态和工作日志信息。系统中所有的节点都向中心电务维护服务发送工作信息。由电务维护服务中心将数据存放在数据库中，并转发给中心电务维护台，站内的各节点除了向中心电务维护服务发送工作信息外，同时还向本站的车站电务维护终端发送工作信息；车站各终端设备在向车站电务维护终端发送工作信息的同时，也分别向中心电务维护服务发送工作信息；车站的无线车次号、调度命令、A/B 机采集板卡、A/B 机联锁接口的工作信息都由自律机负责向电务和中心上报。

2. 软件结构

结构图如图 5-6-6 所示。

Data：设备工作、历史记录数据库文件。

Dev：站上设备图配置文件。

Map：站场图配置文件。

Sound：电务报警声音文件。

Info.ini：电务维护信息分类配置文件。

Set.ini：系统应用程序主配置文件。

ETerminal.exe：电务维护终端程序。

Service.ini：通信模块配置文件。

车站电务维护终端的设备工作、历史记录数据存放在本站电务维护本机上；调度中心电务维护台的数据存放在中心的数据库中。

3. 运行是否正常检查

程序在正常运行后，将出现如图 5-6-7 所示的界面。程序界面下面的指示灯应全部为绿灯，而且收、发指示灯在正常情况下应处于闪动状态；本站的设备图和左边的设备连接状态都应显示绿色为正常；各种报警信息的查看以及倒机命令的使用都要正常。如图 5-6-8 ~ 5-6-11 所示。

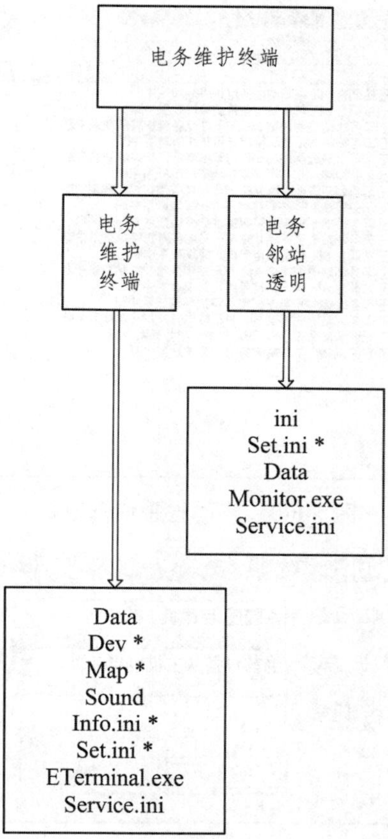

图 5-6-6　电务维护终端数据结构图

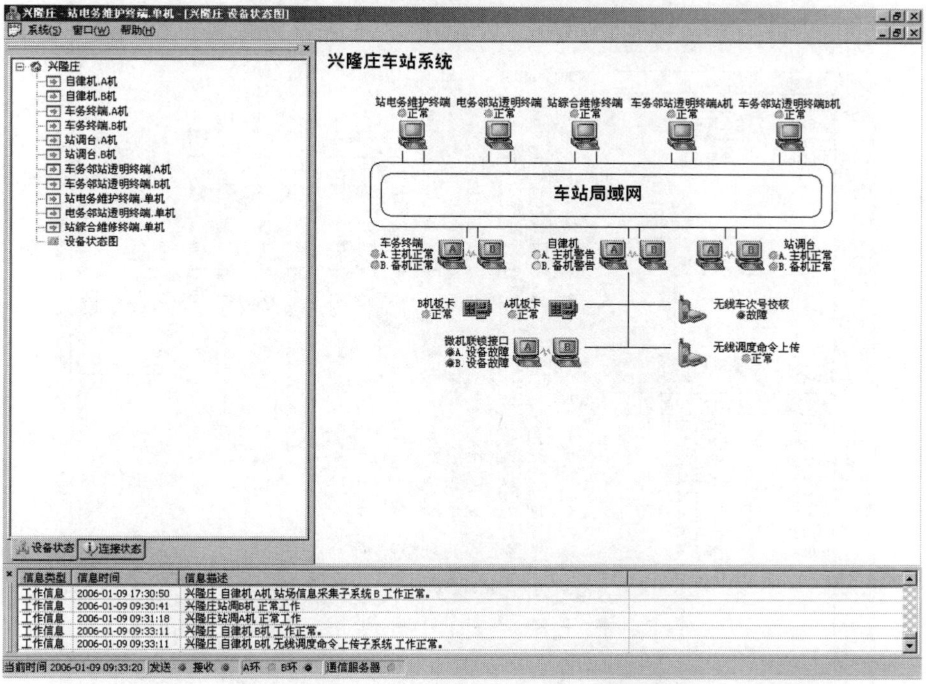

图 5-6-7　车站电务维护终端软件界面

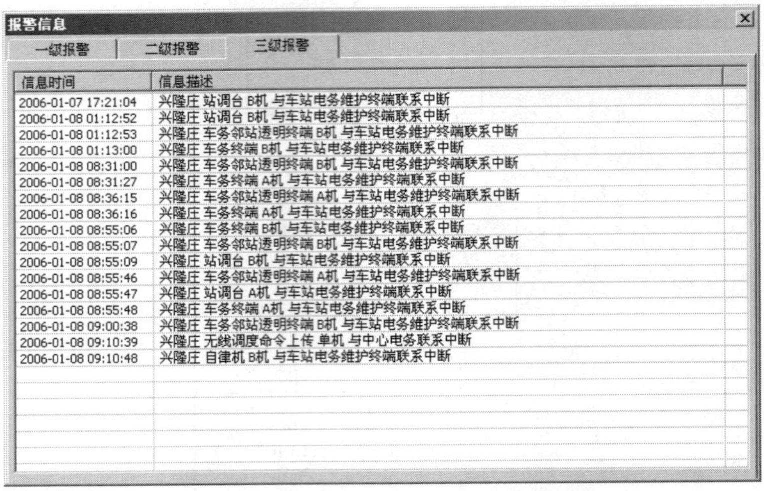

图 5-6-8　实时报警信息窗口

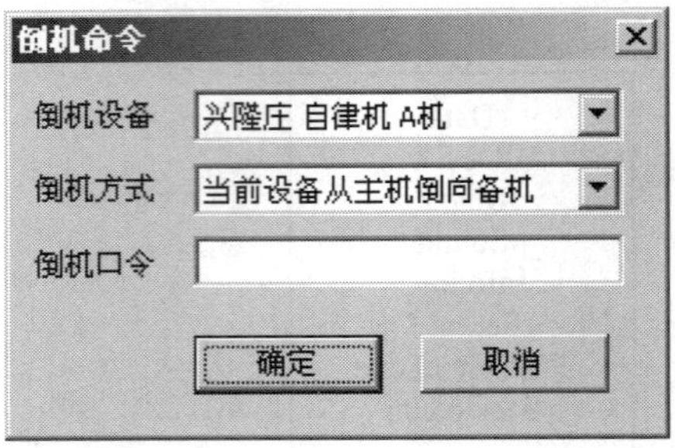

图 5-6-9　倒机命令窗口

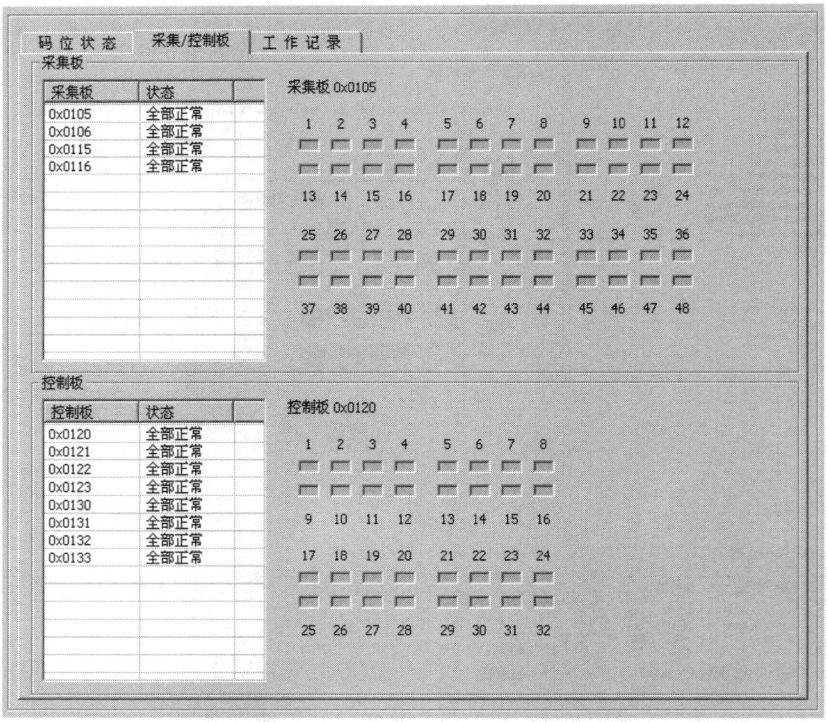

图 5-6-10　采集板状态查看窗口

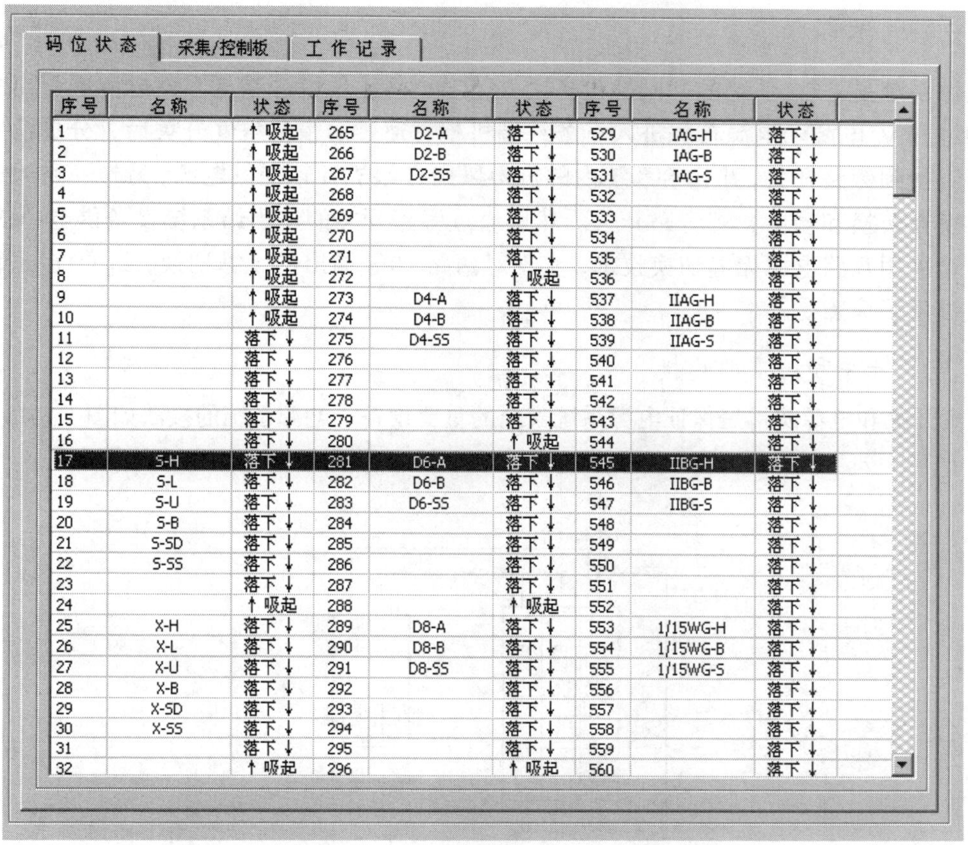

码位状态 | 采集/控制板 | 工作记录

序号	名称	状态	序号	名称	状态	序号	名称	状态
1		↑吸起	265	D2-A	落下↓	529	IAG-H	落下↓
2		↑吸起	266	D2-B	落下↓	530	IAG-B	落下↓
3		↑吸起	267	D2-SS	落下↓	531	IAG-S	落下↓
4		↑吸起	268		落下↓	532		落下↓
5		↑吸起	269		落下↓	533		落下↓
6		↑吸起	270		落下↓	534		落下↓
7		↑吸起	271		落下↓	535		落下↓
8		↑吸起	272		↑吸起	536		落下↓
9		↑吸起	273	D4-A	落下↓	537	IIAG-H	落下↓
10		↑吸起	274	D4-B	落下↓	538	IIAG-B	落下↓
11		落下↓	275	D4-SS	落下↓	539	IIAG-S	落下↓
12		落下↓	276		落下↓	540		落下↓
13		落下↓	277		落下↓	541		落下↓
14		落下↓	278		落下↓	542		落下↓
15		落下↓	279		落下↓	543		落下↓
16		落下↓	280		↑吸起	544		落下↓
17	S-H	落下↓	281	D6-A	落下↓	545	IIBG-H	落下↓
18	S-L	落下↓	282	D6-B	落下↓	546	IIBG-B	落下↓
19	S-U	落下↓	283	D6-SS	落下↓	547	IIBG-S	落下↓
20	S-B	落下↓	284		落下↓	548		落下↓
21	S-SD	落下↓	285		落下↓	549		落下↓
22	S-SS	落下↓	286		落下↓	550		落下↓
23		落下↓	287		落下↓	551		落下↓
24		↑吸起	288		↑吸起	552		落下↓
25	X-H	落下↓	289	D8-A	落下↓	553	1/15WG-H	落下↓
26	X-L	落下↓	290	D8-B	落下↓	554	1/15WG-B	落下↓
27	X-U	落下↓	291	D8-SS	落下↓	555	1/15WG-S	落下↓
28	X-B	落下↓	292		落下↓	556		落下↓
29	X-SD	落下↓	293		落下↓	557		落下↓
30	X-SS	落下↓	294		落下↓	558		落下↓
31		落下↓	295		落下↓	559		落下↓
32		↑吸起	296		↑吸起	560		落下↓

图 5-6-11　码位状态查看窗口

二、车站系统的硬件结构和维护

车站系统的内部连接示意图如图 5-6-12 所示。

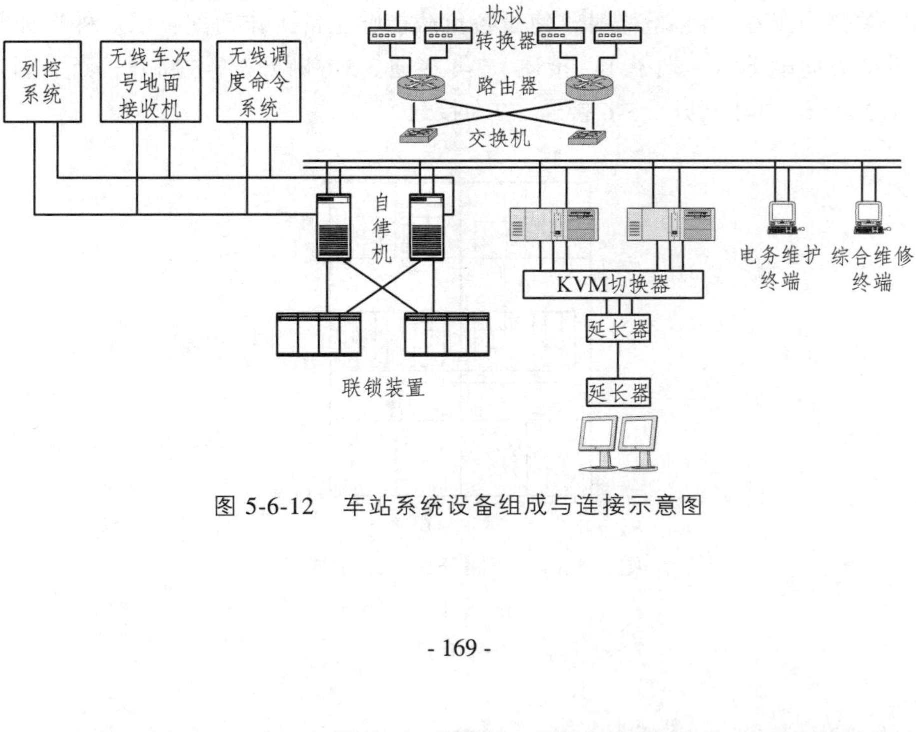

图 5-6-12　车站系统设备组成与连接示意图

（一）电源部分

电源系统是 CTC 系统的基础性设备之一。CTC 系统的电源是从车站电源屏引出的一路单独的 220 V 电源。电源首先进入车务终端机柜，通过防雷和空气开关后，分成两路，其中一路直接到旁路开关，并且给系统内的机柜风扇打印机音箱提供电源，另外一路通过 UPS 电源转换箱转换和输出，到旁路开关。然后通过旁路开关的输出给系统设备供电，UPS 电源转换箱采用双路电源无缝切换技术，实现对两路 UPS 输出的无缝切换；给 CTC 系统不间断供电提供了保障。

1. 空气开关和防雷的连接

空气开关和电源防雷是保证电源系统安全的重要设备。电源系统的接法如图 5-6-13 所示。

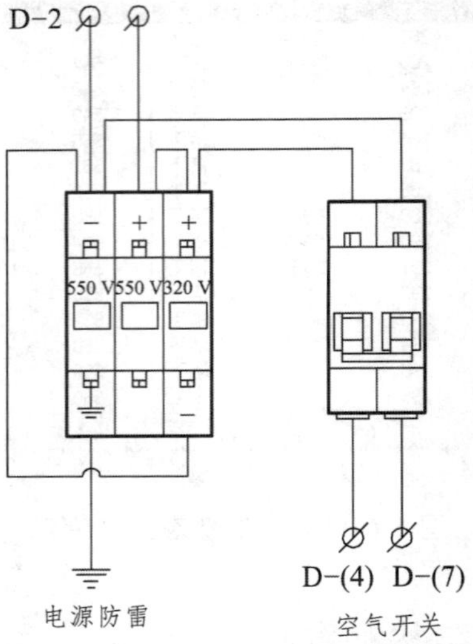

图 5-6-13　电源通过断路器和防雷设备

2. 旁路开关的连接

旁路开关是为了在 UPS 检修时，使设备负载能够正常工作而配备的。外形如图 5-6-14 所示，当手柄方向朝下时，端子 1-2 接通、3-4 接通、5-6 断开、7-8 断开；当手柄方向朝上时，端子 1-2 断开、3-4 断开、5-6 接通、7-8 接通。

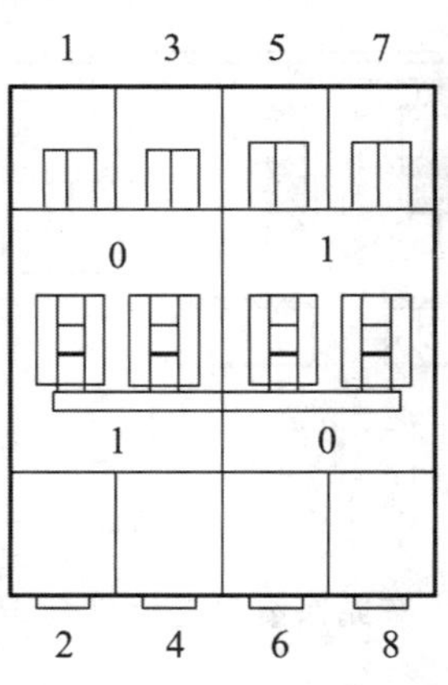

图 5-6-14　旁路开关的连接方式

正常情况下旁路开关手柄方向朝下；UPS 供电；接收检修时旁路开关朝上，直接使用电源屏输出电源供电。

3. UPS 和 UPS 电源转换箱的连接

不间断电源 UPS 是在系统的输入电源断电后，能够正常维持系统工作的装置。同时，UPS 具有稳压功能，能有效防止电子设备负载收到瞬间高、低压的干扰。

为提高整个供电系统的可靠性，系统配备两套 UPS，通过 UPS 电源转换箱的转换，选择一路作为工作电源输出。UPS 电源转换箱采用双路电源无缝切换技术，实现对两路 UPS 输出的无缝切换；对 CTC 系统不间断供电提供保障。

UPS 与电源转换箱的工作情况，可以通过电源转换箱前面板的指示灯和 UPS 面板上的指示灯进行了解。

UPS 具有自检功能，默认每 14 天自检一次。在自检时，若 UPS 通过自检，则它马上返回到在线工作的状态，同时在线指示灯亮，电池更换指示灯灭。如果自检失败，将立即返回在线状态并且电池更换指示灯  点亮。此时负载不受影响。给电池充电一夜，然后再做自检。如果电池更换指示灯还亮，则更换需要更换的电池。

UPS 需要定期对电池放电，郑徐线使用的是双 UPS，最简单的放电方法如下。

首先，对 UPS A 放电，先关掉 UPS B，然后断掉输入电源，即转换箱空开，观察 UPS 的电池充电指示灯，当还剩下两个灯亮时，接通空气开关，最后打开 UPS B 即可。

对 UPS B 的放电同理。建议对两个 UPS 间隔放电，不要同时放电。UPS 放电在维修天窗点内进行。

4. 其他模块和设备的电源

自律机使用的串口隔离转换器 9002，区间信号的采集，协议转换器都使用专门的电源供电，电源放在自律机机柜中，其中：

两个 5 V 的电源给 9002 供电。

两个 12 V 的电源给协议转换器供电。

两个区间电源给区间采集供电。

（二）机柜

电子设备的日常维护主要是防尘、除湿和防止静电，另外就是防止高温。静电在施工的时候已经考虑到，在设备和机柜上都有设备的保护地线，在日常的维护中检查一下地线的连接状况，只要设备的接地点接地良好即可。防尘、除湿和高温则需要在日常的维护中经常地除尘和除湿，可以通过空调或者其他设备达到目的。

CTC 系统的机柜有自律机柜，车务终端机柜，电务维护/综合维修工作台和运转室的车务工作台。机柜的日常维护工作主要的就是防尘，在日常的维护中经常用干抹布擦拭即可。并且要保证机柜上的通风条纹没有灰尘附着，保证机柜上部的风扇出口不被遮挡，机柜如图 5-6-15 所示。。

图 5-6-15　CTC 车站机柜

（三）主机部分

主机包括车务终端，电务维护终端和综合维修终端，都使用工控机。工控机是为了能在特殊、恶劣环境下工作而选用的一种工业计算机，它的电源、机箱、主板都是为了能适应长时间不间断运行而设计的。为了更好地使用它，让它始终保持良好的工作性能，在日常使用中必须对它进行必要、合理的维护。

1. 车务终端/信号员终端

车务终端系统和信号员终端主要功能是实现调度所行调台和车站的信息交互，即行调台的调度命令、阶段计划下达，车站的报点、甩挂车作业和现存车上报。车务终端包括行车日志，站调和临站透明。

车务终端采用工控机组成双套冗余热备系统，可以完成其他特殊进路的办理等功能。车务终端主机的前面板视图如图 5-6-16 所示。

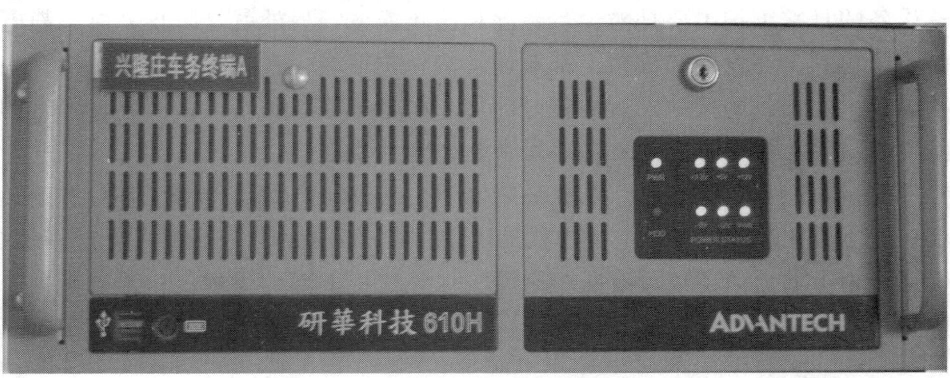

图 5-6-16　车站工控机（车务终端&信号员终端）正面

车务终端的后视图如图 5-6-17 所示。

图 5-6-17　车站工控机（车务终端&信号员终端）背面

从后面看车务终端，从左至右依次为：

（1）主机电源。

将输入 AC 220 V 电源转化为工控机运行所需要的各种电源，电源的指示可以通过前面板的灯看出来；如图 5-6-17 圆圈所圈出的部分即是电源开关。

（2）双屏显示卡。

车务终端为双屏显示，此处配备专用的双屏显示卡，可提供高性能的双屏显示效果；双弄卡附带的线缆上分别标有 1 和 2，分别接显示器 1 和显示器 2。

（3）声卡。

主要用来进行语音提示。

（4）网卡 1。

A 环，接车站交换机 A 机，和车站局域网 A 环网相连接。

（5）网卡 2。

B 环，接车站交换机 B 机，和车站局域网 B 环网相连接。

（6）网卡 3。

心跳，接对等机的网卡 3，即 A 机心跳网卡接 B 机心跳网卡。

（7）系统扩展卡。

上面的为 COM2 口，下面的为打印接口，两个口暂时没有使用。

（8）系统主板卡。

从上到下依次为 COM1 口，显示器接口，键盘鼠标接口。COM1 口通过 RS232 连接线连接对等机的 COM1 口，作为串口心跳线使用（心跳的作用一是数据同步，二是通过节点管理器监测两套设备的运行情况，自动倒机）。显示器接口在车务终端三屏显示的时候作为显示器 1 使用，两屏显示的车站中这个接口没有使用。最下面的是键盘和鼠标接口。

2. 电务维护与综合维修终端

电务维护终端系统主要用于监视、记录系统中各节点程序模块的工作状态和工作日志信息。根据应用程序的工作情况，向中心电务维护服务发送自身的节点工作信息，包括正常工作信息，操作信息，网络连接情况等工作信息。综合维修终端主要用于设备日常维护、天窗修、施工以及故障处理方面的登销记手续办立，并具有设置临时限速，区间、股道封锁等功能。

硬件连接如图 5-6-18 所示。

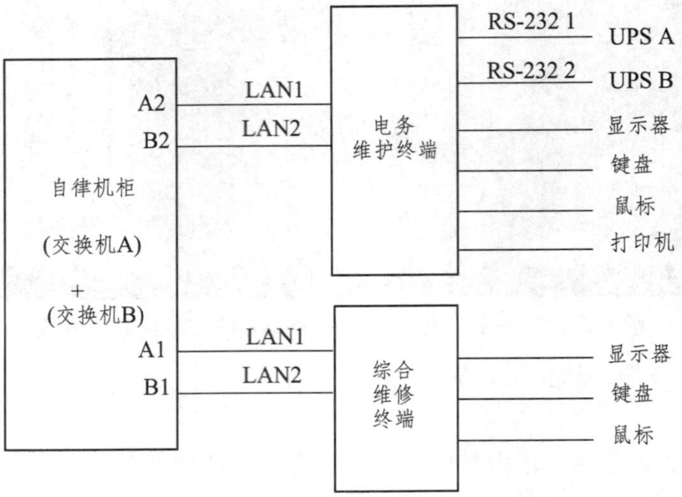

图 5-6-18　电务维护与综合维修终端接线图

电务维护终端、综合维修终端的主机和车务终端一样采用工业控制计算机，只是在配置上有所区别，这两个终端没有双屏显示卡和网卡 3，显示器的接口为主板上自带的显示接口。

电务维护终端的 COM1 和 COM2 分别接 UPS 主机 A 和 UPS 主机 B 控制接口，对 UPS 主机进行在线式的监测。

3. 自律机

在 CTC 车站系统中，自律机是整个系统的核心。自律机在有关程序的控制下，负责站场数据的采集和站场设备的控制，根据来自 CTC 系统各部分的计划和操控指令，合理地安排站场设备的使用。

自律机向 CTC 系统其他部分提供站场图和车次信息，系统各部分形成的计划和操控指令都由自律机进行严格的检查后，选择合适的时机给予执行。

自律机采用高可靠 CompactPCI 工业控制平台，双机冗余配置，在机柜中的两台自律机上下放置，在上面的为 A 机，下面的为 B 机，两台自律机通过以太网口、RS232 串口双心跳连接，保证双机数据同步，嵌入式的 winXP 操作系统，增加整个系统在网络上的安全性。

自律机整体上是由各个模块组成的，从图 5-6-17 的后视图可以明显地看出：从右往左依次是：电源输入部分，电源转换模块，主板模块，显示接口模块，MOX 卡模块，CAN 模块。主机接口包括：

（1）键盘鼠标接口。

只在调试时用，平时的正常运行中不使用

（2）COM 口。

外在表现形式为以太网口，作为心跳使用，用 RJ45 水晶头压接的五类双绞线接 B 机的 COM 口。

（3）USB 接口。

调试和平时维护时往自律机中复制程序和数据用的，平时不用。

（4）LAN1 口。

以太网 A 环，用网线接 A 交换机。

（5）LAN2 口。

以太网 B 环，用网线接 B 交换机。

（四）采集部分

CTC 系统的表示信息除站内部分是自律机通过串口从联锁机获得的以外，其余的信息（如区间表示信息）是通过采集机的采集获得的。

1. 采集机

采集机位于自律机机柜中，在 CTC 系统中，采集机是双机工作的。双采集机通过 CAN 线（现场控制总线）和自律机连接，向两台自律机传输所采集到的状态。

2. 采集机电源

采集机电源以前插入组匣模块的形式，安装在采集机机笼中。每一个采集机机笼都有独立的电源模块。

采集机模块输入为工频 220 V 交流电源，输出为两路直流 5 V 电源。采集机正常工作时，面板指示灯全部点亮，含义如下：

（1）5VA。

灯亮则电源内部 I 路 5 V 转换电路工作正常，可以供 CTC 开入板使用。

（2）5 VB。灯亮说明电源内部 II 路 5 V 转换电路工作正常。

（3）AC220：灯亮说明输入 220 V 电源正常。

3. 采集板

CTC 系统的采集板均为开入板，每块板能够采集 48 路信号，正常工作时其指示灯状态表示如图 5-6-19 所示。

对各灯功能状态进行描述如下。

（1）电源指示灯

指示灯亮，表示采集板内部电源工作正常。

（2）工作指示灯

秒闪，表示工作正常。

（3）主备机指示灯。

指示灯亮，表示系统正在使用当前采集板采集开关量数据。

（4）故障指示灯

指示灯灭，表示工作正常，无故障。

（5）CAN 通信接收指示灯

闪烁表示正在接收数据。

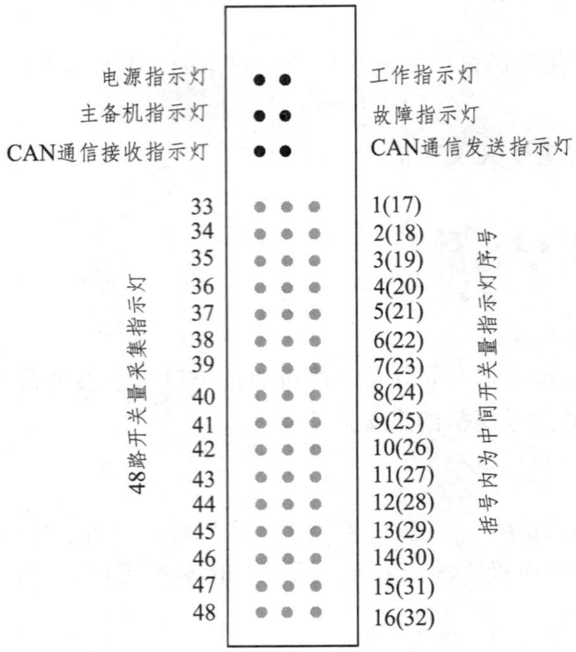

图 5-6-19　CTC 开入板面板前视图

（6）CAN 通信发送指示灯

闪烁表示正在发送数据。

（7）开关量采集指示灯

指示灯亮表示采集到开关量；灯灭表示没有采集到开关量；一块开入板共计 48 个灯，也就是说一块开入板最多采集 48 个开关量。

4. 采集部分常见问题处理

（1）所有信息采集不到（单指本站）。

如果自律机的工作状态良好，采集机上的指示灯正常亮，就要查找采集机的 CAN 和自律机的线连接是否完好。根据 CAN 线的连接顺序，仔细查找每一个环节的连接是否牢靠。

如果采集机上的采集指示灯都不亮，则可能是采集的 JF 24 V 环线断掉的原因，需要查找 JF24V 的接线问题。如果只是某一块板子的信息采集不到，可能也是由这样的问题导致的。

（2）个别信息采集不到（单指本站）。

先检查采集机上这一路的指示灯在有信号的时候是否亮起，如果不亮，就要联系中心，由中心解决这个问题。如果不亮，就检查配线。在配线端子上查到这一路所在的位置，使用万用表，量取当这一路的信号开放时的电压值，如果电压值低于交流 20 V 以上，则是中间的线路故障，或者是采集点的线掉，需要到中间的线路和采集点查找问题。

（五）倒机单元

自律机的倒机除了故障自动倒机和软件倒机外，还可以通过倒机单元倒机。

倒机单元通过串口线控制自律机和通过 CAN 总线控制采集机倒机，并实时显示车站双套自律机系统的工作状态、网络状态及主备状态。

用倒机钥匙可以人工强制倒机。倒机钥匙有三个档位 A 机、自动、B 机，当倒机钥匙在自动挡位时程序可以根据需要自动进行主备倒机；在 A 机档位时只有 A 机可以做主机，B 机不能做主机；在 B 机档位时只有 B 机可以做主机，A 机不能做主机；通过节点管理器程序自动倒机或者通过节点管理器程序手动倒机，此时倒机钥匙必须在自动挡。一般情况下倒机钥匙放在自动挡。

倒机单元显示了系统各部分的主、备工作状态。在倒机单元面板上有 6 个指示灯，分别表示了 A、B 机的工作状态、主备状态、网络状态。

工作灯亮，表示此灯所代表的自律机处于工作状态；主机灯表示该自律机处在主机状态．此时车站系统和中心所需要的各种数据都是从这个自律机中取得的；网络灯亮表示对应的自律机和中心、车站其他 CTC 模块的网络连接良好。

正常情况下，倒机单元面板上的 A 机和 B 机主机灯只能亮一个，其他的灯都应该亮。

（六）打印机

目前 CTC 系统在车站的电务终端和运转室一般都要配置打印机。随着激光打印机价格的下滑，越来越趋向于配置激光打印机。目前性价比较高的激光打印机有 HP1 020、HP 1310 n 等，后者支持网络打印。

激光打印机平时一定要注意使用保养和维护，否则很容易发生故障。

首先，要保持良好的使用环境。打印机应在清洁、无尘的环境中使用，工作台要平稳，不要晃动。适宜的环境温度是 15 ~ 25 °C，湿度是 40% ~ 50%。如果温度和湿度相差较大的话，可能会影响到激光打印机的正常使用，严重的话甚至会损坏设备。

其次要注意保持激光打印机的清洁，做好定期除尘。由于激光打印机是靠静电吸附原理工作的，所以不可避免地会有一些残留物留在机内的一些部件上。如果不能够及时地清除这些粉尘的话，久而久之，由于激光打印机热量的作用，这些粉尘会被“烧制”成坚硬的固体，从而使激光打印机发生故障。所以，一定要定期清洁打印机。

清洁打印机之前，一定要切断电源，然后用微湿的布清洁打印机外部；用刷子或者光滑的干布清洁打印机内部，擦去机内所有的灰尘和碎屑。

使用时不要把纸盒装得太满，一般情况下安装额定数的 80% ~ 90%就可以了；不要使用劣质的打印纸，造成不必要的卡纸等故障，甚至影响其使用寿命。另外，还要注意不要在打印过程中拉动打印稿、移动打印机等。

（七）显示器

液晶显示器在维护过程中要注意清洁，不要用手去触摸液晶屏。不要带电插拔显示信号电缆插头。不要敲击或者使用硬物点击液晶屏。

（八）键盘鼠标

键盘、鼠标是最常用的输入设备之一，主要是要做好清洁工作。

清洁键盘时先将键盘反过来轻轻拍打，让其内部的灰尘落出，再用拧干的湿布清洗键盘表面，注意不要让水进入键盘内部。

对于光电鼠标，要特别注意保持感光板的清洁和感光状态良好，避免污垢附着在发光二极管或光敏三极管上，遮挡光线的接收。

使用和维修过程中不要对键盘、鼠标进行热插拔，这样做极易把鼠标和接口烧坏。鼠标的底部长期和桌子接触，最容易被污染。所以保持鼠标和鼠标垫之间的清洁是保证鼠标寿命的最好途径。

（九）KVM 切换装置和延长装置

车务终端主机放在机械室车务终端机柜内，运转室内的键盘鼠标和显示器是通过延长器与主机相连的。

以 CE-250 型延长器为例，这种延长器有两个单元模块，即本地模块（L 端）和远端模块（R 端），本地模块的外形如图 5-6-20 所示。

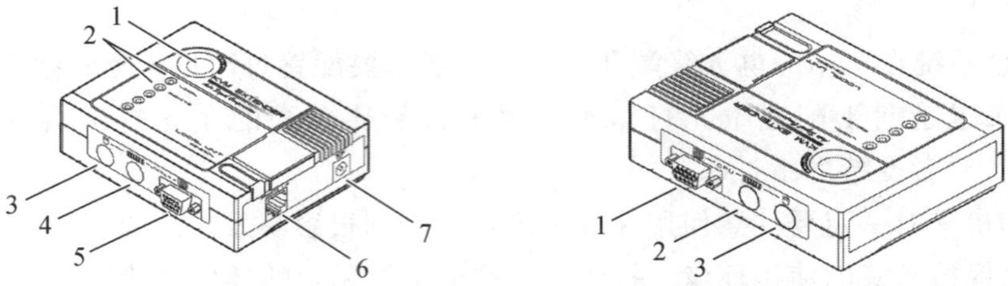

本地模块　　　　本地模块（对端）

图 5-6-20　延长器（本地）外形图

图 5-6-20 中，1 为切换按钮，用来切换延长器的工作模式，延长器有两种工作模式：本地模式（L 端输出）和远程模式（R 端输出）；3、4、5（上面标有 CONSOLE）直接接显示器、键盘、鼠标；6 为的网线口，连接对端的延长器模块；2 为指示灯，指示延长器的工作状态，在正常使用时 LOCAL 和 REMOTE 是交替闪烁的。

本地模块放在机械室车务终端机柜的 KVM 切换装置的后面。

在本地模块 CONSOLE 端的对端，是信号输入端，在上面标有 CPU，有键盘、鼠标和显示器接口，用来接计算机主机输入的信号。

延长器的远端模块（R 端）放在车务终端工作台里面，其外形如图 5-6-21 所示。

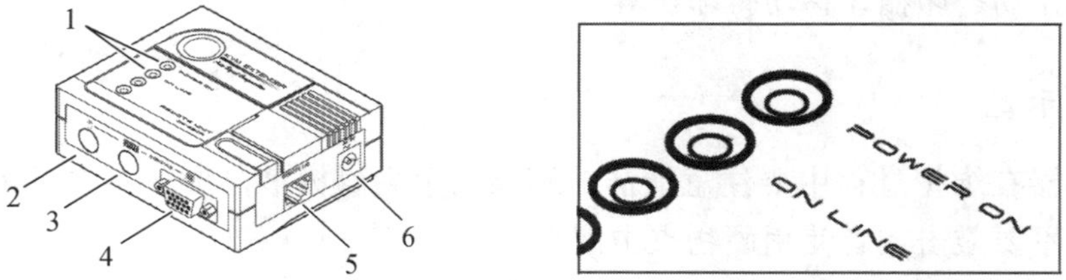

远端模块　　　　远端模块面板

图 5-6-21　延长器（远端）外形图

图 5-6-21 中，1 为工作指示灯，正常情况下上面的两个指示灯（电源指示 POWER ON 和连接指示灯 ON LINE）都是亮的。

切换和延长装置的日常维护。由于切换和延长装置部分的接插比较多，因此平时的维护主要是检查各个插头之间的接插是否良好，防止由于接头间的插接过松引起故障。

切换和延长装置的故障处理。现场经常出现键盘鼠标和显示器的故障，因为出现故障后导致系统不能操作，所以比较严重。造成此类故障的原因主要如下。

1. 键盘鼠标的插接不好

特别是在增加了延长线的车站中更加容易出现。

2. 延长器的问题

把两个延长器上所连接的设备颠倒一下，即除了网线外，全部更换，如果更换后故障随之转移，那样就能判定是延长器的故障。

3. 小键盘不能使用

某些大站从延长器远端模块后面又加了一根 10 m 长的延长线到值班员的座位，因此，中间的某个环节可能接触不好或者是延长后信号衰减过大，导致键盘上的指示灯不亮；有时候小键盘不能使用是因为值班员误碰了“Num Lock”键。

4. 鼠标不能使用

多发生在加有延长线的车站，这种情况下先检查插接情况，不能解决的话就更换备用鼠标。

5. 显示器故障（偏色，不亮，闪烁）

检查显示器的电源线，信号线的连接是否牢靠、延长器工作是否正常。

（十）网络部分

CTC 系统主要是依靠网络的畅通实现其主要功能的，可以说，CTC 系统是在网络的基础上实现的，所以网络对于 CTC 系统来说是最基本的，如果网络不通，那整个 CTC 系统将无法正常运行。

1. 车站设备的连接方式

CTC 车站节点局域网路由器与交换机物理连接示意图如图 5-6-22 所示。

路由器和交换机的连接方式如图 5-6-23 所示。

2. 现场使用到的网络设备

网络设备包括路由器，交换机，协议转换器和通道防雷。

网络设备维护时，经常需要观察设备的指示灯状态。特别是需要搞清楚在正常情况下，应该亮哪些指示灯。

（1）路由器。

路由器是网络设备中的重要设备，CTC 系统在车站一般使用 CISCO2600 系列路由器。新的路由器需要经过配置才能正常使用，路由器的结构原理与配置方法在此不赘述。

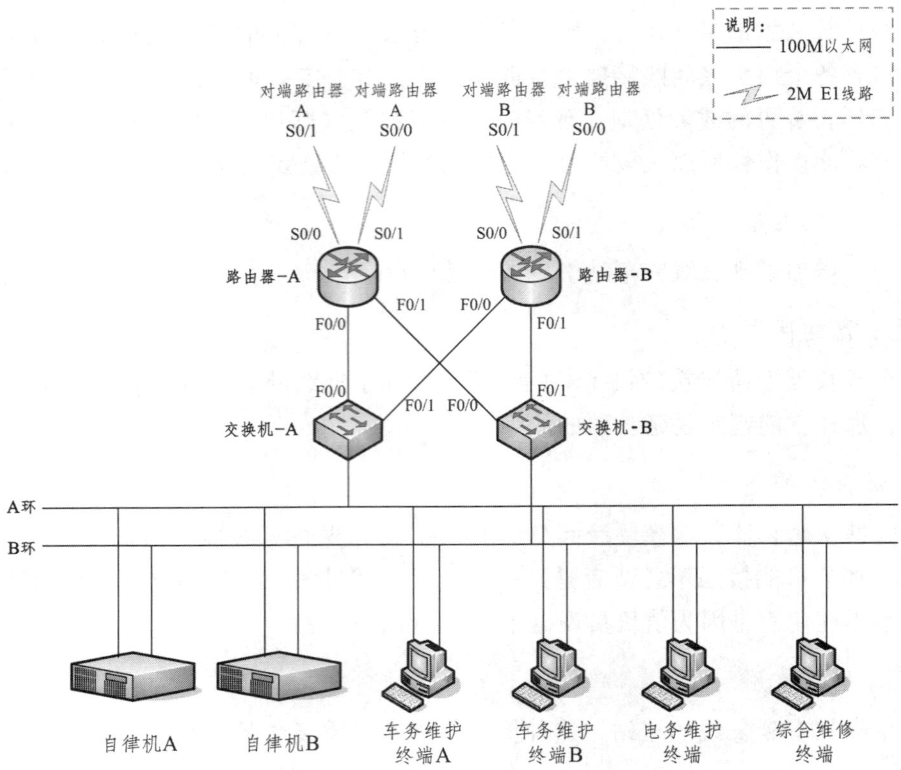

图 5-6-22　CTC 车站节点拓扑图

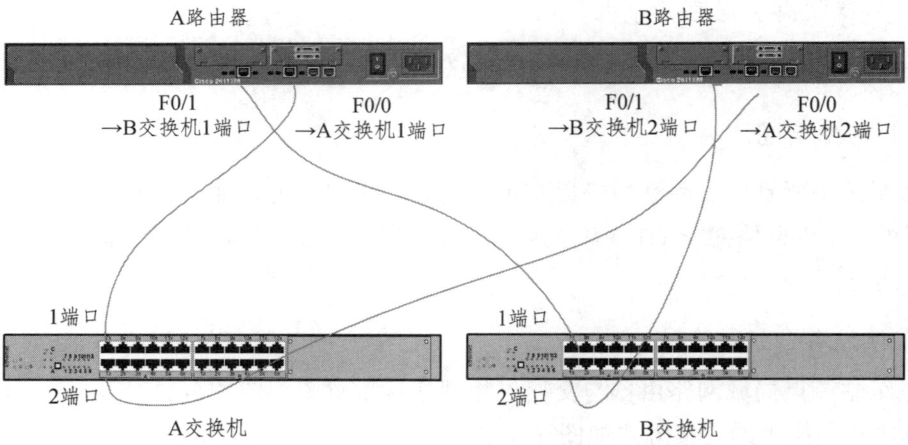

图 5-6-23　网络设备连接图

CONN 是路由器接口卡指示灯，如图 5-6-24 所示。图中路由器 2T 卡上面标有两个 CONN 的灯，分别表示上下两个端口的连接状况，在平时网络正常的情况下，这两个灯是都点亮的。

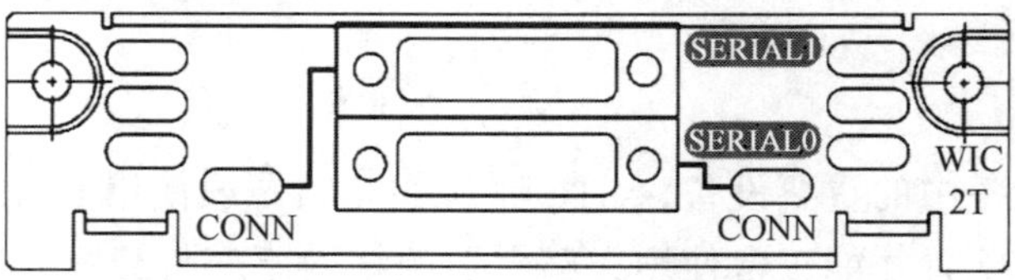

图 5-6-24　路由器接口指示灯图

（2）交换机。

CTC车站局域网采用一般的以太网交换机。虽然交换机的各个端口功能是完全一样的，但是在实际使用时为保证标准化施工和维护，往往对网线和端口进行统一编号，固定使用。

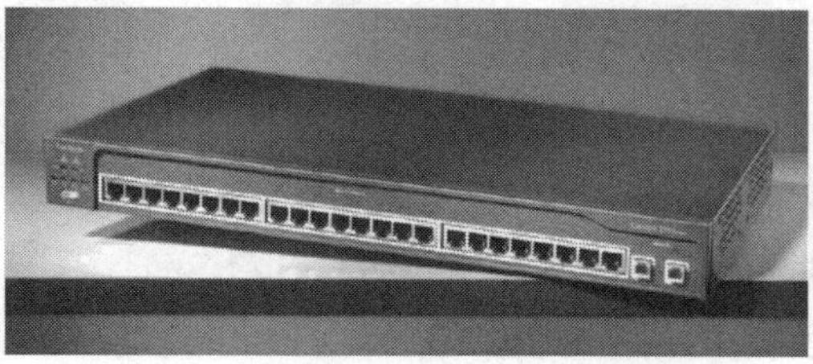

图 5-6-25　交换机

如某站交换机上各端口连接的设备如表 5-6-1 所示。

表 5-6-1　某站交换机接口配置表

交换机端口号	交换机 A		交换机 B	
	设备名称	网线编号	设备名称	网线编号
1	路由器 A	01	路由器 A	02
2	路由器 B	03	路由器 B	04
3	自律机 A	05	自律机 A	06
4	自律机 B	07	自律机 B	08
5	车务终端 A	09	车务终端 A	10
6	车务终端 B	11	车务终端 B	12
7	电务维护终端	13	电务维护终端	14
8	综合维修终端	15	综合维修终端	16
9	网络打印机	17	空	
10	车务终端备用	标签	空	
11	电务/综合备用	标签	空	
12	打印机备用	标签	空	
13	信号员终端 A		信号员终端 A	
14	信号员终端 B		信号员终端 B	
15	信号员终端备用			

交换机上需要注意的端口指示灯。如果交换机的端口连接的设备网络连接正常的话，在这个端口上面的灯是常亮的绿色灯，如果为其他颜色，则要稍等一会儿，可能是交换机的端口在初始化。

（3）协议转换器。

协议转换器是一种网络接入设备，主要目的是延长以太网、V.35 信号的传输距离。协议转换器将以太网或 V.35 信号转换为 E1 信号，在同步/准同步数字网上进行长距离传输。

协议转换器主要分为 E1/以太网、E1/V.35 两种。

协议转换器上有电源、环回开关和工作状态设置 DIP 开关，有 DATA PORT、电源指示灯。

3. 广域网通道

（1）广域网的连接方式。

分散自律调度集中系统（CTC）用双 2 M 通道连接，每隔一定数量节点增加 2 M 通道环回铁路局中心，整个 CTC 网络形成两个大环加保护通道的方式。这样增加了网络的冗余特性，同时增加了联入郑州中心局的带宽。

（2）简单通道故障的解决。

使用 TELNET 命令登录车站路由器，结合“打环”的方法和路由器状态显示命令，可以判断、确定网络故障的位置。

故障处理的基本思路是先检查设备，后检查通道。

先检查各个网络设备的亮灯是否正常，包括路由器、协议转换器、交换机的工作状态指示灯。

然后在通道防雷处用 BNC 环线连接 BNC 收发接口进行打环，确定本站设备是否正常。若路由器上相应接口信息如下：Serial0/1 is up，line protocol is down（Looped），并且没有误码增加，则说明本站设备没有问题；如有异常，则进一步在协议转换器 BNC 接口处、协议转换器（把拨码开关拨至 DATA）处进行打环测试，确定故障点位置。

如上一步测试正常，则可在本端通信机械室光端机（软环、近环）、对端通信机械室光端机（硬环、远环）、对端机械室（在协议转换器上把 LOOPBACK 开关拨到 G703 打远端环，或用打环器直接连接 E1 线的收和发）等处打环，测试从这些点到本端路由器的线路状况（在本端路由器上观察是否有打环标志和误码），直到确定故障产生在哪一段为止。在这个过程中，有可能需要铁通公司进行配合。

第七节　分散自律 CTC 的与外部系统的接口

CTC 系统与其他系统的信息交换是通过接口转换器的转换，将 232 接口转换为 422 或者是 485 接口，然后才进行通信的。例如：CTC 与微机联锁，CTC 与列控，CTC 和无线车次号、无线调度命令等。

一、CTC 与外部系统连接的串行接口

郑徐线的接口转换器采用的是有源的隔离转换单元 9002-B，外形如图 5-7-1 所示。

9002-B 的接线板如图 5-7-2 所示，在接线板上标注出了各个接线端子的含义，和其他系统连接时的接线原则如下图：当 J2、J3、J4 断开时为 RS422 方式，J2、J3、J4 短接为 RS485 方式。

接线原则如图 5-7-3 所示。

图 5-7-1　串口转换器

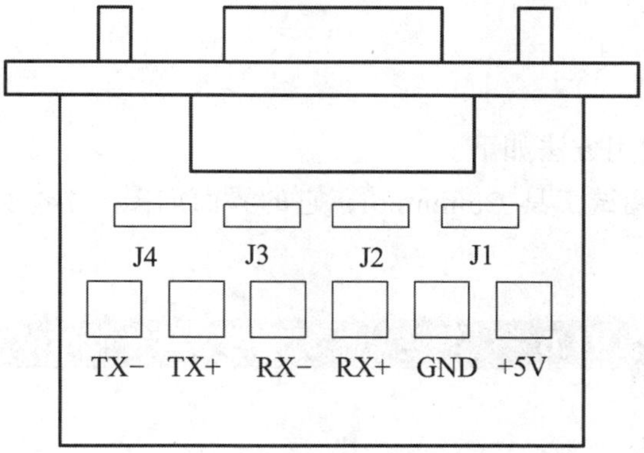

图 5-7-2　9002-B 接线板

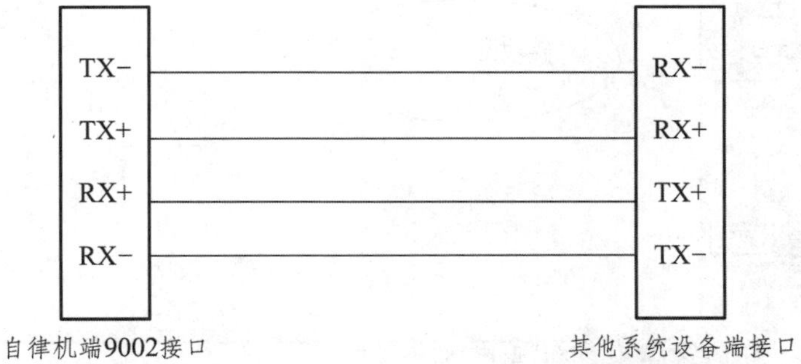

自律机端 9002 接口　　　　其他系统设备端接口

图 5-7-3　串口连接方式

郑徐线自律机串口号的使用如表 5-7-1 所示。

表 5-7-1　某站自律机串口分配表

串口号	串口类型	串口位置	串口用途
COM1	保留	—	—
COM2	RS232	自律机主板上的 COM 口	串口心跳，接对等机的同样串口
COM3	RS232	多串口卡的 P1	串口心跳，接对等机的同样串口
COM4	RS422	多串口卡的 P2	接联锁控显 A 机
COM5	RS422	多串口卡的 P3	接联锁控显 B 机

续表

串口号	串口类型	串口位置	串口用途
COM6	RS485	多串口卡的 P4	接倒机板
COM7	RS422	多串口卡的 P5	接列控 A 机
COM8	RS422	多串口卡的 P6	接无线车次号
COM9	RS422	多串口卡的 P7	接无线调度命令
COM10	RS422	多串口卡的 P8	接列控 B 机

二、串口调试工具

Commtool 工具的使用方法如下。

测试串口使用串口调试工具 Commtool，它的界面如图 5-7-4 所示，其中的几个区域已经在图中标注出来了。

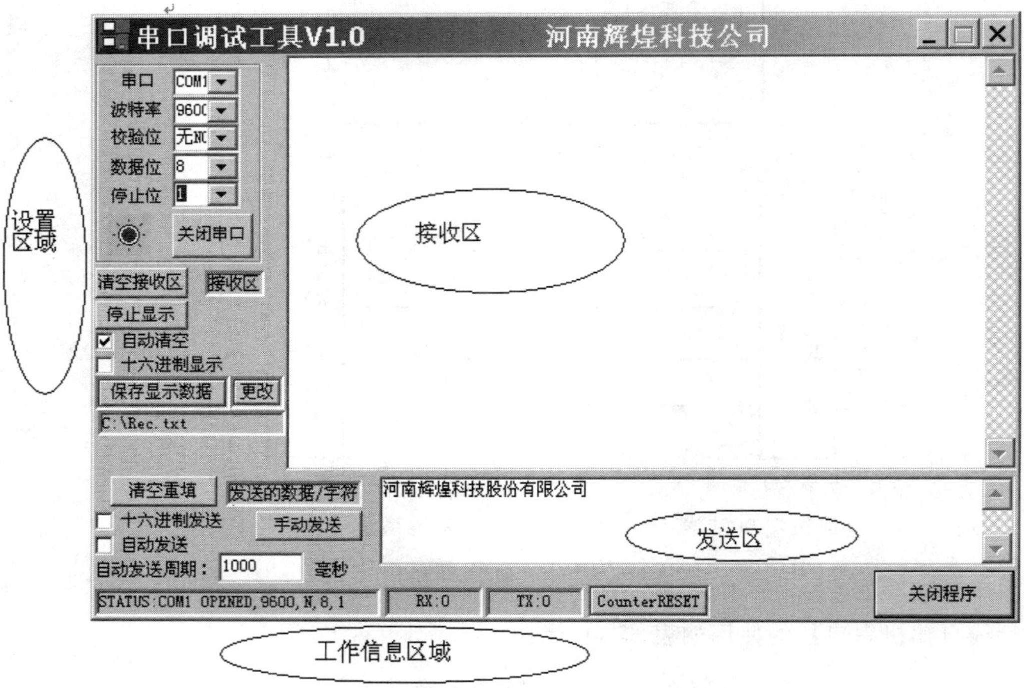

图 5-7-4　串口调试工具窗口界面

使用的时候，要关闭机器的所有其他程序，不然，会因为串口占用而导致工具无法正常工作。首先要根据设备所使用的串口，在设置区域选择串口号，如图 5-7-5 所示，点击串口右边的小三角。

串口使用的 9002 都是有外接电源的，如果我们通过电务维护终端看到某一个通过 9002 连接的设备发生故障时，先要检查 9002 的 5 V 直流电源是否正常，然后我们需要判断从自律机到 9002 的连接和设备的工作是否正常，我们可以通过分段察看的方法来确定故障的位置，从而解决问题。我们可以先将 9002 的 T+、R+和 T−、R−分别端接起来，然后通过 Commtool.exe 工具，选择对应的串口，然后选择自动发送，让串口自收自发，会在图 5-7-4 中的空白区域内收到下面的方框中输入的信息。

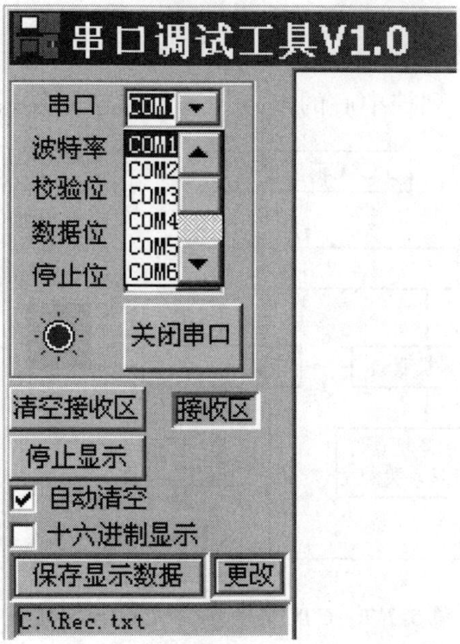

图 5-7-5　串口调试工具的设置区域

如果收到的信息正常，说明自律机到 9002 包括 9002 的连接是正常的，那样就需要到对端或者是中间的通道去查找故障。

如果上面的测试不正常，就要检查自律机的串口工作是否正常，还是使用上面的方法，然后把 9002 上面的串口拔下来，将 2 和 3 短接，同样也可以收到信息。如果收到，就是 9002 的问题，收不到，需要联系更换多串口卡。

三、微机联锁

CTC 系统获得站场显示信息是通过 RS422 串口从联锁控显机获得的，同时，自律机向车站联锁系统发送的站场操控命令也是通过这个 RS422 口传输的，自律机双机和联锁系统的连接方式如图 5-7-6 所示。

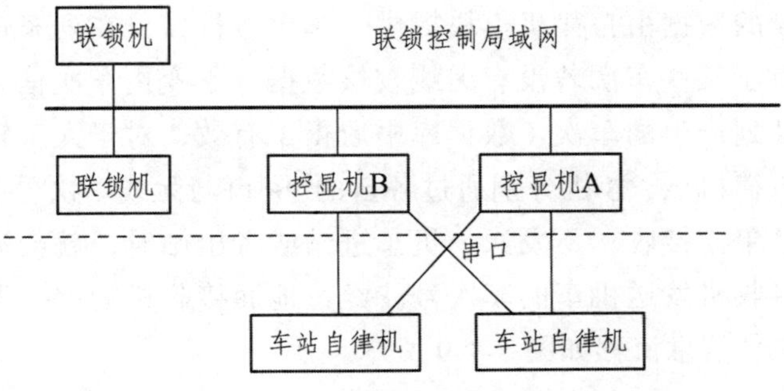

图 5-7-6　微机联锁系统接口方案

两个控显机为双机热备，CTC 系统的任何自律机和联锁系统的任何控显机不工作，车站的 CTC 系统和联锁系统都可以正常地通信，正常地工作。

四、列控

郑徐线 FZh-CTC 系统与列控中心的接口，其具体连接关系图如图 5-7-7 所示。

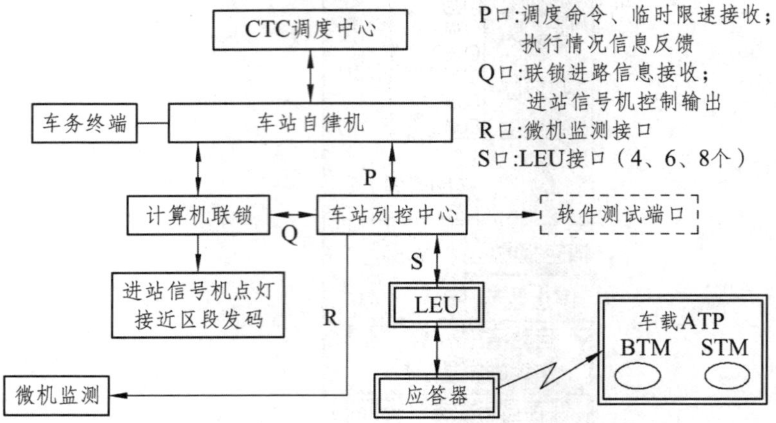

图 5-7-7　CTC 与列控中心的接口情况

车站列控中心可以从 CTC 中获得调度命令、临时限速信息（起点里程、长度、速度、车次、起止时间等信息）；临时限速信息也可以由值班员在人-机界面通过人工输入，通过 CTC 站自律机向列控中心传送。

列控双机和自律机实际上的连接方式如图 5-7-8 所示。

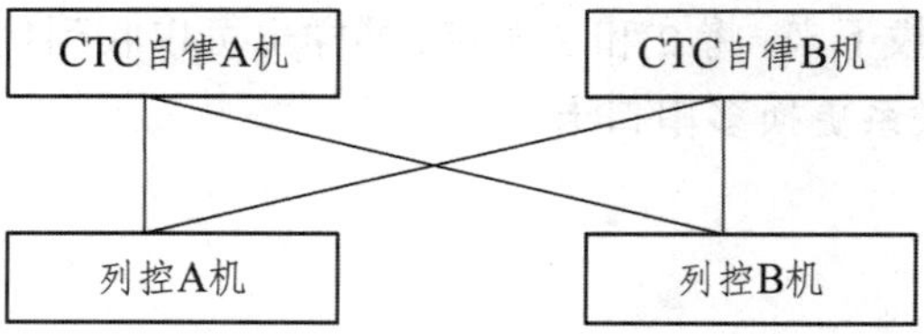

图 5-7-8　列控中心双机与自律机的连接方式示意图

五、无线车次号校核系统

进行车次号校核的数据由自律机模块提供，车次号校核仅在列车进站和出站时进行，在区间是没有的；对于某些车次若没有无线校核数据，不变更车次信息；校核只对软件追踪的车次号和阶段计划产生的车次（数据库中取得）有效，对于人工输入的车次信息是不进行校核的。CTC 自律机 A、B 机分别通过各自的 P6 口与无线车次号校核系统相连。无线车次号校核系统只是单向接收，不发送。机车进站或者出站时，就会通过机车的无线设备向无线车次号地面接收机发送机车的车次号。经过地面接收机的解码器将这些信息解析之后送到自律机。车次号信息流程如图 5-7-9 所示。

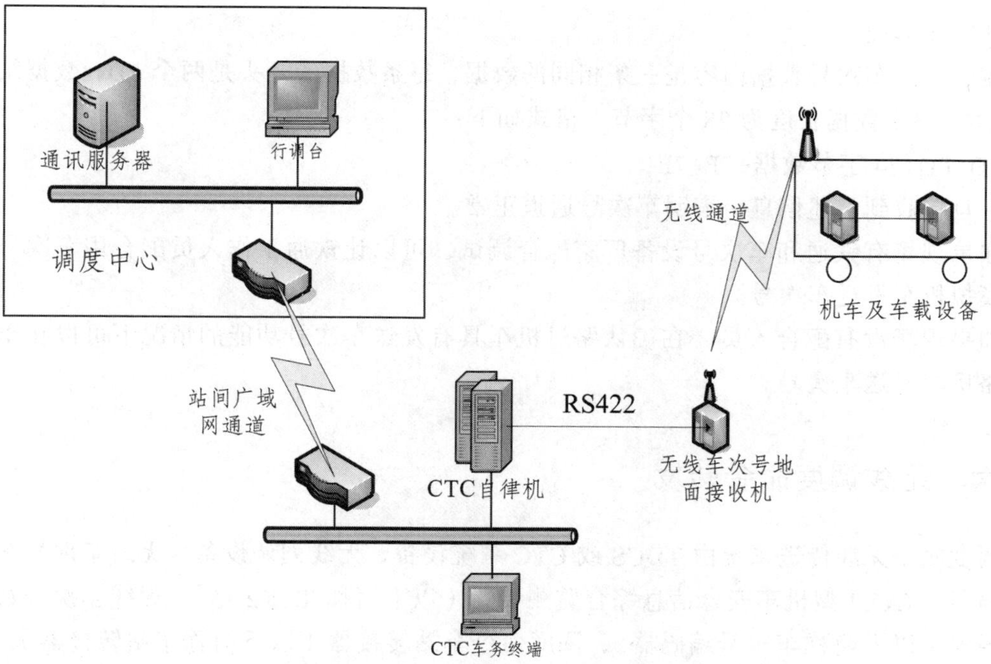

图 5-7-9　无线车次号校核系统的数据流程

我们重点说一下从车次号地面接收机到自律机的连接，现场通信用的是 RS422 方式，中间用 9002-B 转换器连接，如图 5-7-10 所示：

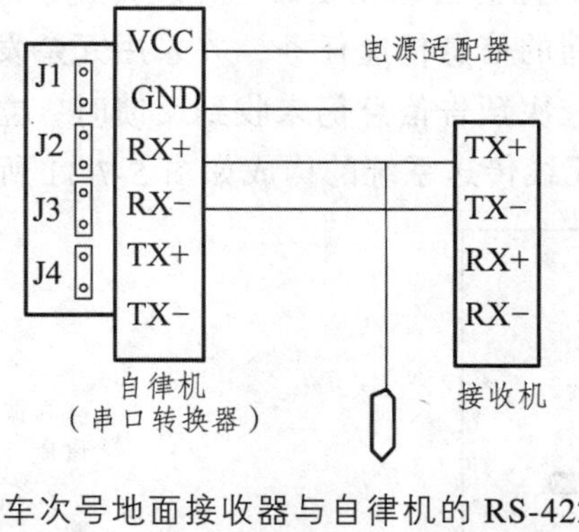

图 5-7-10　无线车次号地面接收器与自律机的 RS-422 串口接线方式

当在电务维护终端或者电务维护服务上发现车次号校核系统亮红，说明自律机 3 h 之内没有接受到任何一次正常车次号信息。在 3 h 内只要接受至少一次正常车次号信息在电务维护上就亮绿灯。如果确定在 3 h 内有车经过并向车次号地面接收机发送过车次信息，但是车次号校核亮红，就要查故障。由于无线车次号校核系统组成的设备不是同一家生产的，所以查找故障的时候应分清故障点在哪个设备上。判断无线车次号系统是否故障的方法是：铁通工作人员配合用车次号模拟装置模拟机车发送车次号，使用串口调试工具 Commtool.exe；如果没有铁通工作人员配合，确认路过机车具有发送车次号功能的情况下可以在车站等待过路机车发送车次号，使用串口调试工具 Commtool.exe。

首先要关闭主机所有程序，运行串口调试工具，把串口设置成车次号分配的串口，接收区选中十六进制显示，其他设置选择默认的即可，注意要确保串口不被系统其他程序占用。如图 5-7-12。

接收到的车次号数据内容是三条相同的数据，每条数据的开头是两个 FD，数据结尾是两个 7E，整个数据长度为 28 个字节。格式如下：

FD+FD+24 字节数据+7E+7E

一旦接收到上述信息，表明车次号通道正常。

如果现场有铁通和车次号设备厂家配合调试，可以让铁通工作人员配合用车次号模拟装置模拟机车发送车次号。

如果现场没有配合人员，在确认路过机车具有发送车次号功能的情况下可以在车站等待过路机车发送车次号。

六、无线调度命令转发

调度命令无线传送系统由 TDCS 或 CTC 系统设备、无线列调设备、无线车次号车站接收解码器、TAX2 型机车安全信息综合监测装置（以下简称 TAX2 箱）、无线车次号数据采集编码器（以下简称车次号编码器）、调度命令车站转接器（以下简称车站转接器）、调度命令机车装置等构成。

调度命令无线传送系统的车载设备具有向调度集中系统反馈接收情况（自动回执）的功能，当机车联控通信中断时，调度集中系统立即报警。

FZh-CTC 系统采用符合铁路总公司调度命令无线传送系统标准的高安全高可靠的专用软硬件接口来完成两系统之间的信息传递任务，并采用冗余发送、超时防护、自动重传、安全编码等技术。当系统送三次预告信息仍未收到反馈时，立即向调度员或者车站值班员报警，提示处理。调度命令无线传送系统的构成如图 5-7-11 所示。

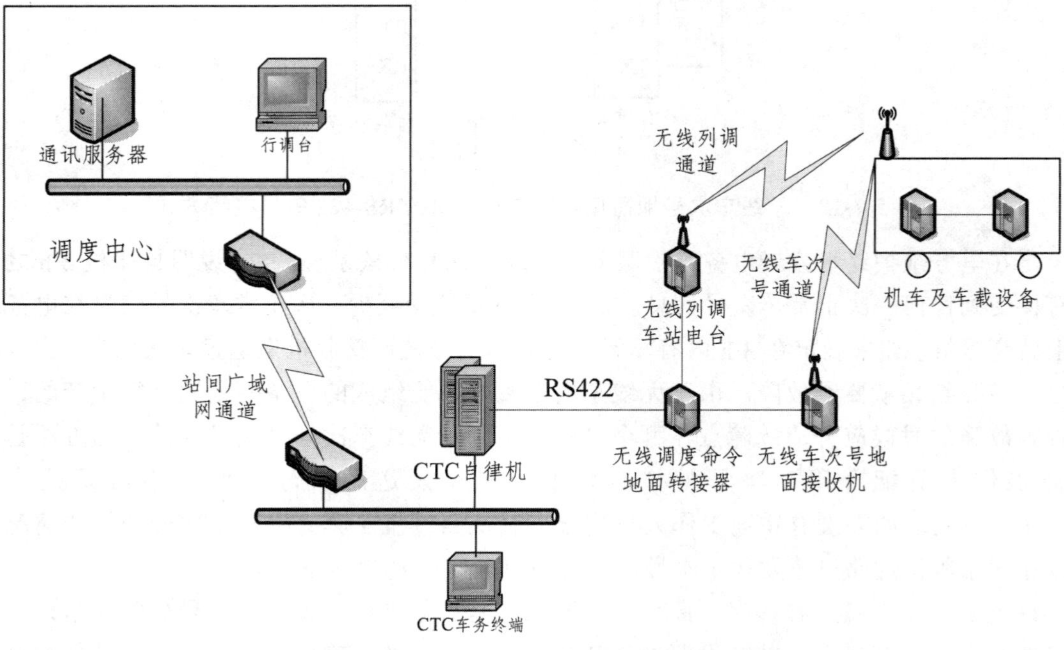

图 5-7-11　无线调度命令传送系统的数据流程

回顾一下无线调度命令传输的过程如下：调度所向车站下调度命令，有的需车站值班员签收以后发往机车，有的调度命令直接通过自律机发往机车。调度命令信息通过自律机发到无线调度命令地面转接器，再通过调度命令车站电台传送给机车，机车收到调度命令后会有一个回执，回执信息通过无线车次号通道经无线车次号地面接收机、无线调度命令地面转接器送到自律机。

测试时，先关闭主机的所有程序，运行串口调试工具，把串口设置到调度命令分配的串口，发送区选中十六进制，其他设置选择默认设置即可。注意要确保设置的串口不被占用。如图 5-7-12 所示。

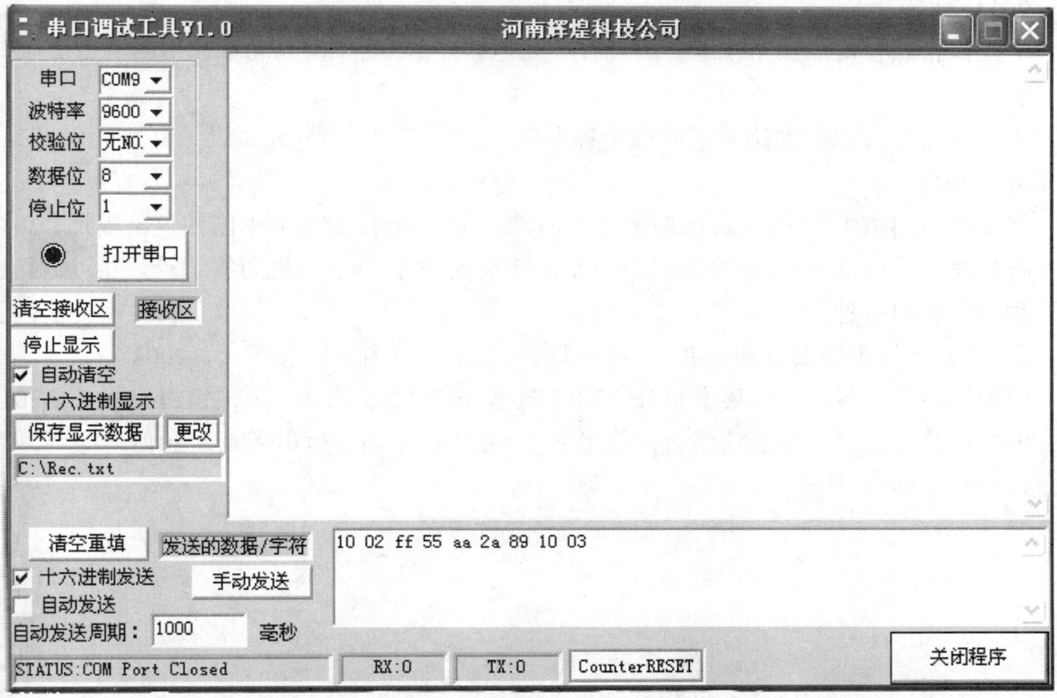

图 5-7-12　无线调度命令传送系统的调试方法

测试方法为发送十六进制检测命令“10 02 FF 55 AA 2A 89 10 03”，然后选中自动发送，如果检测成功，串口工具应接收到“line test passed”，表明调度命令通道测试成功；如果接收不到，说明通道存在问题，重新检查设备和接线的状态。

参考文献

[1] 中国铁路总公司．铁路技术管理规程（普通铁路部分）[M]．北京：中国铁道出版社，2014.

[2] 中国铁路总公司．铁路技术管理规程（高速铁路部分）[M]．北京：中国铁道出版社，2014.

[3] 中国铁路总公司．铁路列车调度指挥系统（3.0）技术条件[M]．北京：中国铁道出版社，2013.

[4] 刘朝英.《中国铁路分散自律调度集中》(第一版)[M]．北京：中国铁道出版社，2014.

[5] 哈尔滨铁路局电务处.《铁路列车调度指挥系统（TDCS）实用问答》(第一版)，北京：中国铁道出版社，2008.

[6] 侯启同.《行车调度自动控制》(第一版)．北京：中国铁道出版社，2008.

[7] 中国铁路总公司．调度集中系统（3.0）技术条件[M]．北京：中国铁道出版社，2017.

[8] 中国铁路总公司．高速铁路通信技术[M]．北京：中国铁道出版社，2013.